Der Aufstieg von Erde und Menschheit

DIANA
COOPER
Tim Whild

Der Aufstieg von Erde und Menschheit

Kosmische Schlüssel für dein Leben in der fünften Dimension

Aus dem Englischen übersetzt
von Juliane Molitor

Ansata

Die Originalausgabe erschien 2016 unter dem Titel »The Archangel Guide to Enlightenment and Mastery« bei Hay House UK Ltd.

MIX
Papier aus verantwortungsvollen Quellen
FSC® C014496

Verlagsgruppe Random House FSC® N001967

Erste Auflage 2017

Redaktion: Herbert Scheubner
Umschlaggestaltung: Guter Punkt, München,
Umschlagmotive: © forplayday/thinkstock (All und Erde),
© Sashkinw/istock (Schlüssel)
Satz: Satzwerk Huber, Germering
Druck und Bindung: GGP Media GmbH, Pößneck

ISBN 978-3-7787-7524-0
www.ansata-verlag.de
www.facebook.com/Integral.Lotos.Ansata

Inhalt

Meister Kuthumi und die Hallen des Lernens

Die großen Meister und ihre Lektionen

Das Drachenreich

Facetten der Erleuchtung

Einleitung

Viele Jahre lang haben Tim Whild und ich sowohl unabhängig voneinander als auch gemeinsam mit dem mächtigen Erzengel Metatron gearbeitet. Daher waren wir begeistert, als er uns bat, dieses Buch zu schreiben.

Erleuchtung hat etwas damit zu tun, dass man alles von einer höheren Warte aus betrachtet. Wenn wir das gelernt haben, wissen wir, dass es nur Liebe gibt, denn alles andere ist Illusion. Diese Gewissheit verändert unser ganzes Dasein und alle unsere Beziehungen.

Meisterschaft bedeutet, Verantwortung für alles zu übernehmen, was uns widerfährt. Es bedeutet, sich von Schuldgefühlen, Vorwürfen, Verletzungen und Wut zu verabschieden. Indem wir die ganze Energie zurückziehen, die wir in diese Emotionen investiert haben, nehmen wir unsere Macht wieder für uns in Anspruch. Ein Meister ist standfest und aufrecht und handelt gemäß seiner inneren Weisheit.

Im Goldenen Zeitalter von Atlantis waren alle seine Bewohner fünfdimensional. Sie waren erleuchtete Meister – weise, begnadete Wesen. Doch in den letzten zehntausend Jahren seit dem Niedergang von Atlantis waren die Menschen auf der Erde dreidimensional und haben sich weder für ihre Handlungen noch für ihre Emotionen verantwortlich gefühlt.

Wir erleben gegenwärtig ein 20-Jahres-Zeitfenster der Chancen, weil ein neues Goldenes Zeitalter auf der Erde anbricht und die Frequenz des Planeten sehr schnell auf das

Niveau angehoben wird, auf dem es in Atlantis war. Wir leben in außergewöhnlichen Zeiten, weil denen, die dazu bereit sind, ein beispielloser spiritueller Aufstieg geboten wird.

In den ersten Kapiteln dieses Buches geht es um das faszinierende Goldene Zeitalter von Atlantis, denn die Art und Weise, wie die Menschen dort gelebt haben, bildet die Grundlage für unsere erleuchtete Meisterschaft und die Art und Weise, wie die Menschheit in Zukunft leben wird. Die Informationen, die wir hier geben, werden tief verborgene Erinnerungen wachrufen und Ihnen Zugang zu Ihrem unbewussten Wissen geben.

Die Menschen im Goldenen Atlantis waren in Kontakt mit Drachen, Engeln und Einhörnern. Es ist höchste Zeit, dass auch wir uns wieder mit ihnen verbinden. Schöne und weise Drachen kehren auf die Erde zurück, um uns zu helfen. Wir werden also die Elementardrachen der vierten Dimension hier ebenso vorstellen wie die der fünften Dimension, denn sie alle sind unsere großartigen Freunde, Begleiter und Beschützer.

Zusätzlich strömen jetzt auch noch Einhörner aus der siebten und der neunten Dimension auf den Planeten, um uns beizustehen und unser spirituelles Wachstum zu beschleunigen. Die Energie dieser wunderbaren Wesen zu berühren wird Ihnen Freude, Liebe und Inspiration bringen. Sie helfen Ihnen, in der fünften Dimension zu leben.

Wir haben einige der großen erleuchteten Meister und göttlichen Meisterinnen gebeten, vorzutreten und ihr Licht durch die Seiten dieses Buches scheinen zu lassen. Sie sind den Weg des Aufstiegs auf der Erde gegangen und haben ihre eigenen Prüfungen und Einweihungen hinter sich gebracht, verstehen also sehr gut, welchen Herausforderungen wir uns stellen müssen. Wenn sie sich mit uns verbinden, regen sie die latent in uns vorhandenen Schlüssel und Codes der Erleuchtung und Meisterschaft an. Wir danken ihnen von Herzen. Mit ihrer Hilfe bekommen wir viel Licht und können gleichzeitig der Welt dienen.

Einer dieser Meister ist Kuthumi, das Lichtwesen, das jetzt ein Weltenlehrer ist. Er hat zwölf Hallen des Lernens auf den inneren Ebenen errichtet. Wenn Sie in diese Hallen eintreten, bekommen Sie Informations-, Licht- und Energiecodes, die Sie in die Lage versetzen, noch in diesem Leben ein erleuchteter Meister zu werden.

Weil die Frequenz so schnell ansteigt, leuchtet Ihr Chakrasystem in nie da gewesenem Tempo auf und dehnt sich entsprechend aus. Sie nehmen also neue Informationen mit einer viel höheren Schwingung als je zuvor auf, um die Drehung Ihrer zwölf fünfdimensionalen Chakras zu beschleunigen und ihre Kapazität zu erhöhen.

Wir hoffen, Ihnen gefallen die neuen Hochfrequenzinformationen und Sie können sich mit den Energien verbinden, die Ihnen durch die Visualisierungen am Ende jedes Kapitels zufließen.

Wir wünschen Ihnen viel Freude auf der Reise, in deren Verlauf Sie ein erleuchteter Meister werden.

Möge der Segen der Drachen, Engel, Einhörner und erleuchteten Meister mit Ihnen sein und Ihr Leben mit Licht erfüllen.

Die Zukunft unserer Meisterschaft

Kapitel 1

Meister der Erde

Meisterschaft ist die Fähigkeit, die Kontrolle über die eigenen Energiesysteme zu behalten und eine hohe Schwingung aufrechtzuerhalten, was immer auch geschieht. »Gelebte Meisterschaft« ist ein Begriff, der auf alle passt, die in einem physischen Körper leben und gleichzeitig in Kontakt mit den oberen Ebenen der fünften Dimension sind. Das ist der Fall, wenn Ihr Vierkörpersystem – Ihr physischer, emotionaler, mentaler und spiritueller Körper – einen hohen Prozentsatz an Licht enthält. Dieses Licht wird in Ihre Aura gezogen, wenn Sie die Prüfungen und Einweihungen bestehen, die Ihre Seele für Sie vorgesehen hat.

Jeder Mensch, der hier und jetzt auf der Erde lebt, kann ein erleuchteter Aufgestiegener Meister werden. Ihre Entscheidung, das zu erreichen, hängt sowohl von Ihrer persönlichen Intention als auch von Ihrem Seelenvertrag ab. Im gegenwärtigen Klima der Chancen und Möglichkeiten kann jeder Einzelne der sieben Milliarden Menschen auf diesem Planeten diese Ebene erreichen. In dieser Zeit und auf diesem Planeten besteht die einzigartige Chance für einen schnellen spirituellen Aufstieg.

Die Blaupause für gelebte Meisterschaft wurde in den tausendfünfhundert Jahren des Goldenen Zeitalters von Atlantis zur Verfügung gestellt. Die Menschen dieser Zeit haben uns gezeigt, wie es geht, und ihr Vorbild ist eine der Grundlagen dieses Buches. Die Informationen, die wir brauchen, liegen verschlüsselt in jedem von uns, der damals inkarniert war.

In jenem Goldenen Zeitalter lebten die Hohepriester und -priesterinnen auf den höheren Ebenen der fünften Dimension. Sie waren ständig in Kommunikation mit Wesen der siebten Dimension und in der Lage, kurzfristig in der sechsten Dimension zu leben. Allerdings konnten diese außerordentlich hoch entwickelten Wesen diese Seinsebene in einem physischen Körper nicht lange aufrechterhalten. In der sechsten Dimension mussten sie die sie umgebenden Energien mit der Kraft ihres Geistes und mithilfe von Kristallen handhaben.

Im Goldenen Zeitalter von Atlantis übten sich alle (auch Kinder), auf welcher Ebene auch immer sie sich befanden, in Geisteskontrolle, um das physische Leben zu erhalten, das sie um sich herum anstrebten. Dies geschah ohne Beteiligung des Egos und erlaubte ihnen, verkörperte Meister zu sein.

Der Aufstieg aus der dritten Dimension schließt den Aufbau eines reinen kristallinen Lichtkörpers ein, der als Merkaba bekannt ist. Es handelt sich dabei um die geometrische Form, die von Ihren Energien und der Blaupause Ihrer Seele erschaffen wird. Wenn Ihre zwölf fünfdimensionalen Chakras voll aktiv sind, strahlt Ihre Seele ein Tetraeder aus, das Ihre physische Schwingung umfasst. Die Merkaba entsteht aus zwei ineinandergreifenden dreiseitigen Pyramiden und bildet einen dreidimensionalen sechszackigen Stern. Auf der nächsten Stufe bringen Sie Ihre göttlich männliche Energie mit der göttlich weiblichen ins Gleichgewicht. An dieser Stelle verwandelt sich Ihre Merkaba in einen Ball, denn die Kreisform kann mehr Licht halten.

Die Phase, in die wir uns jetzt hineinbewegen, beinhaltet eine Ausdehnung der bestehenden Lichtkörper aller in der fünften Dimension. Die Chakras werden durchscheinend und verlieren ihre individuellen Farben, während sie im Spektrum des weißen Lichts schimmern. Eine einheitliche Lichtsäule entsteht, die sich vom Herzzentrum aus in beide Richtungen ausdehnt. Das Herzchakra ist die Keimzelle des Aufstiegsprozesses auf dem Weg zur Meisterschaft. Wenn das Herz stärker wird, gibt das Ego allmählich die Kontrolle auf und wird obsolet. Dies geschieht, wenn der Meister die Seelenprüfungen des Herzens bestanden hat. Dabei handelt es sich um Kreuzigungen, für die man sich vor dieser Inkarnation entschieden hat.

Jedes der zwölf Chakras enthält Herzenergie und ein individuelles Wachstumsprogramm, das schon vor der Geburt geplant wurde. Daraus ergibt sich ein sehr schwieriger Weg für diejenigen, die sich der Suche nach Erleuchtung verschrieben haben. Die Erde ist die bei Weitem härteste Schule im ganzen Kosmos, in der man am schnellsten lernen kann. Doch der spirituelle Lohn, der in allen Universen auf uns wartet, ist gewaltiger und wertvoller, als wir uns vorstellen können.

Um auf diesem Planeten inkarnieren zu können, muss Ihre Seele mindestens die Schwingung der siebten Dimension haben. Diese kann allerdings dramatisch sinken, wenn Sie durch den Schleier des Vergessens in einen physischen Körper eintreten und Ihr Lernprozess beginnt. Bei manchen sinkt sie auch danach noch weiter, weil Karma aus früheren Existenzen ausgeglichen wird. Viele Seelen wählen diese Lebenszeit, um alles gutzumachen, was sie als falsch erkannt haben, und zu bereinigen, bevor das neue Goldene Zeitalter beginnt. Das ist ein Grund, warum die Menschen auf der Erde gegenwärtig so unterschiedliche und teilweise schwierige Erfahrungen machen.

Wenn Sie aus entsprechenden Lektionen und Erfahrungen gelernt haben, finden unglaubliche Veränderungen statt. Das Herz initiiert den menschlichen Prozess und treibt ihn voran. Während dies geschieht, entwickelt sich das Bewusstsein der Seele. Dann möchten Sie ein Leben führen, in dem Sie liebevoll, kooperativ, freigiebig und mit der ganzen Menschheit verbunden sind.

Diese erweiterte Perspektive erlaubt Ihnen als einem Meister, sich darüber bewusst zu werden, wer Sie wirklich sind. Sie wissen, dass Sie Geist in einer menschlichen Form sind. Allein diese Erkenntnis verändert jeden Aspekt Ihres Lebens, denn damit bringen Sie das Christusbewusstsein in jeden Gedanken, jedes Wort und jede Tat. Diese Veränderungen machen sich jetzt bei Menschen auf der ganzen Welt bemerkbar. Vom Intergalaktischen Konzil wird prognostiziert, dass bis zum Jahr 2032 die gesamte Schwingung der Erde und ihrer Bewohner fünfdimensional sein wird.

Auch wenn der Prozess der Meisterschaft alle Seelen als Individuen betrifft, ist er eine Gruppenangelegenheit. Das liegt daran, dass jede Seele, die im Herzen erwacht, Einfluss auf den energetischen Zustand von allem und jedem in ihrer Umgebung nimmt. Auch findet eine unmittelbare Herzenskommunikation zwischen fühlenden und nicht fühlenden Lebensformen auf der Erde statt. Ein Meister strahlt ein offenes Herz aus, und das erlaubt denen, deren Herz verschlossen ist, wie in einem Spiegel zu sehen, wer sie wirklich sind. Und wenn sie dieses Spiegelbild sehen, können die entsprechenden Facetten ihres eigenen Herzens erwachen. Auf diese Weise erschaffen Meister andere Meister, einfach indem sie ihr reinstes Wesen verkörpern.

Gelebte Meisterschaft ist das göttliche Erbe jeder Seele auf der Erde.

In den kommenden Jahren wird es neue Wellen des plötzlichen Erwachens geben, weil Menschen überall vom Anstieg der dimensionalen Schwingung berührt werden. Anders als bei der anfänglichen Welle von Menschen, die seit der harmonischen Konvergenz im Jahre 1987 allmählich erwachten, finden sich diese neuen bewussten Seelen quasi über Nacht in ihren gewählten Rollen wieder.

Um ein lebender Meister werden zu können, müssen Sie eine beachtliche Menge von Prüfungen und Einweihungen durchlaufen. Für diejenigen, die langsam erwacht sind, war dies ein langer Prozess. Schnell erwachte Meister haben ihre Prüfungen jedoch unbewusst hinter sich gebracht. Für diese Seelen kommen Verstehen und Erkenntnis wie ein Blitz. Sie nehmen den universalen Fluss instinktiv an, während sich das wahre Wirken des Quells in der Wirklichkeit zeigt. Energie und Information werden ihnen unmittelbar über das fünfdimensionale Herzchakra übermittelt, das ihnen eine höhere Engelperspektive bietet. Weil sich das Ego erstmals seit dem Untergang von Atlantis zurücknimmt, werden alle Illusionen zerstreut und durch Erleuchtung ersetzt.

Jetzt, wo der Prozess des Aufstiegs in vollem Gange ist, erinnern sich viele Meister an die Seelen, mit denen sie frühere Inkarnationen geteilt haben. Große Gruppen von Seelen, die jeweils aus derselben Monade kommen, ursprünglich göttliche Funken, tun sich zusammen, um ihr Seelenlicht in mächtigen Energiepools zu verankern. Indem sie instinktiv zusammenarbeiten, ziehen diese Menschengruppen höhere Lichtspektren aus der Quelle in die spezifischen Bereiche, in denen sie leben. Dadurch wird die Schwingungserhöhung des Planeten beschleunigt, und er hat die Möglichkeit, sich vollständig zu verankern. Dies wiederum löscht kollektive karmische Energie in Ländern, die der Reinigung bedürfen. Dadurch, dass die

Seelen in dieser Weise arbeiten und ihre Absicht ganz bewusst auf diese Vision konzentrieren, wird dieser Prozess noch weiter beschleunigt.

Die Erde und ihre Bewohner fangen an, sich daran zu erinnern, welche Bedeutung die Macht der Liebe wirklich hat.

Die höheren Mächte stehen uns immer bei. Ihre Rolle als erleuchtete Meister der Erde besteht eher darin, uns sanfte Führung zu geben, als sich direkt einzumischen. Gleichzeitig kommen sich die Frequenzbereiche, in denen Menschen und Engel operieren, immer näher. Das macht den Aufstieg für die Erde und alle ihre Bewohner einfacher.

Visualisierungsübung: Die Welt auf den Aufstieg vorbereiten

1. Suchen Sie sich einen ruhigen und friedvollen Platz und zünden Sie, wenn möglich, eine Kerze an.
2. Rufen Sie Ihre Seelengruppe zusammen – alle diejenigen, die aus derselben Monade hervorgegangen sind. Spüren Sie die vielen wunderschönen Energien, die bei Ihnen sind und Sie unterstützen.
3. Gemeinsam sind Sie Teil einer vielfarbigen Flamme, eines intensiven und herrlichen Lichts.
4. Erlauben Sie dieser Flamme, sich in einem Teil der Welt zu verankern, der Sie ruft.
5. Seien Sie sich bewusst, dass Sie der Welt helfen, rein zu werden und sich auf den Aufstieg vorzubereiten.
6. Ziehen Sie sich dann als Individuum wieder von der Flamme zurück.
7. Seien Sie sich des Lichts bewusst, das von Ihrem Herzen aus in alle Richtungen scheint.

8. Sie gehören der Bruder-/Schwesternschaft der Liebe an. Sie sehen und verbreiten das Christusbewusstsein, wo immer Sie hingehen.
9. Stehen Sie aufrecht wie ein lebender Meister.
10. Öffnen Sie die Augen und lächeln Sie.

Kapitel 2

Der nächste Schritt

Die Aufstiegsenergie der anfänglichen Phase ist mittlerweile in den Planeten integriert. Zunächst erhellte diese Energie die Aura der Erde. Es ist die kristalline Matrix, die den Planeten umgibt und die Schwingung der fünften Dimension reflektiert, mit der wir jetzt in Resonanz gehen. Die Frequenzerhöhung unseres Planeten hat Einfluss auf jedes fühlende Wesen, einschließlich der Menschen. Durch harmonische Resonanz muss die energetische und spirituelle Konstruktion des menschlichen Wesens mit dieser Transformation Schritt halten. Viele spüren das jetzt, und es verändert ihr Leben, auch wenn sie den Grund dafür vielleicht nicht kennen.

Wenn diese Transformation in Erscheinung zu treten beginnt, fängt das fünfdimensionale Herz an zu strahlen und Entscheidungen werden vom Herzen her getroffen. Jetzt prüft die Seele die Person, um sicherzugehen, dass ihr Herz alles im Griff hat. Das ist ein Grund, warum sich Menschen gegenwärtig vor so viele Herausforderungen gestellt sehen. Es ist ein Zeichen dafür, dass sie bereit sind, zur nächsten Phase überzugehen, als weise der Weg auf eine hohe Berufung hin.

Im Jahre 2015 fanden viele tief greifende planetare Verschiebungen statt. Die signifikanteste war die Öffnung des Portals für das Christuslicht im Sternbild Leier zur

Frühlingstagundnachtgleiche. Dabei kamen drei Dinge zusammen: Neumond, eine Sonnenfinsternis und eine gewaltige Ausdehnung der Frühlingsenergie des Neubeginns.

Erzengel Christiel betritt dieses Universum durch das Sternbild Leier. Er speist das Kausalchakra jedes auf der Erde lebenden Menschen mit seinem Licht. Das Kausalchakra ist ein transzendentes Chakra über dem Hinterkopf, das es Menschen ermöglicht, eine enge Verbindung mit Engeln, Einhörnern und der geistigen Welt einzugehen. Es enthält göttlich weibliche Energie, bezieht Licht vom Mond und versetzt Menschen in die Lage, ihre männlichen und weiblichen Energien ins Gleichgewicht zu bringen und in Frieden zu leben.

Eine kleine Menge von Erzengel Christiels Energie ist eine Zeit lang »durchgesickert«, genug jedenfalls, um die Kausalchakras derer, die dafür bereit waren, zu verankern. Seit 2015 hat sich eine wahre Flut von Christiels Energie durch das Sternentor ergossen, und das hat dazu geführt, dass die mehr als sieben Milliarden Menschen auf der Erde imstande waren, ihr Kausalchakra zu verankern. Das wiederum hat es jeder einzelnen Seele ermöglicht, Zugang zu ihrer 12-Chakra-Säule zu bekommen. Jeder einzelne Mensch auf diesem Planeten ist jetzt bereit, sich für den goldenen Weg des Aufstiegs zu entscheiden.

Der Ausgleich der männlichen und weiblichen Energien nach zehntausend Jahren Ungleichgewicht hat bei vielen Individuen und innerhalb sozialer Strukturen für Veränderung gesorgt. Weil immer mehr Seelen von den Herzen der Menschen aus tätig sind, wird das neue fünfdimensionale Paradigma der Liebe, Kooperation und Fürsorge immer mehr etabliert. Wir erleben ein beschleunigtes Wachstum von Strukturen, die dem Planeten und der Menschheit dienen. So verbreiten sich Seelenzufriedenheit und Glück.

Als sich das Christusportal in der Leier öffnete, merkten viele Suchende, dass sich der fünfte Schleier der Illusion augenblicklich auflöste. Dieser Schleier ist rosafarben und sehr eng mit dem Herzzentrum verbunden. Er löst sich auf, wenn wir bereit sind, bedingungslose Liebe im Herzen zu tragen. Sie ermöglicht wahre Vergebung und erlaubt uns, Situationen und Menschen von einer höheren Warte aus zu sehen. Wenn sich dieser Schleier aufgelöst hat, können wir auf die früheren Leben zugreifen, von denen wir jetzt in unserem Aufstiegsprozess profitieren. Auf diese Weise öffnen wir uns auch für eine Verbindung mit unserer Seelenfamilie und ziehen diese Menschen an.

Für manche Individuen war das eine sehr subtile Veränderung. Für andere bedeutete es eine große Herausforderung, dass alles auf einer höheren Schwingungsebene neu organisiert und geordnet wurde. Dies geschah, weil sich Tausende von reinweißen, strahlenden Einhörnern aus der neunten Dimension durch das Sternentor ergossen, als es sich öffnete, um den Aufstieg der Menschheit zu beschleunigen.

Einhörner schwingen zwischen der siebten und der neunten Dimension. Bei der harmonischen Konvergenz im Jahre 1987 gingen die Aufstiegslichter der Menschen allmählich an. Die siebendimensionalen Einhörner sahen das und nutzten die Gelegenheit, durch einen Spalt im Leiertor zu schlüpfen. Dann halfen sie den Menschen, über deren Kopf das Licht des Dienens strahlte oder die reinen Herzens waren.

Als sich das Sternentor in der Leier 2015 ganz öffnete, bekamen die neundimensionalen Einhörner Zugang und strömten herein, um denen zu helfen, deren Herzen offen waren. Dies hatte eine so mächtige Wirkung, dass es weiteren zehn Prozent der Menschheit ermöglichte, für ihren Aufstiegsweg zu erwachen. Auch schob es viele Aufstiegsaspiranten von dem goldenen Aufstiegspfad auf den diamantenen Pfad mit der höheren Frequenz. Dies ermöglichte die Aktivierung ihrer diamantenen Lichtcodes und erhöhte ihre Chance auf den Dienst im Multiversum.

Sobald diese zehn Prozent der Menschheit erwacht waren, verlagerte sich das kollektive Bewusstsein des Planeten auf eine höhere Oktave und brachte mehr Friedensbewegungen und eine größere Affinität zum Tierreich hervor.

Während der Glück bringenden Öffnung des Sternentors in der Leier stieg die kollektive Energie hoch genug, dass der dreizehnte Schädel von Atlantis, der Amethystschädel, einen Teil seines Wissens aus den geistigen Reichen enthüllen konnte. Er sprach und enthüllte alte atlantische Weisheit aus den Hallen von Amenti. Die dreizehn Kristallschädel enthalten das ganze alte Wissen, die Technologie und die Informationen aus den goldenen Jahren von Atlantis. Dieses Wissen wird eingesetzt, um unsere Gesellschaft auf der Basis atlantischer Prinzipien wiederaufzubauen, aber mit einer höheren Frequenz für das neue Goldene Zeitalter. Die Gesellschaft wird auf dem Gesetz des Einen basieren.

Im September 2015 fand ein enormer Zustrom von kristalliner Diamantenergie statt. Das bedeutet, dass uns nun sämtliche auf diesem Planeten begangenen Taten unmittelbar als Instantkarma gespiegelt werden. Dies gilt für alle und zwingt die Menschen, Verantwortung für ihre Gedanken, Worte und Taten zu übernehmen. Gnade, Intention, Manifestation, Instantkarma, Verantwortung und schließlich bedingungslose Liebe sind die Bausteine für die neue Welt. An diesem großen Wendepunkt sind noch viel mehr Menschen aufgewacht.

Die Rückkehr von Instantkarma ist der Beginn der liebevollen Strenge seitens des Universums. Denn alle, denen erlaubt wird, sich zu verkörpern, müssen Seelen sein, die mindestens siebendimensional sind. Es ist Zeit, dass sich diese Seelen daran erinnern, wer sie sind, und sich entsprechend verhalten. Alle, die noch im alten Paradigma arbeiten, werden sich mit ihren Herzen verbinden und erkennen, welche Auswirkungen das, was sie tun, in ihrem Alltag hat. Wenn das geschieht, werden sie aufwachen und etwas verändern wollen.

Das bedeutet, dass sich Strukturen von innen verändern und dass sich diese Veränderungen an der Schwingung des Herzens ausrichten. Alle anderen Schwingungen werden sich sanft auflösen, um den Weg für eine höhere Wirtschaftsethik frei zu machen. Während wir ganz in die fünfte Dimension eingehen, schließen sich die Wahlmöglichkeiten der Polarität für uns immer mehr aus. Auf dem Weg nach vorn gibt es irgendwann nur noch Liebe und Rechtschaffenheit. Die Seelen auf dem Diamantweg sind bereits erwacht und bereit, ihre gewaltige Arbeit in Angriff zu nehmen.

Nach September 2015 fand eine weitere, gewaltige Neuausrichtung statt, die es den Lichtkörpern der Erdenseelen möglich machte, noch höhere Frequenzen zu integrieren. Dies setzte eine Welle der planetaren und persönlichen Reinigung in Gang, und damit wurde auch ein neuer Ansatz eingeführt, wie Seelen ihr Leben betrachten. Zum ersten Mal seit zehntausend Jahren hatten Lichtarbeiter uneingeschränkten Zugang zu ihrem Herzen und konnten dort Orientierung finden. Die Öffnung und Verankerung des fünfdimensionalen Herzens ließ die Energien der Wahrheit und Rechtschaffenheit hell erstrahlen.

Dies markierte den Beginn des neuen Zeitalters. Alte Gepflogenheiten werden jetzt durch eine geeinte Gesellschaft aus Individuen ersetzt, die vom Herzen her handeln. Das Nabelchakra, das in Atlantis voll aktiv war, strahlt wieder hell und stellt das ganze Spektrum dimensionaler Verbindungen zwischen den Seelen bereit. Beispielsweise sind die Menschen auf der Erde jetzt in der Lage, sich mit anderen Mitgliedern ihrer Seelengruppe zu verbinden, selbst wenn diese am anderen Ende des Universums leben. Früher wurden Zeit, Raum und Entfernung als unüberwindliche Hindernisse betrachtet.

Das fünfdimensionale Goldene Zeitalter wird die Meister der Erde schnell lehren, wieder wahre Meister zu werden und sich die Energien des Kosmos nutzbar zu machen, um Licht und Liebe auf den Planeten zu bringen.

VISUALISIERUNGSÜBUNG: Erschaffung Ihrer perfekten Zukunft

1. Bereiten Sie sich auf die Meditation vor und entspannen Sie sich an Ihrem heiligen Ort.
2. Halten Sie einen Kristallquarz über Ihr Drittes Auge (jeder klare Kristall, etwa ein Zitrin oder Amethyst, erfüllt denselben Zweck).
3. Visualisieren Sie sich selbst, wie Sie ganz problemlos Ihren Aufstiegspfad entlanggehen. Alle Herausforderungen liegen hinter Ihnen.
4. Spüren Sie, wie Ihr Licht und Ihre Kraft durch Ihre zwölf Chakras und Ihren Lichtkörper flutet, und sehen Sie, wie Ihr Team aus Engeln und Drachen neben Ihnen herfliegt.
5. Stellen Sie sich vor, dass Sie zu einer kahlen weißen Wand kommen. Am Fuß der Wand stehen Eimer mit bunter Farbe.
6. Vor Ihrem inneren Auge malen Sie ein wunderschönes Bild der Erde, wie Sie sie gern haben möchten. Das kann irgendeine Szene sein, die Sie auf dieser Wand sehen möchten.

7. Seien Sie so genau, wie es Ihnen beliebt. Dies ist *Ihr* Bild.
8. Treten Sie einen Schritt zurück, wenn Ihr Werk fertig ist, und bewundern Sie es. Was haben Sie geschaffen?
9. Wenn es perfekt ist, bitten Sie Ihre Engel und Drachen, die Energien Ihres Werks zu segnen und zu verstärken.
10. Sehen Sie, wie Sie in Ihr Bild treten und wie es zu der Realität wird, mit der Sie sich verbinden. Gedanken sind einfach Energie, die der Manifestation vorausgeht.
11. Spüren Sie, wie wunderbar es ist, sich mit den Energien Ihrer eigenen Schöpfung zu bewegen. Bitten Sie Ihren Kristall, die Bilder zu speichern, die Sie mit Ihrem inneren Auge sehen, und sie ans Licht zu bringen.
12. Öffnen Sie die Augen und lächeln Sie. Als Meister sind Sie Mitschöpfer.

Kapitel 3

Die Neugründung von Atlantis

Die Errichtung von Tempeln

Als das fünfte und letzte Experiment von Atlantis begann, bauten die Freiwilligen zum Dank als Erstes einen physischen Tempel, der später der Tempel der Liebe unter der Aufsicht von Aphrodite und Venus wurde. Aber bis sie Häuser gebaut und Stämme gegründet hatten, verehrten sie ihre Götter eine Zeit lang unter freiem Himmel und schauten in die Sterne, wenn sie Erleuchtung und Inspiration suchten.

Absoluten Vorrang hatten immer die Verbundenheit mit der Quelle und die Dankbarkeit ihr gegenüber. So bewahrten sie sich die Reinheit, Erleuchtung und Meisterschaft, die zum Goldenen Zeitalter von Atlantis führten. Weil diese Ära die Blaupause für unsere goldene Zukunft ist, haben wir die Grundlagen des fünfdimensionalen Lebens als Kapitel in dieses Buch aufgenommen.

Die Zivilisation von Atlantis war bereits viermal zusammengebrochen, und mit ihr das Land. Doch der Poseidontempel mit der Sphinx und dem großen Kristall als Energiequelle dieser Zivilisation war erhalten geblieben. Er war jedoch isoliert und unzugänglich, weil er am höchsten Punkt des atlantischen Kontinents erbaut worden war. Die Hohepriester und -priesterinnen waren die einzigen Menschen, die Zugang zu diesem heiligen Ort hatten. Sie konnten die Schwerkraft manipulieren und dorthin schweben oder fliegen. Von dort oben überschütteten sie die Freiwilligen in den Ebenen mit Licht, Liebe, Erleuchtung und praktischen Informationen und ermöglichten ihnen so, ihre hohe Schwingungsfrequenz zu halten.

Irgendwann bauten die Menschen wundersame, hochfrequente runde Tempel im Zentrum jeder Gemeinschaft. Sie sollten die Liebe und Erleuchtung reflektieren, die vom Poseidontempel ausging. Jeder Tempel stand für eine andere Facette des atlantischen Lebens. Es gab den Tempel der Liebe, den Tempel des Klangs, den Tempel der Heilung, den Tempel der Sonne, den Tempel des Mondes, den Tempel der Wahrheit, den Tempel der Nacht, den Tempel der Tiere, den Tempel der Weisheit und des Wissens, den Tempel des einen wahren Lichts, den Tempel des Meeres und den Tempel der Natur. Einige dieser Tempel waren aus Kristall erbaut. Sie teilten alle ihre Informationen, um einander bei der Gründung der atlantischen Gemeinden zu unterstützen.

Jeder dieser Tempel war von klarem fließendem Wasser umgeben, um eine hohe Schwingungsfrequenz zu bewahren, und jeder hatte seine eigene schwarze Katze, um die Energie zu halten sowie bei der Kristallausrichtung und der göttlichen Alchemie zu helfen.

Die Atlanter dieser Zeit erkannten, dass die ganze Schöpfung aus einer Quelle hervorgegangen ist, sie aber letztlich selbst für alles verantwortlich waren, was in ihrem Innern vor sich ging. Dies ist eine Auffassung, die sich die Meister von heute ebenfalls aneignen.

Weil die Atlanter alles von Anfang an lernen mussten, entdeckten sie eine ganze Menge und lernten, es zum Wohle aller in die Praxis umzusetzen. Etwas über jeden einzelnen ihrer

Tempel zu lesen wird unbewusste Erinnerungen und Codes in Ihnen ansprechen, und Ihr persönliches Licht wird sich ausdehnen.

Der Tempel der Liebe

Dieser Tempel bestand aus Rosenquarz und war direkt auf das kosmische Herz, die Venus, eingestimmt. Der Lichtstrahl, der von der Venus auf ihn fiel, überbrachte die Schlüssel und heiligen geometrischen Codes des Christusbewusstseins, sodass alle, die hier ihre Dankgebete sprachen, in vollkommener Liebe gebadet wurden. Dies befähigte ihre eigenen Herzchakras, sich dem Christuslicht und den Aufstiegsfrequenzen der Liebe anzupassen.

Die Hohepriesterin, die Göttin Venus, überwachte alles. Die Priester und Priesterinnen dieses Tempels etablierten die höheren Herzfrequenzen und waren die Ersten, die im Verlauf des fünften Experiments den Aufstieg schafften. Die Göttin Venus inkarnierte später als Hohepriesterin, die für den Tempel der Liebe verantwortlich war.

Der Tempel des Klangs

Die Hohepriester und -priesterinnen belehrten die frühen Atlanter über die Bedeutung des Klangs als schnelle Möglichkeit, eine sehr hohe Schwingungsfrequenz zu erreichen und beizubehalten. Klang kann die Frequenz eines festen Objekts verändern und es in etwas Wunderschönes mit entsprechender Resonanz verwandeln. Diese Methode wurde auch zu Heilzwecken eingesetzt.

Später erkannten die Atlanter, dass sie Materie durch die Anwendung von Schallschwingungen auf physische Objekte manipulieren und durch den Einsatz von Gedankenkontrolle Objekte leichter oder schwerer machen konnten. Sie machten sich diese Technik für den Bau von Häusern zunutze, die so weit fortgeschritten waren, dass wir sie mit unseren aktuellen Fähigkeiten nicht zustande bringen würden. Und sie konnten Steine schwer machen, um sie in Brunnen zu versenken.

Gewaltige spirituelle Technologien kamen aus genau diesem Tempel. Der Nachklang dieser Technologien kommt jetzt über Kristall- und Klangheilung zu uns zurück, aber das meiste davon ist uns immer noch unbegreiflich.

Der Tempel der Heilung

Der Tempel der Heilung bestand aus Kristallquarz mit eingebauten Smaragden. Erzengel Raphael bediente sich der Smaragde, um sein heilendes Licht zu verstärken, wenn jemand seine Richtung ganz verloren hatte. Das brachte diesen Menschen zurück in die göttliche Vollkommenheit.

Die Tempel des Klangs und der Heilung arbeiteten eng zusammen. Die Priester und Priesterinnen dieser Tempel stimmten ihre Arbeit aufeinander ab, um kraftvolle Heilweisen hervorzubringen. Dabei ging es ihnen immer darum, die jeweilige Person wieder in Einklang mit ihrer wahren göttlichen Bestimmung zu bringen.

Auf dem Höhepunkt des göttlichen Zeitalters gab es kein Karma, und wenn Menschen aus ihrer Mitte geraten waren, mussten sie nur wieder ins Gleichgewicht gebracht werden. Das konnte ein Priester oder eine Priesterin ganz leicht bewerkstelligen.

Herrliche, fehlerlose Kristalle wurden von der Sonne, vom Mond und von den Absichten der Heiler mit Energie aufgeladen. Diese lichtdurchfluteten Kristalle wurden dann angezapft, oder der Heiler gab ein harmonisches Summen von sich. Dies setzte die Schallwellen frei, die den Patienten wieder in die perfekte Ausrichtung brachten.

Außerdem gossen die Wesen von den Plejaden ihre blauen Strahlen und ihr Wissen in die Tempelkristalle, damit diese Schwingungen von der Priesterschaft freigesetzt werden konnten. Das Ergebnis war eine unglaublich kraftvolle harmonische Herzheilung, die sofort das gesamte Vierkörpersystem ins Gleichgewicht brachte und eine perfekte körperliche Ausrichtung möglich machte.

Als sich die atlantische Energie allmählich zerstreute, begann Karma eine Rolle zu spielen, und stärkere Heilmethoden wurden nötig. Im Tempel der Heilung wurde den Menschen Heilung durch Gnade zuteil. Und während die Gnade das Karma auflöste, verwies die erleuchtete Priesterschaft auf die geistigen Gesetze und bewirkte damit, dass der Patient die eigentliche Ursache der Krankheit auf andere Weise, oft durch Dienen, vergalt.

Als das Goldene Zeitalter eingeleitet wurde, belehrten die Hohepriester und -priesterinnen die Menschen über die medizinische Verwendung von Kräutern. Später wurden die verantwortlichen Priester im Tempel der Heilung zu Kräuteralchemisten, und Menschen kamen von weit her und profitierten von ihrem Know-how. Sie wussten, dass jedes Kraut mit einem Teil des Körpers in Resonanz geht. Wenn dieses Kraut perfekt zubereitet war, enthielt es die goldene Blaupause dieses Organs. Diese überlagerte den Körper und gab dem Organ seine ursprüngliche göttliche Vollkommenheit zurück.

Diese Methode war einfach und wirkte schnell, denn die Menschen waren damals nur wenig aus dem Gleichgewicht. In der heutigen Zeit jedoch, in der sich das Karma festgesetzt hat, wirkt sie viel langsamer.

Mit Kristallen wurden auch heilige geometrische Muster von großer Wirkmacht geschaffen. Der Patient lag auf einer Couch, und das Muster wurde um ihn herum angeordnet und dann von der Intention des Priesters aktiviert. Dies geschah in der Regel in Anwesenheit der Tempelkatze. Manchmal schob die Katze die Kristalle herum und stellte so sicher, dass sie perfekt ausgerichtet waren. Bei anderen Gelegenheiten saß sie auf der Person, um das höchstmögliche Licht in sie hineinzuziehen.

Auf dem Höhepunkt des Goldenen Atlantis bedienten sich die Heiler einer hoch entwickelten Technologie, die es ihnen möglich machte, Unfallopfer in Kristallkokons zu platzieren. Dann wurde geweihtes Wasser über die Person platziert, dessen Wirkung von den Hochfrequenzkristallen noch verstärkt wurde. Dies konnte sofortige Heilung herbeiführen.

Diese Kristallkokons waren auch Regenerationskammern und konnten das Leben derer verlängern, die ihren Dienst auf der Erde erweitern wollten, indem sie hochfrequentes Licht in ihre Zellen fließen ließen.

Der Tempel der Sonne

Der Tempel der Sonne war für die Atlanter von großer Bedeutung. Sie erkannten, dass die Sonne ein Tor zu den höheren Dimensionen war, das es einem kontrollierten Lichtfluss erlaubte, in unser bekanntes Universum einzudringen und Teil des Planten zu werden. Der Tempel war eine Ode an das

Licht, das kaskadenartig in den großen Kristall fiel, der Atlantis mit Energie versorgte.

Erbaut war der Tempel der Sonne aus sehr klarem Kristallquarz in Kombination mit Zitrin und Gold, um die höchste Ebene der Lichtbrechung zu unterstützen. Der Tempel diente auch dazu, den Atlantern beizubringen, wie man Energie zum eigenen Gebrauch gewinnt. Sie lernten dort, Sonnenstrahlen mit Kristallen und kupferhaltigem Metall zu bündeln und als Strom im gesamten atlantischen Kontinent zu verteilen.

Die Priester und Priesterinnen dieses Tempels standen in unmittelbarer Verbindung mit dem Licht und den Lehren des Erzengels Metatron. Er trainierte den Hohepriester Ra, sein unglaubliches Wissen anzuwenden, um die Blaupause für das tausendfünfhundert Jahre dauernde Goldene Zeitalter zu erstellen.

Der Tempel der Sonne war auch direkt auf den Zufluss und die Programmierungen eingestimmt, die von Sonnen in anderen Universen verfügbar waren. Im Goldenen Zeitalter war der Tempel ein Empfänger gewaltiger Übertragungen reinen Lichts. Dieses Licht wurde dann an andere weitergegeben, um den kosmischen Aufstiegsprozess in ganz Atlantis zu beschleunigen. Dies ist die Ebene jenseits des Aufstiegs in die fünfte Dimension, wo die Seelen in die kosmische Beherrschung ihrer selbst und der Universen um sie herum hineinwachsen. Die Lehren dieses Tempels wurden in einem Meister-Zitrinschädel gespeichert, in den ein wunderschöner Sonnenstein als Drittes Auge eingelassen war. Diese unglaublich fortschrittliche Kristalltechnologie war möglich geworden, weil man sich das Wissen der Arkturianer zunutze machte, um den entsprechenden Kristall zu formen, zu schmelzen und zu schnitzen.

Der Tempel des Mondes

Dieser Tempel war von der Hohepriesterin Isis errichtet worden, und nur den reinsten Priesterinnen war es erlaubt, ihn zu betreten. Er bestand aus Mondstein, war ein Zentrum der göttlich weiblichen Energie und ausschlaggebend für die Erhaltung des exakten Gleichgewichts zwischen dem Weiblichen und dem Männlichen.

Die Priesterinnen des Mondes hatten ihr ganzes Leben der Verehrung der Mondzyklen und dem Sammeln und Verteilen des Mondlichts geweiht.

Erzengel Christiel half bei der Lenkung der Energieflüsse. Dieser mächtige Erzengel informierte den Tempel immer sofort, wenn das Licht in Teilen von Atlantis flackerte, sodass Korrekturen auf dem ganzen Kontinent vorgenommen werden konnten.

Alle Frauen, die ihre Inkarnation in diesem wunderschönen Tempel verbrachten, arbeiteten in absoluter Harmonie und kooperierten gut miteinander. Ihr Körper war in perfektem Einklang mit den Monatszyklen, und alles, was sie taten, diente dem höchsten Wohle aller.

In ihrem Tempel befand sich ein aus schimmerndem Mondstein geschnittener Kristallschädel.

Als Atlantis zum letzten Mal unterging, wurde die Schwesternschaft des Mondes im alten Ägypten neu gegründet, und die Geheimnisse ihres Lichts wurden der Sphinx zur sicheren Verwahrung übergeben.

Der Tempel der Wahrheit

Der Tempel der Wahrheit war aus reinweißem Kristallquarz erbaut und spiegelte die Reinheit des Erzengels Gabriel wider. Erzengel Gabriel arbeitete direkt mit den Atlantern zusammen und half ihnen, Wahrheit und Ordnung in ihr Leben zu bringen.

Die Reinheit dieses Tempels war derart hoch, dass die Chakras der Priester in einem changierenden weißen Licht glühten, was darauf hinweist, dass sie sich auf die höhere Ebene der fünften Dimension entwickelt hatten. Wahrheit ist der wesentliche Kern eines geistigen Wesens und erhöht seine Schwingung.

Dieser Tempel brachte allen, die in Atlantis lebten, Transparenz und machte es den dort lebenden Menschen möglich, in all ihren Worten und Taten absolute Ehrlichkeit an den Tag zu legen.

Der Tempel der Nacht

Der Tempel der Nacht wurde von den Atlantern als wesentlicher Teil des Lebens auf dem Planeten Erde verehrt. Wie der Frühling auf den Winter folgt, folgt der Tag auf die Nacht. Und die hoch entwickelten fünfdimensionalen Seelen von Atlantis wussten, dass sie von der Dunkelheit nichts zu fürchten hatten, weil sie ein Teil der irdischen Erfahrung ist. Dunkelheit bewahrt die Geheimnisse des göttlich Weiblichen, und hier ist die wahre Weisheit zu finden. Deshalb war der Tempel aus Obsidian erbaut.

Die Priester und Priesterinnen dieses Tempels waren Experten, was die Reinheit der Seele betrifft, weil sie ihre Gedanken und Gefühle ständig überwachten. Wenn sie Emotionen ausfindig machten, die nicht in Einklang mit der Quelle der Liebe waren, gaben sie diese zur Reinigung an die Einhörner weiter.

Rituale, die den Traumzustand ehrten, wurden täglich durchgeführt, um sicherzustellen, dass die Priester und Priesterinnen dieses Tempels im Schlaf immer in die höheren geistigen Bereiche reisten. Sie reisten mit Drachen als Begleiter, die sie auf ihrer Fahrt beschützten. Wenn sie bei Tagesanbruch wieder in ihre Körper zurückkehrten, brachten sie großes Wissen und heilige Weisheit aus den Engelreichen mit.

Der Tempel der Tiere

In diesem Tempel wurden alle fühlenden Wesen verehrt. Die Atlanter wussten, dass Tiere besondere Seelen sind, die aus allen möglichen Universen stammen und sich auf der Erde inkarniert haben. Die Tiere des Goldenen Zeitalters wurden alle ausgewählt, um an dem atlantischen Experiment teilzunehmen und die Menschen in den Rollen zu unterstützen, die sie dort spielten.

Erzengel Fhelyai überwachte den Betrieb dieses Tempels. Er schickte der Priesterschaft regelmäßig Informationen darüber, wie die neuen Wellen von Tieren, die nach Atlantis kamen, gefüttert werden mussten.

Die Kinder von Atlantis liebten diesen Tempel und strömten stets herbei, um etwas über die schönen Kreaturen zu erfahren, die mitten unter ihnen lebten. Kooperation zwischen den Arten wurde ihnen von sehr jungen Jahren an beigebracht und auch, wie man alle Lebensformen achtet und respektiert.

Der Tempel der Weisheit und des Wissens

In diesem Tempel wurde die Seelenweisheit aller Wesen verehrt. Die Hohepriester und -priesterinnen wussten, dass wahre Weisheit von vielen Lebenszeiten des liebevollen spirituellen Dienens kam. Sie glaubten, dass jeder etwas mitzuteilen hatte. Die erste Lektion in diesem Tempel bestand darin, den Priestern und Priesterinnen beizubringen, wie man richtig zuhört.

Die Weisheit vieler Inkarnationen wurde in diesem Tempel in einem Kristallquarz gespeichert, und die Ansichten der verschiedenen Stämme wurden stets gesammelt, um ihr Wissen zu erweitern und ein gewisses Gleichgewicht herzustellen. Während der aktuellen Inkarnation erworbenes Wissen wurde in einem separaten Schädel gespeichert, und der stand in hohem Ansehen. Ein großer Teil davon wurde von den Sternenwesen weitergegeben, die mit der Erde und den elementaren Bereichen in Verbindung standen.

Der Tempel des einen wahren Lichts

Dieser riesige Quarztempel war der Gipfel des technologischen Fortschritts. Mithilfe von Kristalltechnologie sammelte er Licht aus allen Ecken des Multiversums. Dieses Licht wurde dann verwendet, um die Lichtkörper der spirituellen Seelen von Atlantis zu verstärken, damit sie bei Bedarf jederzeit schnelle Fortschritte machen konnten.

Meister Wuslu, der Hohepriester mit der höchsten Schwingung von allen, die jemals in Atlantis gedient haben, arbeitete direkt mit diesem Tempel und nahm oft neu Eingeweihte mit dorthin, damit sie ihre ersten galaktischen Verbindungen aufnehmen konnten. Er war in der Lage, ihre Körper mit reinem Licht zu erfüllen und ihr Bewusstsein so zu lenken, dass es sich mit den Sternen verbinden konnte. Dies machte es ihnen möglich, Zugang zu interstellarem Wissen zu bekommen und es herunterzuladen.

Die wichtigste Lektion dieses Tempels bestand darin, den Atlantern ihr wahres Wesen zu zeigen. Denjenigen, die den Tempel unter der Leitung von Meister Wuslu erlebten, wurde ihre nie endende Verbindung zu allem, was ist, gezeigt.

Die Priester und Priesterinnen dieses Tempels verwendeten eine hochleitfähige Mischung aus Zitrin und klarem Kristallquarz, um höhere Schwingungen von den Plejaden, Andromeda, Arktur, Sirius, der Leier und vielen anderen Sternen, Planeten und Galaxien einzubringen. Dieses Licht wurde in den Kristallen gebündelt, sodass der ganze Tempel im Dunkel leuchtete.

Alle Atlanter wurden wegen der Sonne verehrt, die in ihrem Innern glühte.

Der Tempel des Meeres

In diesem Tempel, der auch als Neptuntempel bekannt ist, wurde eng mit den fließenden Gewässern des aufgestiegenen Aspekts von Neptun namens Toutillay gearbeitet. Die Priester und Priesterinnen dieses Tempels konzentrierten sich auf die unaufhörliche Bewegung der Energie von einem Raum zum anderen.

Die Atlanter sahen ein, dass die Energie der dritten Dimension Objekte formte und dass höherfrequente Energie kontinuierlich in Form von flüssigem Licht floss. Eingeweihte des Neptuntempels wurden darin geschult, mit Energien zu arbeiten, die viel höher waren als sie. Sie wurden zu Experten der Manifestation.

Neptuns Energie verlangte immer danach, dass sowohl innere als auch äußere Seelenarbeit geleistet wurde. Regelmäßig wurden Tests gemacht, um sicherzustellen, dass die Priesterschaft in Kontakt mit ihren tiefsten Emotionen war, denn diese hatten großen Einfluss auf die Kreationen, die sie in die physische Welt projizierten.

Die Lehren des Neptuntempels waren so heilig, dass sie nach dem Fall von Atlantis in Neptuns Obhut zurückgegeben wurden. Dieses Licht und die Informationen werden jetzt wieder verfügbar, und zwar für diejenigen, die wirklich bereit sind, alle Aspekte ihrer Seele anzunehmen und auf der höchsten Ebene zu arbeiten.

Der Tempel der Natur

Der Tempel der Natur war eines der schönsten Bauwerke von Atlantis und lag in einem prächtigen Wald. Hier wurde das Gesetz der Natur in allen Aspekten unterrichtet, um den Atlantern zu zeigen, wie man den Geist der Erde respektiert. Die Göttin Gaia und ihre Elementarmeisterin Taia arbeiteten direkt mit dem höheren Selbst aller, die diesen Tempel besuchten. Sie brachten ihnen bei, das Land zu ehren und zu segnen, sodass ihre Schritte eine goldene Spur hinterließen.

Bäume, Blumen, Insekten, Vögel und andere Tiere wurden von der Schwingung dieses Tempels angezogen, und die Atlanter verbrachten Stunden damit, auf außersinnliche Weise mit ihnen zu kommunizieren. Sie brachten allen bei, wie man in Symbiose mit der Erde lebt. Weil das empfindliche Gleichgewicht der Natur geachtet und alles in Harmonie gehalten wurde, reagierte die Erde damit, dass sie Freude und Wonne im Überfluss für sie hervorbrachte: Hochfrequenz-Nahrungsmittel, strahlend schöne Blüten, saftig grüne Bäume und ebensolches Gras.

Der Poseidontempel

Dieser Tempel, manchen auch als Kathedrale der heiligen Höhen bekannt, war der großartigste und spirituellste Tempel von Atlantis. Wie früher schon erwähnt, stand er auf dem höchsten Punkt der Insel Poseida. Dieses Gebäude war zunächst nur den Atlantern zugänglich, welche die Kunst der Levitation beherrschten. In den späteren Jahren des Goldenen Zeitalters beschloss die Priesterschaft, den Tempel auch für andere zu öffnen, indem sie eine Straße zum Gipfel baute.

Der große Amethystschädel residierte in diesem Tempel und speicherte das akkumulierte Licht, die Liebe und die Weisheit aller Kristallschädel. Die großen Meister von Atlantis verbrachten viel Zeit in diesem Tempel, und die höheren Einweihungen wurden immer hier unter der Aufsicht der Hohen Priesterschaft durchgeführt und vom Intergalaktischen Konzil angeleitet.

Nach dem Niedergang von Atlantis wurden die Geheimnisse von Poseida in den Hallen von Amenti aufbewahrt. Sie werden dort bis zum heutigen Tag von den Legionen des Anubis bewacht. (Die Legionen des Anubis sind die Mitarbeiter des Gottes Anubis. Sie tragen seine Liebe und seine hohe Schwingung und fungieren als sein verlängerter Arm.) Die reinkarnierten Meister, die auf die Erde zurückgekehrt sind, beginnen nun, sich daran zu erinnern, wie man dieses heilige Wissen wieder abrufen kann. Es wird gebraucht, um den Aufstiegsprozess voranzutreiben und die fünfdimensionale Blaupause für die Erde wiederherzustellen, die im Goldenen Zeitalter von Atlantis angefertigt wurde.

Die Art und Weise, wie die Atlanter gelebt, zusammengearbeitet, alles geteilt und einander geliebt haben, war die Grundlage für eine Lebensweise des Aufstiegs. Sie war das Vorbild für gelebte Meisterschaft auf diesem Planeten. Jetzt erinnern wir uns an diese Zeiten, um die Lehren zurückzubringen, damit die Erde vollständig in die fünfte Dimension aufsteigen und noch einmal goldenes Licht ausstrahlen kann.

Kapitel 4

Wie Kindern im Goldenen Zeitalter von Atlantis zu Erleuchtung und Meisterschaft verholfen wurde

Im Goldenen Zeitalter von Atlantis wurde alles von einer erleuchteten Perspektive aus angegangen, und alle Entscheidungen wurden von einem Standpunkt der Meisterschaft aus getroffen. Eine neue Seele in die Welt zu bringen und sie zu erziehen hielt man für unglaublich wichtig. Der junge Mensch wurde mit dem Ziel der Erleuchtung und Meisterschaft ausgebildet. Von den Menschen dieser Zeit können wir viel über die Bedeutung und die Befugnisse der Elternschaft lernen. Das ist auch der Grund, weshalb wir dieses Kapitel in das Buch aufgenommen haben. Wenn dieser Weg mit der nötigen Redlichkeit gegangen wird, bietet er viele Gelegenheiten, Erleuchtung und Meisterschaft zu erlangen.

Elternschaft war nicht für jeden vorgesehen. Die Magier, also die Hohepriester, und die meisten Eingeweihten lebten im Zölibat. Und nur diejenigen, die dazu bereit waren, durften diese hohen Positionen einnehmen. Abgesehen davon war es auch nicht allen Frauen bestimmt, Mutter zu werden. Die entsprechende Entscheidung wurde auf der Seelenebene getroffen. Manche entschieden sich, ihr Leben etwas anderem zu widmen, etwa der Kreativität. Andere sahen ihre

Lebensaufgabe darin, sich um die Kinder anderer zu kümmern, entweder indem sie für Waisenkinder sorgten oder als Lehrerinnen tätig waren.

Wenn Sie auf den höheren Ebenen der fünften Dimension schwingen, wie es bei den Menschen damals der Fall war, sind die männlichen und die weiblichen Energien in Ihnen perfekt ausbalanciert. Deshalb wurde Sex als heilige Handlung zum Zweck der Fortpflanzung betrachtet. Wenn zwei Menschen verliebt waren und heiraten wollten, suchten sie zunächst den örtlichen Priester auf, der auf einem hohen Entwicklungsstand war und außersinnliche Fähigkeiten hatte. Dieser Priester untersuchte die Aura der beiden und prüfte, ob sie körperlich, geistig, emotional und spirituell zusammenpassten. Wenn nicht, war klar, dass sie nicht heiraten würden. Sie würden es nicht wollen! Eine Heirat würde keinen Sinn ergeben, wenn sie nicht zum Besten aller war.

Die Atlanter waren pragmatisch und wussten, dass Beziehungen nicht immer einfach waren. Wenn ein Paar trotz der Vorkehrungen, die getroffen worden waren, um sicherzustellen, dass sie zusammenpassten, nicht glücklich wurde, konnten sich die beiden problemlos wieder scheiden lassen. Dies geschah jedoch sehr selten.

Die Hochzeit war eine kraftvolle Zeremonie, bei der große spirituelle Mächte angerufen wurden, die über das Paar wachen sollten, aber es gab keinen Austausch von Ringen oder irgendwelchen anderen Symbolen, weil man das nicht für notwendig hielt.

Das Paar wusste, dass es eine sehr große spirituelle Verantwortung übernahm, eine der größten, die man im Leben überhaupt übernehmen kann, nämlich eine Seele auf diese Welt zu bringen, und dass es eine ganz wichtige Aufgabe war, für dieses Kind zu sorgen. Ihnen war auch klar, dass ihre

Elternschaft eine Beschäftigung auf hohem Schwingungsniveau war. Zur Vorbereitung auf diese gesegnete Aufgabe meditierten sie gemeinsam, oft mit der erweiterten Familie, um herauszufinden, welcher Art von Seele sie am besten dienen konnten. Zu diesem Zeitpunkt stellten sich vielleicht zwei oder drei Geistseelen vor, damit sie ihre Energien gegenseitig kennenlernen konnten, und unmittelbar vor der Empfängnis wurde eine Entscheidung getroffen, die zum besten Wohle aller war. Im Verlauf der sexuellen Vereinigung wurde die neue Seele angezogen, die dann eine Verbindung mit dem Körper der Mutter einging.

Nach seiner Geburt wurde das Baby nicht nur von seinen Eltern und der engeren Familie begrüßt und willkommen geheißen, sondern auch von der ganzen Gemeinschaft. Jedes einzelne Baby wurde mit Spannung erwartet, herzlich begrüßt und sehr geliebt. Dann wurde es in den Tempel gebracht, wo der Priester seine Aura untersuchte, um herauszufinden, welche Seelenreise es hinter sich hatte und welche Gaben und Fähigkeiten es in dieses Leben mitbrachte. Das war enorm hilfreich für das Kind, weil seine Eltern und die Gemeinschaft nun in der Lage waren, das in ihm zu achten und zu fördern, worin es wirklich gut war. Jedes Kind blüht auf, wenn seine guten Seiten herausgestellt werden, und die Kinder des Goldenen Zeitalters von Atlantis waren in dieser Hinsicht besonders gesegnet.

Mit ihren außerordentlichen Kräften waren die Magier in der Lage, Flüssigkristalle vom Ursprungsplaneten des Babys auf die Erde zu ziehen. Diese verfestigten sich dann zum persönlichen Geburtskristall des Kindes. Dieser Kristall stellte die Verbindung zu seinem Ursprungsplaneten her und machte es dem Kind möglich, energetischen Kontakt mit seiner Sternenheimat aufzunehmen. Auch das half ihm, sich verbunden und sicher zu fühlen und das Leben aus einer erleuchteten Perspektive zu sehen. Noch heute können Sie sich einen Kristall aussuchen, zu dem Sie sich hingezogen fühlen, und ihn bitten, Sie mit Ihrem Heimatplaneten zu verbinden. Legen Sie ihn unter Ihr Kissen, damit er die energetische Verbindung herstellen kann, während Sie schlafen. Sie fühlen sich vielleicht zunehmend wohler und ruhiger, während die Verbindung immer stärker wird.

Das Kind war noch ziemlich klein, als irgendwann ein Lurcherwelpe auf seiner Türschwelle saß. Dieses Tier war erwartet worden. Es sollte der Gefährte des Kindes werden, es zur Schule begleiten und beschützen. Im Gegenzug lernte das Kind, sich um den Hund zu kümmern. Lurcher hatten damals die perfekte Blaupause für die »Hundeenergie«. Ihr schönes Temperament und ihre Intelligenz machten sie bei vielen beliebt.

Das Kind und der Hund hatten immer eine sehr enge Bindung, und der Hund blieb da, bis das Kind mit sechzehn Jahren heiratete oder sich der Priesterschaft anschloss. Dann hatte das Tier seinen Auftrag erfüllt und kehrte in die geistige Welt zurück.

Die Anwesenheit solcher Hundebegleiter in den prägenden Jahren sorgte dafür, dass sich die Kinder immer sicher und gut geschützt fühlten. Sie machte es ihrem Wurzel- und ihrem Sakralchakra möglich, zu glühen, sich zu drehen und eine hohe Schwingung auszustrahlen. Das war eine exzellente Voraussetzung für die spätere Meisterschaft. In jeder Familie lebten durchschnittlich drei Kinder, und demnach gab es auch drei Lurcher, die für Spaß, Spiel und Ungezwungenheit sorgten.

Außerdem hatte jedes Kind ein Kaninchen. Kaninchen stammen von Orion, dem Planeten der Weisheit. Sie kommen mit einer sehr wichtigen Mission auf die Erde. Ein Teil dieses Auftrags besteht darin, Herzensheiler zu sein. Wenn sich ein Kind aufregte, streichelte es den weichen Pelz seines Kaninchens, und das Kaninchen heilte es mit Liebe und Weisheit. Dies machte es den Kindern von Atlantis möglich, ihr Herz jederzeit offen und einsatzbereit zu halten. Auch das ist eine wunderbare Grundlage für liebevoll tätige Meisterschaft.

Wenn die Kinder etwa drei Jahre alt waren, wurden sie in kleinen Gruppen in die Natur gebracht, wo sie etwas über die natürliche und die spirituelle Welt erfuhren. Ihre Lehrer wurden nach ihrer angeborenen Fähigkeit, eine Beziehung zu Kindern dieses Alters aufzubauen, ausgewählt. Dadurch, dass sich die Kleinen in die Geheimnisse der Natur vertieften, wurden sie angeregt, das Leben mit ganz neuen Augen zu sehen.

Schon in diesem Alter wurde den Kindern beigebracht, sich zu konzentrieren, fokussiert zu bleiben und ihre Vorstellungskraft einzusetzen, denn dies war die perfekte Grundlage für die Techniken der Gedankenkontrolle, die sie lernen sollten, wenn sie alt genug sein würden, um selbst etwas zu manifestieren und zu erschaffen.

In welchem Alter die Kinder auch waren, immer wurde sehr viel Wert auf Entspannung gelegt. Schulen waren Orte der Ruhe und des Glücks. Spiel, Spaß, Musik und besondere Atemtechniken machten es den Kindern möglich, sich so weit zu entspannen, dass sie Informationen ganz leicht aufnehmen konnten. Erziehung bedeutet wörtlich, dass latente Fähigkeiten aus einem hervorgeholt werden, und genau das hatten die Lehrer mit den ihnen Anvertrauten vor.

Ältere Kinder übten, sich bis hin zur Zellebene zu entspannen. Dadurch konnten sich die Perlen oder Codons ihrer Zwölfstrang-DNA ausdehnen und einander perfekt berühren. Über diese Verbindung bekamen sie Zugang zu ihrem ganzen Potenzial.

Die Atlanter machten nicht den Versuch, die Köpfe der Kinder mit dem Wissen anderer Menschen vollzustopfen. Vielmehr konzentrierten sie sich darauf, die Gaben, die Talente und das Seelenwissen der Kinder auf ganz natürliche Weise an die Oberfläche kommen zu lassen. Jedes einzelne Kind wurde ermutigt, das zu tun, was es am liebsten tat. Sie wuchsen so auf, dass sie auf der Seelenebene glücklich und erfüllt waren.

Die einzig erlaubten Lehrinformationen kamen über hoch schwingende Kristallquarze, die mit spirituellem Wissen programmiert waren. Als sie älter waren, lernten die Kinder, wie sie direkt auf ihre individuellen Lehrkristalle zugreifen konnten.

Weil ohnehin jeder über telepathische Fähigkeiten verfügte, war die Sprache eher rudimentär, und es bestand kein Interesse an Grammatik. Alle kommunizierten von Geist zu Geist mit Gedanken oder Bildern. Diese entstanden mit der entsprechenden Intention im Dritten Auge und wurden von dort auf das Dritte Auge der jeweils anderen Person übertragen. Wenn Sie beispielsweise wissen wollten, was Ihr Kind gerade macht, schickten Sie ihm eine telepathische Botschaft und bekamen als Antwort ein Bild oder ein Video, das aus dem Kopf des Kindes unmittelbar in Ihren übertragen wurde.

Kreativität, Kunst und Musik sind Aktivitäten der rechten Gehirnhälfte. Daher wurden sie gefördert. Gleiches galt für den Sport, denn man hielt es für wichtig, Verantwortung für den Körper zu übernehmen und ihn gesund zu erhalten. Sauberes Wasser, liebevoll angebaute, bekömmliche vegetarische Nahrungsmittel und Zufriedenheit waren die Zutaten für körperliche Meisterschaft.

Die folgende Visualisierungsübung hilft Ihnen, die Verantwortung für Ihre persönliche Schwingung zu übernehmen.

Visualisierungsübung:
Die Gaben Ihres inneren Kindes ans Licht holen

1. Suchen Sie sich einen Platz, an dem Sie sich entspannen können und ungestört sind. Zünden Sie, wenn möglich, eine Kerze an.
2. Setzen Sie sich bequem hin und atmen Sie ganz ruhig mit der Absicht, die Gaben Ihres inneren Kindes ans Licht zu holen.
3. Konzentrieren Sie sich auf Ihren aktivierten Erdenstern.
4. Bitten Sie Erzengel Michael, seinen tiefblauen Schutzmantel um Sie zu legen.
5. Stellen Sie sich vor, dass Sie drei Jahre alt sind und auf einer wunderschönen Waldlichtung fröhlich mit einem sanftmütigen braunen Hund spielen.
6. Sie nehmen die im Gras und in den Bäumen umherflatternden Elementarwesen ebenso bewusst wahr wie die strahlenden Engel, die über Sie wachen.
7. Eine weise Lehrerin sitzt unter einem Baum, und Sie laufen freudig zu ihr hinüber.
8. Sie zählt Ihnen alle Ihre guten Eigenschaften auf. Sie erinnert Sie an Ihre Gaben und Talente. Sie nennt Ihnen vielleicht sogar manche Dinge, die Ihnen gar nicht bewusst sind.
9. Sie gibt Ihnen Ihren persönlichen Geburtskristall. Er kann jede beliebige Farbe haben und eine ganz andere Form, als Sie sich vielleicht vorgestellt haben. Wenn Sie ihn in der Hand halten, wird, ob Sie sich dessen bewusst sind oder nicht, eine Verbindung zu Ihrem Heimatstern oder -planeten hergestellt, auch wenn dieser zu einem anderen Universum gehört.

10. Spüren Sie, wie Sie sich entspannen, während Gefühle der Zugehörigkeit, der Sicherheit, des Selbstwerts und der Hoffnung in Ihnen aufwallen.
11. Und während diese guten Gefühle in Ihnen wachsen und sich ausbreiten, öffnen Sie die Augen und kehren ganz ins Hier und Jetzt zurück.

Kapitel 5

Die Rückkehr der erleuchteten Meister und die Hallen von Amenti

Mit der harmonischen Konvergenz im Jahre 1987 kam die Erleuchtung auf die Erde zurück. Als Atlantis unterging, wurden spirituelle Energien wie die der violetten Flamme und des Mahatma abgezogen, um sicherzustellen, dass nur die mit ihnen umgingen, deren Herz rein blieb. Reinheit ist zwar in den Herzen aller auf der Erde verkörperten Seelen vorhanden, aber die meisten haben vergessen, wie man Zugang dazu bekommt. Nur das Licht bestimmter Seelen strahlte hell genug, dass die höheren Mächte und das Intergalaktische Konzil es von ihren erleuchteten Dimensionen aus sehen konnten. Das genügte, um sicherzustellen, dass die Energien auf den Planeten zurückkehrten.

Der Aufstiegsprozess hat eine solche Bedeutung, dass alles, was jetzt geschieht, vor 260 000 Jahren geplant wurde, zu Beginn des Atlantis-Experiments. Als Ergebnis dieser Planungen vereinbarten Seelengruppen von gut ausgebildeten Aufgestiegenen Meistern, sich zur selben Zeit auf der Erde zu verkörpern. Sie einigten sich darauf, den Schleier des Vergessens zu durchschreiten und ihre Herkunft zu vergessen. Dieser Schleier besteht aus sieben Ebenen der Illusion. Er stellt sicher, dass jeder einzelne dieser Meister auf die Erde kommen und hier unter sehr menschlichen Umständen leben kann. Nur dann kann man von ihnen erwarten, dass sie Millionen schnell erwachender Seelen unterrichten und in das neue Goldene Zeitalter des Wassermanns führen. Sie könnten durchaus einer von ihnen sein.

In den vergangenen Jahrtausenden haben viele dieser Meister die Gipfel der spirituellen Erleuchtung in anderen Inkarnationen oder auf inneren Ebenen erreicht. Dadurch wurden große Erwartungen geweckt, und Wesen aus allen Ecken des Universums kamen zusammen, um den Wandel, der sich vollzieht, zu bezeugen und zu unterstützen. Sie alle helfen auf ihre ganz besondere und einzigartige Weise.

Jeder verkörperte Meister hat einen entscheidenden Schlüssel für den Prozess. Jeder Einzelne bringt ein einzigartiges Spektrum an Gaben und Talenten mit, das mit dem Licht der anderen in seiner Seelengruppe harmoniert. So entsteht eine riesige, leistungsstarke Einheit von Meistern, die ihr Leben dem höchsten Licht gewidmet haben.

Seelengruppen schließen sich zusammen und bilden Einheiten, sobald die wichtigsten Mitglieder des Teams erwacht sind. Meister aus Alantis, Lemurien, Ägypten und anderen entwickelten Zivilisationen erinnern sich jetzt, wer sie waren und mit wem sie in früheren Leben verbunden waren.

Diese Verbindungen sind unglaublich kraftvoll. Sie ziehen Seelen an, die ihre Umstände ändern, wenn sie den Drang dazu verspüren. Dann arbeiten sie energetisch als Team, selbst wenn sie einander nicht bewusst kennen. Sie sind hier, um die erste Welle des Aufstiegsprozesses anzuhalten, zu stärken und zu erleuchten und anderen liebevoll die Richtung zu weisen.

Als die zweite Welle im September 2015 allmählich in Schwung kam, übernahm die Kerngruppe Führungsaufgaben zur Vorbereitung auf die physischen Veränderungen der gesellschaftlichen Strukturen.

Vor 2012 sahen Zivilisationen wie die Mayas das Ende der Welt voraus. Aber was die Mayas wirklich gesehen hatten, war nach dem kosmischen Moment am 21. Dezember 2012 eine leere Seite.

Die hochfrequente Priesterschaft konnte nicht bis in die Zeit jenseits von Atlantis vorausschauen, die mit dem kosmischen Moment endete. Die meisten Vorhersagen für diese Periode wurden gechannelt und geschrieben von Seelen, die über eine dreidimensionale Schwingung verfügten. Sie können nicht in einer Schwingung lesen, die über ihrer eigenen liegt, und das bedeutet, dass ihre Vorhersagen verzerrt waren und keinen Wert haben. Die Zukunft wird jetzt ganz von den Menschen auf der Erde beeinflusst, vor allem von den Aufgestiegenen Meistern.

Liebe und positive Schöpfung sind die wichtigsten Aufgaben erwachter Meister. Sie haben sich bereit erklärt, die Herzen der Menschen zu öffnen, indem sie ihr eigenes Herz öffnen.

Mit dem Wissen und der Liebe derer, die auf der Erde leben und bereits erwacht sind, konnte mittlerweile ein riesiges globales Lichtnetz gespannt werden. Dies ist durch die sozialen Medien sehr einfach geworden. Sie machen es spirituellen Gruppen von weit auseinanderliegenden Orten auf der Erde möglich, ihre Energien mit einem einzigen Knopfdruck zusammenzubringen. Selbsthilfegruppen für Anfänger und Fortgeschrittene treffen sich regelmäßig, um die Verantwortung für ihr spirituelles Wachstum zu übernehmen. Neue Meister tauchen auf, während sich die Schwingung immer weiter erhöht.

Wenn eine bestimmte Anzahl dieser Wesen erwacht ist, ziehen sich die höheren Reiche zurück und erlauben ihnen, ihre eigenen Entscheidungen zu treffen. Eine der wichtigsten Facetten der Meisterschaft ist Eigenständigkeit.

Viele dieser Seelen sind praktisch über Nacht erwacht. Sie haben sich entschieden, dies genau zur richtigen Zeit am genau richtigen Ort zu tun. Sie sind leicht daran zu erkennen, dass sie ein umfassendes und unmittelbares Verständnis vom Walten des Universums haben.

Jeder Meister, welcher der Erde in einer signifikanten Lebenszeit gedient hat, kommt nun zu Hilfe, und als Ergebnis davon ist das goldene Licht auf der Erde von den höheren Dimensionen aus klar und deutlich zu sehen. Diese Lichtarbeiter fangen jetzt an, Wissen aus den Hallen von Amenti zu nutzen, um den Aufstiegsprozess zu beschleunigen.

Die Hallen von Amenti

Die Hallen von Amenti sind eine riesige kosmische Bibliothek in den höheren Gefilden. Sie wurden von den universellen Engeln errichtet, um die spirituellen Errungenschaften aller bekannten Universen zu bewahren.

Die Hallen von Amenti unterscheiden sich von der Akasha-Chronik, in der sämtliche Lebenserfahrungen aller jemals auf der Erde Inkarnierten aufgezeichnet sind. Viele entsprechend begabte Medien haben Zugang zur Akasha-Chronik anderer Menschen, aber nur zu den Informationen, deren Schwingungen zu ihren eigenen passen. Diejenigen, die auf einer höheren Ebene schwingen, sind in der Lage, tief in die eher erleuchtete Geschichte einer Seele einzutauchen. Dabei sollte jedoch beachtet werden, dass ihnen der Zugang zu dieser Chronik von den Geistführern und Engeln der betreffenden Person manchmal ganz bewusst verwehrt wird, weil

Informationen aus früheren Leben oft nur ablenken, wenn sie für den aktuellen Auftrag dieser Seele nicht relevant sind.

Bei den Hallen von Amenti handelt es sich um einen aufgestiegenen Raum, der von Licht und Liebe erfüllt ist. Alle Meister aus den unterschiedlichsten Bereichen von Zeit und Raum haben dort jeweils ihren eigenen Raum, und die Information in jedem dieser Räume dehnt sich immer weiter aus, je mehr Fortschritte die Seele auf ihrem gewählten Weg macht.

Die Legionen des Anubis wurden geschaffen, um diese Räume zu schützen, und diese Aufgabe führen sie mit größter Sorgfalt aus.

Als Atlantis unterging, füllten viele der Meister in höchster Eile die Hallen mit ihren Informationen, damit sie nicht in die falschen Hände gerieten. Jetzt, wo die Schwingungsfrequenz auf der Erde wieder steigt, werden die Technologie und die spirituellen Werkzeuge des Goldenen Zeitalters von Atlantis wieder zugänglich.

Es gibt mehrere Zugänge in die Hallen. Einer führt über Agartha, die Hauptstadt der Hohlerde, ein anderer liegt zu Füßen der Sphinx. Manche sagen, dass die Schwingungen der Hallen an diesem Punkt sehr deutlich zu spüren sind. Weitere Zugänge führen über die großen Pyramiden von Tibet, Griechenland, Mesopotamien sowie Machu Picchu und die Maya-Pyramide.

Die Hallen von Amenti bieten einen überwältigenden Anblick. Den Eingang bildet eine goldene Tür, gefolgt von einem langen goldenen, von Fackeln erhellten Tunnel. Sobald eine Person diesen Tunnel betreten hat, beschleunigt sich ihr Aufstieg und sie kann die höheren Prüfungen ablegen. Nachdem sie diese Einweihungen durchlaufen hat, steht sie vor den bewachten Toren zur ersten Ebene. Die Schildwachen des Anubis scannen den Lichtkörper dieser Seele, um ihre Schwingung zu bewerten und sie dann passieren zu lassen.

Die erste Ebene von Amenti sieht aus wie ein riesiges Zimmer mit den Namen aller Meister, die den Universen dienen. Dieser Raum erstreckt sich, so weit das Auge reicht, und wird von Fackeln aus flüssigem Gold erhellt. Schöne Sitzplätze säumen den Raum und laden zur Kontemplation ein. Darauf können sich die Besucher ausruhen und die wunderbaren Schwingungen in sich aufnehmen.

Am Ende des Raumes stehen zwei goldene Schildwachen und bewachen die Eingänge zu den Meistergemächern. Eine Seele muss ihre Einweihungsprüfungen auf der Erde bestanden haben, um hier eintreten zu dürfen. Manche Meister stehen viele Jahre vor dieser Tür, bevor sie eintreten dürfen, und ihre Einweihungen sind immer eine große Herausforderung.

Sobald sich die Tür geöffnet hat, bekommt der Meister Zugang zur zweiten Ebene. Es ist eine goldene Pyramide voller geistiger Erbstücke. Manche nutzen diesen Ort als Rückzugsraum und reisen im Schlaf nach Amenti, um an verschiedenen Projekten zu arbeiten.

Die Geheimnisse der Hohlerde werden auf der dritten Ebene von Amenti bewahrt. Diese Ebene steht zwar immer noch mit den Erdenergien in Verbindung, aber sie ist riesengroß, und ihre Erkundung kann mehrere Lebenszeiten in Anspruch nehmen. In diesem siebendimensionalen Raum hält Serapis Bey seine weiße Aufstiegsflamme.

Die vierte Ebene steht in Verbindung mit den galaktischen Meistern. Diese Halle enthält das Wissen über die außerirdischen und universellen Engel und ist in Bezug auf die Schwingung acht- oder neundimensional.

Die fünfte Ebene ist der kosmischen Universalweisheit gewidmet. Die Quelle berührt diese zehndimensionale Ebene.

Die sechste Ebene ist vom menschlichen Geist relativ unerforscht. Es heißt aber, dass sie das Licht und die Liebe der Sterne enthält. Der Aufgestiegene Meister Thot versuchte, diese Ebene im Schlaf zu erreichen. Ihm wurde jedoch gesagt, er müsse zunächst einmal Fortschritte in seinem eigenen Universum machen. Diese Ebene schwingt in der elften Dimension und berührt manchmal die zwölfte.

Die siebte Ebene ist vom reinen Licht der Quelle erfüllt. Das Licht wird dann an die Serafim und die Drachen der Schöpfung weitergegeben, weil sie mit Licht und Liebe neue Universen aufbauen. Die Halle schwingt in einer zwölfdimensionalen Frequenz in Harmonie mit der Quelle.

Visualisierungsübung: Sich mit den Hallen von Amenti verbinden

1. Bereiten Sie sich auf die Meditation vor. Konzentrieren Sie sich tagsüber auf die Hallen von Amenti und nehmen Sie sich vor, sie zu besuchen.
2. Suchen Sie sich einen Platz, wo Sie ungestört sind, und entzünden Sie eine Kerze, wenn Sie möchten.
3. Rufen Sie die Legionen des Anubis herbei, um Ihren heiligen Raum zu versiegeln und Sie zum Eingang von Amenti zu begleiten.
4. Stellen Sie sich ans Tor und tun Sie Ihre Absicht einzutreten kund. Spüren Sie die goldene Resonanz, die aus diesem heiligen Raum fließt.
5. Wenn sich das Tor öffnet, gehen Sie mit Ihren Schildwachen hindurch.
6. Ein goldener Engel erwartet Sie. Es ist Ihr Schutzengel, der Sie von Anfang an auf Ihrer Seelenreise unterstützt hat.

7. Ihr Engel führt Sie durch einen riesigen Tunnel, der von Fackeln aus flüssigem Gold erhellt wird. Alte Symbole für Liebe und Weisheit schmücken die Wände. Manche kommen Ihnen vielleicht bekannt vor.
8. Am Ende des Tunnels bleibt der Engel stehen und bittet Sie, Ihre Hand auf die goldene Tür zu legen.
9. Die Tür ist der Eingang zu Ihrem Meisterraum. Lassen Sie Ihr Licht aus Ihrer Hand fließen, um die Tür zu öffnen.
10. Sie betreten einen riesigen Raum, erfüllt von den Errungenschaften vieler Leben. Hier finden Sie Aufzeichnungen über jede Inkarnation im ganzen Universum.
11. In diesem Raum befindet sich ein Geschenk, das Sie für sich selbst hier aufbewahrt haben. Es ist in einer goldenen Schachtel, auf der Ihr aktueller Name steht.
12. Machen Sie die Schachtel auf. Was schenken Sie sich für Ihren Aufstiegsweg?
13. Deponieren Sie dieses Geschenk mit der Hilfe Ihres Engels in Ihrem Herzen und nehmen Sie seine unglaubliche Energie in sich auf.
14. Verlassen Sie jetzt Ihren Raum in Amenti und denken Sie daran, dass Sie hierher zurückkommen können, wann immer Sie möchten.
15. Kehren Sie zu Ihrem heiligen Platz zurück. Danken Sie Ihrem Engel und den Schildwachen des Anubis.
16. Machen Sie die Augen wieder auf und nutzen Sie Ihr Geschenk, um Ihren Aufstiegsprozess hier auf der Erde zu fördern.

Die erweiterten Chakras

Kapitel 6

Das erweiterte Erdsternchakra

In der dreidimensionalen Phase der Evolution auf der Erde hat die Sieben-Chakra-Säule ihre Rolle als eingeschränktes Verbindungsglied perfekt gespielt. Die Menschen wandelten auf dem Planeten, schauten in die Sterne und dachten über ihre Existenz nach. Die Verbindung zu ihrer Ursprungsenergie mussten sie irgendwo auf ihrem Lebensweg finden. Viele haben diese Verbindung verloren, doch das ändert sich gerade. Wenn der Erdstern einer Person erst einmal aktiviert ist, wird alles anders.

Je nach Sichtweise ist der Erdstern entweder das erste oder das letzte Chakra in der Zwölf-Chakra-Säule. Seine Entwicklung wird von Erzengel Sandalphon sorgfältig überwacht. Weil er für den Fortschritt des Planeten eine so wichtige Rolle spielt, unterstützt er Sie kontinuierlich während der gesamten Verkörperung Ihrer Seele auf der Erde. Die Erzengel der anderen Chakras tun das nicht.

Ganz am Anfang des Aufstiegsprozesses kann man den Erdstern als inaktiven oder schlafenden Ball aus schwarzer und weißer Energie betrachten. Wenn er aufwacht, nimmt er eine tiefgraue Farbe an und reflektiert die magnetischen Substanzen der Erdkruste. So kann er eine erdende Verbindung zur Mutteressenz im Herzen von Gaia aufbauen. Wenn dieser

Energiekreislauf erst einmal in Gang gekommen ist, braucht die Seele auf dem Aufstiegsweg ihre Energie nie wieder zu erden.

In der dritten Dimension war das Erden ein ganz alltäglicher Teil der spirituellen Praxis. Der Aspirant dachte immer daran, seine Energie gleich morgens gut zu erden, und zwar genauso regelmäßig, wie seine Zähne zu putzen. Sehr sensitive Lichtarbeiter mussten hart arbeiten, um ihr Vierkörpersystem zusammenzuhalten.

Durch das Erden wird der Körper zu einer einzelnen Säule aus harmonisch schwingendem Licht. Die Verbindung des Erdsterns zur planetaren Magnetosphäre und zum Energiefeld erledigt dies ganz automatisch.

Während Ihre Seele in der ersten Aufstiegsphase Fortschritte macht, nimmt Ihr Erdstern an Größe und Kraft zu. Seine Aufgabe besteht darin, Sie an den Ort zu führen, an dem Sie Ihre Bestimmung erfüllen können. Bei Ihrer Geburt enthält Ihre fünfdimensionale Chakra-Blaupause bereits den gesamten Inhalt des Lebensauftrags für Ihr Meisterselbst. Ihr Erdstern weiß also ganz genau, wo auf dem Planeten Sie sein sollten.

Jetzt, wo der ursprüngliche Reinigungsprozess abgeschlossen ist, fühlen sich viele Seelen innerlich frei, den von ihnen gewählten Weg zu gehen. Wenn sie an dem ihnen bestimmten Platz angekommen sind, steigt ihre persönliche Energie dramatisch an. Seelen, die ihren Platz noch nicht gefunden haben, empfinden eine gewisse Rastlosigkeit, bis es so weit ist.

Das ist ein sehr kraftvoller Prozess, dessen sich Ihre Seele oft so lange nicht bewusst ist, bis Sie Ihr Ziel erreicht haben. Dann verwandelt sich Ihr Erdstern in flüssiges Silber und reflektiert das neundimensionale Licht des Erzengels Sandalphon.

Manche Lichtarbeiter berichten von erstaunlichen Herzensreisen, die sie unternommen haben, ohne sich irgendwelche Gedanken zu machen oder logische Erwägungen ins Spiel zu bringen. Sie gehen an Bord eines Schiffes oder besteigen ein Flugzeug, um ein fernes Land zu besuchen oder eine heilige Stätte, deren Ruf sie vernommen haben. Oder sie haben den großen Wunsch, in einem bestimmten Land zu leben, und finden sich plötzlich dort wieder.

Wenn Ihnen so etwas passiert, arbeitet Ihr Erdstern auf höchstem Niveau. Wenn Sie den von Ihnen erwählten Ort erreichen, wird dieses Chakra spezifische Lichtcodes auf den Planeten herunterladen, um ihn auf einer höheren Frequenz zu aktivieren. Diese Reisen spielen eine wichtige Rolle für die Errichtung des Goldenen Zeitalters hier auf der Erde. Viele Meister, die von einem bestimmten Ort angezogen werden, haben bereits sehr wichtige Lebenszeiten dort verbracht. Sie kehren zurück, um eine Aufgabe zu Ende zu führen, die vor vielen Leben geplant wurde.

Der Aufgestiegene Meister Thot setzte seinen Erdstern im Goldenen Zeitalter von Atlantis bis zur maximalen Kapazität ein. Nach dem Untergang von Atlantis leitete er riesige Lichtpools von den höheren Ebenen in das planetare Ley System, um die Integrität des Christusbewusstseins zu bewahren. Dies bewerkstelligte er, indem er Licht von den galaktischen Sonnen durch sein Sternentor zog und es dann in verdichteten Strömen durch seine Füße weiterleitete. Diese Energie wurde durch Schleifen spezieller Kristalle und Kristallschädel gebündelt und verstärkt. Viele Lichtarbeiter erinnern sich jetzt, wie das geht, und machen Ähnliches an verschiedenen Orten auf der ganzen Erde.

Der Erdstern hilft den erwachten Seelen auch, mit der immer höher werdenden Schwingungsfrequenz auf der Erde mitzuhalten. Wenn die Schwingung der Göttin Gaia höher wird, steigt automatisch auch die Schwingungsfrequenz der Menschen auf der Erde. Wir sind also gezwungen, uns ebenfalls weiterzuentwickeln, und müssen uns sehr anstrengen, um uns an die neue Frequenz anzupassen, auch wenn uns dies nicht bewusst ist. Dies ist eine Art, den Aufstieg des Planeten zu beschleunigen.

Der Erdstern steht auch in sehr enger Verbindung mit dem siebendimensionalen Reich der Hohlerde. Hier ist Serapis Bey in seiner großen goldenen Kristallpyramide tätig und hält die Verbindung zu jedem einzelnen Erdsternchakra auf dem Planeten aufrecht. Er erdet die Energie all dieser Chakras in dieser riesigen Lichtquelle.

Wenn die goldene Kristallpyramide für Lichtarbeiter leichter zugänglich ist, ziehen sie die höheren Codes der fünf Goldenen Erdzeitalter (Angala, Petranium, Mu, Lemuria und Atlantis) in ihre Chakrasäule. Auf diese Weise bekommen sie Informationen, die sie auf ihrem Weg dringend brauchen. Im Verlauf des Aufstiegsprozesses auf der Erde wird dieses alte Wissen wieder ein Teil des täglichen Lebens.

VISUALISIERUNGSÜBUNG:
Erweiterung des Erdsternchakras

1. Bereiten Sie sich auf die Meditation vor. Suchen Sie sich einen heiligen Ort, an dem Sie ungestört sind.
2. Bitten Sie die Feuerdrachen, Ihr Vierkörpersystem vollständig von allem Dunklen und Dichten zu befreien. Fordern Sie sie auf, auch Ihr Erdsternchakra zu reinigen.
3. Entspannen Sie sich, während diese mächtigen Wesen in Ihnen und um Sie herum tätig sind.

4. Rufen Sie Erzengel Metatron an, wenn Sie rein und klar sind. Bitten Sie ihn, eine Lichtsäule von der großen Zentralsonne durch Ihre zwölf Chakras bis hinunter in die Hohlerde zu führen.
5. Entspannen Sie sich, während das goldenorange Licht durch Sie hindurchfließt.
6. Lenken Sie Ihre ganze Aufmerksamkeit auf Ihr Erdsternchakra. Rufen Sie Erzengel Sandalphon an und bitten Sie ihn, es mit seinem strahlend silbernen Licht zu erhellen.
7. Sehen Sie, wie Ihr Erdstern im Glanz der silbernen Schnüre erstrahlt, die Sie mit den Energien von Mutter Erde verbinden. Lassen Sie zu, dass dieses silberne Licht in alle Ihre Körperzellen fließt und Sie vollkommen eint.
8. Fordern Sie Serapis Bey auf, die goldene Kristallpyramide mit den uralten Lichtcodes für Ihren spirituellen Auftrag aufleuchten zu lassen.
9. Erlauben Sie Ihrem Erdstern, sich mit der goldenen Pyramide zu verbinden, und schauen Sie zu, wie Serapis Bey das Licht aus Ihrem Chakra in seinen wunderschönen Kristallschädel zieht.
10. Lichtcodes und Informationen wandern nun hinauf in Ihren Erdstern. Seien Sie bereit, sie anzunehmen und zu integrieren, wie immer sie sich auch präsentieren.
11. Erlauben Sie Ihrem Erdstern jetzt, sich mit dem planetaren Erdsternchakra in London, England, zu verbinden.
12. Lassen Sie Ihr Licht zu diesem Punkt fließen und erhöhen Sie seine Schwingung damit noch mehr.
13. Danken Sie, wenn Sie sich dazu bereit fühlen, den Erzengeln Sandalphon und Metatron. Danken Sie auch Meister Serapis Bey und den Drachen.

14. Machen Sie die Augen wieder auf und seien Sie bereit, Ihr Licht leuchten zu lassen, wo immer Ihre Füße den Boden berühren.

Kapitel 7

Das erweiterte Basischakra

Das fünfdimensionale Basischakra ist der Ankerpunkt für die Bewältigung unseres Aufstiegs. Es wird manchmal als Sitz der Seele beschrieben und macht es uns möglich, die Erleuchtung zu erlangen. Wenn wir unsere höheren Aspekte verkörpern, beginnt unser Aufstiegsprozess, und dieses Chakra strahlt in hellem Platinlicht. Erzengel Gabriel ist für die Förderung des Basischakras in seinen frühen Entwicklungsstadien verantwortlich und hilft uns bei der Reinigung der niedrigeren Energien, die vielleicht darin enthalten sind.

In der dritten Dimension leuchtete das Basischakra in einem tiefen Rot. Diese Farbe steht für die Überlebensemotionen, die wir hier auf der Erde erfahren haben, und viele Seelen haben sich in ihren Lektionen verloren. Daraufhin haben sich Menschen an oftmals unzulänglichen Lehrern und Anführern orientiert, die ihnen ein Gefühl der Sicherheit gaben. Das ändert sich nun sehr schnell, weil das Platinlicht des Glaubens, des Vertrauens, der Freude und der Harmonie in unser Basischakra fließt und glückliche Umstände anzieht.

Als der Aufstiegsprozess der Erde begann, konnten wir uns wieder mit unserer mächtigen ICH-BIN-Präsenz, unserem göttlichen Funken verbinden. Dies veranlasste viele Lichtarbeiter, die höheren Aspekte ihrer selbst nach und nach in ihrem Vierkörpersystem zu verankern. Wenn das fünfdimensionale Basischakra vollkommen verankert ist, dehnt es sich aus, bis die Trennung zwischen höherem und niederem Selbst nicht mehr existiert. Wir werden unser höheres Selbst.

Während sich unser Licht erhebt und wir uns hier auf der Erde auf unseren Meisterweg machen, zieht das Basischakra die Schwingung der Seele direkt in den Körper. Es gibt Millionen von Menschen, die diesen Übergang hier und jetzt geschafft haben. Aber das ist ihnen nicht klar, bis sie ihre wahre Großartigkeit wirklich angenommen haben.

Die Schwingung des Basischakras versucht uns darauf aufmerksam zu machen, dass wir verstehen sollen, wer wir wirklich sind. Das ist eine der gängigsten Lektionen, die sie uns auf dem Meisterweg lehrt.

Unser Emotionalkörper ist Teil unseres Vierkörpersystems und enthält die Erinnerungen an unsere Leben in einem physischen Körper. Erzengel Gabriel hat sein reines Licht kürzlich mit dem von Erzengel Christiel kombiniert, um uns bei der sehr schnellen Reinigung unseres Emotionalkörpers zu helfen. Bei ihrer gemeinsamen Arbeit zum höchsten Wohl der Erde und der Menschheit haben sie eine Mischung aus dem Diamantstrahl der Reinigung und dem kosmischen Christuslicht geschaffen, die bei jedem Vollmond für uns freigesetzt wird.

Dieser Akt der Gnade hat es einer weiteren Welle von Lichtarbeitern möglich gemacht, in die zweite Phase des Aufstiegsprozesses einzutreten und eine Schwingung zu verkörpern, die im Goldenen Atlantis zur Verfügung stand. Die mächtigen Feuerdrachen haben Erzengel Gabriel bei der Erfüllung dieses Auftrags geholfen. Sie arbeiten ununterbrochen auf 24-Stunden-Basis, um sicherzustellen, dass wir die reinsten Schwingungen in unserem Basischakra aufrechterhalten.

Nach jedem Vollmond wird eine höhere Energie verfügbar, in der sich unser Basischakra verankern kann. Dieser Prozess stärkt auch Antakarana, die Brücke, die uns direkt mit unserer Monade in den höheren Dimensionen verbindet.

Erinnerungen an das Goldene Zeitalter von Atlantis beginnen uns daran zu erinnern, wer wir wirklich sind. Viele Aspiranten auf dem spirituellen Weg sind jetzt bereit, ihre eigene Selbstermächtigung zu akzeptieren. Wenn wir die Möglichkeiten unserer fantastischen Macht und Fähigkeiten wirklich verstehen, werden sich unsere Glaubenssätze über uns selbst erweitern. Sehr oft präsentieren uns unsere Geistführer und Engel Szenarien, die uns stärker machen und ermutigen sollen, größere Rollen anzunehmen. Das Basischakra unterstützt uns dabei, indem es Erinnerungen oder Anweisungen aus früheren Inkarnationen hochkommen lässt, die uns in einem anderen, helleren Licht zeigen. Und alle Erinnerungen, die nicht dienlich sind, bleiben einfach unbeachtet.

VISUALISIERUNGSÜBUNG: Verankerung und Erweiterung des höheren Basischakras

1. Bereiten Sie sich auf die Meditation vor. Schaffen Sie sich einen heiligen Ort und stellen Sie sicher, dass Sie dort ungestört sind.
2. Zünden Sie eine Kerze an und weihen Sie diese Kerze sich selbst und Ihrer gewaltigen Macht.
3. Bitten Sie die violette Flamme des kosmischen Diamanten, Ihr Vierkörpersystem reinzuwaschen, damit es am Ende klar und geläutert ist. Lenken Sie diese Flamme auch durch Ihre zwölf Chakras.

4. Bitten Sie die Erzengel Gabriel und Zadkiel, Sie für den Rest dieser Meditation in einen strahlenden kosmischen Diamanten zu versetzen.
5. Sitzen Sie ganz still, während die beiden Engel dies für Sie tun. Sehen und fühlen Sie, wie dieser Diamant um Sie herum schimmert und die höheren Facetten der violetten Flamme verströmt.
6. Lenken Sie Ihre Aufmerksamkeit in Ihr Basischakra. Bewegen Sie sich dort hinein. Welche Farbe nehmen Sie wahr?
7. Falls irgendwelche Spuren von Rot vorhanden sind, schieben Sie sie mit sanften Handbewegungen in Ihren kosmischen Diamanten.
8. Sehen Sie, wie die Energie sofort in höheres Licht umgewandelt wird.
9. Bitten Sie Erzengel Gabriel, die höchste Facette des Platinlichts hervorzubringen und Ihr Basischakra mit diesem Strahl zu erfüllen.
10. Sehen Sie, wie es vor so viel strahlender Energie wirbelt und schimmert.
11. Während sich Ihr fünfdimensionales Basischakra dauerhaft verankert und ausdehnt, rufen Sie Ihre monadische Präsenz an und bitten sie, ihre höheren Energien über die Antakarana-Brücke in Ihrem Basischakra zu verankern.
12. Spüren Sie, wie sich eine Säule aus höherem Licht durch den Scheitelpunkt Ihres Kopfes nach unten bewegt, um mit dem Platin Ihrer Basis zu verschmelzen.
13. Spüren Sie an dieser Stelle, wie alle erstaunlichen Erfolge, die Sie auf dem Weg zur Meisterschaft jemals erzielt haben, in Sie hineinfließen und Sie erstrahlen lassen.

14. Fluten Sie Ihr gesamtes Vierkörpersystem mit dieser Energie aus Ihrer Basis und lassen Sie zu, dass sie auch Ihre Merkaba erleuchtet.
15. Nehmen Sie sich ein paar Momente, um die Energien Ihrer Basis wahrzunehmen. Stehen Sie auf, wenn Sie dazu bereit sind.
16. Stellen Sie sich vor einen Spiegel, schauen Sie sich selbst in die Augen und sagen Sie laut: »Ich bin ein Aufgestiegener Meister. Ich bin. Ich bin. Ich bin.«
17. Wiederholen Sie dies dreimal oder so oft Sie möchten.
18. Danken Sie den Erzengeln Gabriel und Zadkiel und den Drachen.
19. Öffnen Sie die Augen, lächeln Sie und tragen Sie Ihre Meisterschaft hinaus in die Welt.

Kapitel 8

Das erweiterte Sakralchakra

Das fünfdimensionale Sakralchakra hält ein paar schwierige Lektionen für diejenigen bereit, die sich auf dem Aufstiegsweg befinden. Dieses Chakra hat mit unserer Sexualität zu tun und mit unserer Beziehung zu anderen. Familiäre Bindungen werden tendenziell von diesem Chakra her gebildet, und zwar in Abhängigkeit von der karmischen Blaupause, die unsere Seele in diese Inkarnation mitbringt.

Im Goldenen Zeitalter von Atlantis nahmen die Menschen manchmal eine androgyne Form an, wenn sie die Lektionen des Sakralchakras gelernt hatten. Sie lebten ihre Sexualität nur dann aus, wenn sie eine neue Seele in diese Welt bringen wollten. Die Energie dieses Chakras wurde als reine Liebe zum Ausdruck gebracht.

Als Atlantis unterging, wurde die höhere Verbindung zwischen den Seelen durch ein Verhalten ersetzt, das Menschen nur auf der körperlichen Ebene aneinanderbindet. Diese Lektionen wurden mittlerweile gelernt, aber die verbliebenen Muster sind tief in vielen Menschen verwurzelt, die sie immer noch ausleben, ungeachtet der Veränderungen, die um sie herum stattgefunden haben.

Weil die fünfdimensionale Chakrasäule in hoch schwingenden Individuen verankert war, lag die Betonung auf der im

Sakralzentrum nötigen Klärung. Während sie stattfindet, werden die Seelen mit Beziehungsproblemen konfrontiert, deren Lösung große Weisheit, Urteilsvermögen und Vertrauen in die eigene Intuition erfordert. Wenn sie diese letzten Tests bestanden haben, treten sie in eine herrliche fünfdimensionale Schwingung ein.

Diejenigen, die auf dieser Ebene des sakralen Lichts angekommen sind, ziehen Seelen an, die ihnen die Freiheit lassen, sie selbst zu sein. Das heißt, sie können ihr wahres Licht zum Ausdruck bringen. Die Sehnsucht, sich mit seinem göttlichen Gegenstück zu verbinden, hat spirituellen Beziehungen eine höhere Dynamik gegeben.

Bei der harmonischen Konvergenz in Jahre 1987 umhüllte der Aquamarinstrahl erneut die Erde und flutete sie mit den Energien der Liebe und des weiblichen Mitgefühls. Ein Trigon großer Wesen, der Engel Maria, Mutter Maria und Isis, birgt diesen leuchtenden Heilstrahl. Die drei Wesen haben dieses höhere Licht so gelenkt, dass es in das Sakralchakra empfänglicher Seelen eintritt und in ihrem gesamten Vierkörpersystem verteilt wird. Das bedeutet, dass die Menschheit anfangen kann, wieder wahre Liebe zu erfahren.

Spirituelle Meisterschaft verlangt die volle Kontrolle über jede Situation, in die man gerät. Die höheren Mächte haben sich viele Szenarien einfallen lassen, um Sucher auf die Probe zu stellen und ihr Unterscheidungsvermögen zu fördern. Während des Übergangs auf eine höhere Schwingungsebene kann es ziemlich schwierig sein, zwischen den Energien des Herzchakras und denen des Sakralchakras zu unterscheiden. Wenn man eine Beziehung über das dreidimensionale Sakralchakra beginnt, handelt es sich in der Regel um eine rein körperliche Verbindung. Das fünfdimensionale Sakralchakra sucht transzendente Liebe. Doch eine tiefere Seelenverbindung ist nur im Herzen zu finden.

Während sich Ihr Sakralchakra allmählich entwickelt und wächst, findet eine bemerkenswerte Ausdehnung statt. Ein weich leuchtendes rosafarbenes Licht der reinen Liebe glüht darin und geht auf alle über, die sich in Ihrer Nähe aufhalten. Dann dehnt sich Ihr Sakralchakra aus und erfüllt den gesamten Hüftbereich.

Alle Seelen, welche die Lektionen des Sakralchakras erfolgreich hinter sich gebracht haben, tragen ihren Teil zur Woge der Veränderung bei, die den Planeten Erde immer heller macht. Dies ermöglicht den ihnen folgenden Seelen ein leichteres Absolvieren ihrer Prüfungen und Einweihungen.

Während sich das Sakralchakra auch weiterhin schnell ausdehnt, bringt die höhere Energie der transzendenten Liebe, die dort gehalten wird, die passenden Partner zusammen. Ein Sakralchakra, dessen Schwingung zu der eines anderen Menschen passt, vereint die beiden Seelen in perfekter Harmonie. Es ist jedoch wichtig, dass die Seelen auch Lektionen voneinander zu lernen haben und dass sie diese in einer Weise lernen, die sie beide auf ihrem eigenen Weg weiterbringt. Dies wird geschehen, wenn wir uns der Führung durch die höheren Energien anvertrauen, die uns zusammenbringen.

Wenn sich Familienmitglieder über ihre weiterentwickelten Sakralchakras verbinden, lösen sich karmische Bindungen auf. Das bedeutet, dass alle Individuen in einer Familie frei und unabhängig sein und ihre Beziehungen zu den anderen auf der Basis von Liebe und gegenseitigem Respekt genießen können.

Wenn alle unsere Sakralchakras fünfdimensional sind, bringen sie Freude, Licht und bedingungslose Liebe in alle Beziehungen, die wir auf der Erde haben.

VISUALISIERUNGSÜBUNG:
Erweiterung des Sakralchakras

1. Bereiten Sie sich auf die Meditation vor. Entspannen Sie sich und stellen Sie sicher, dass Sie an Ihrem heiligen Ort ungestört sind.
2. Zünden Sie eine Kerze an und weihen Sie diese Kerze den mächtigen Feuerdrachen. Rufen Sie diese wundervollen Wesen zu sich.
3. Bitten Sie sie, Ihren physischen Körper sowie den Mentalkörper, den Emotionalkörper und den Geistkörper von allem zu reinigen, was Sie gern loswerden möchten. Seien Sie sehr spezifisch.
4. Sehen und spüren Sie, wie sie Ihren ganzen Kram ausleuchten und verbrennen.
5. Bitten Sie sie nun, sich auf Ihre Chakras zu konzentrieren und vom Sternentor bis nach unten zum Erdstern vorzuarbeiten.
6. Wenden Sie sich, sobald die Drachen im Sakralchakra angekommen sind, an Erzengel Gabriel, damit er ihnen beisteht.
7. Bitten Sie Erzengel Gabriel, einen erweiternden Diamanten in Ihr Sakralchakra zu setzen, während die Drachen mit ihrer Arbeit fortfahren.
8. Konzentrieren Sie sich auf diesen Diamanten. Schauen Sie zu, wie seine strahlenden Facetten alles absorbieren, was Sie hinter sich lassen möchten.
9. Sehen Sie auch, wie körperliche Beziehungen, die Sie vielleicht haben, in den Diamanten gezogen werden. Der Diamant kann auch Seelen aus früheren Leben enthalten, die immer noch dafür sorgen, dass Sie persönliches Karma mit sich herumtragen.

10. Wenn dieser Diamant so voll ist, wie Sie ihn machen können, bitten Sie die Drachen, ihn zu entfernen und zur intensiveren Bearbeitung wegzuschaffen.
11. Erforschen Sie Ihr Sakralchakra mit Ihrem inneren Auge. Wie fühlt es sich an? Wie hell ist das rosa Licht, das von ihm ausstrahlt? Wie groß ist es? Hat es sich ausgedehnt?
12. Laden Sie Erzengel Gabriel ein, noch zwei Tage lang unter dem Gnadenstrahl für Sie an diesem Chakra zu arbeiten.
13. Laden Sie Ihre Seelenfamilie ein, sich allmählich mit Ihnen zu verbinden und Ihr Leben mit sinnvollen fünfdimensionalen Beziehungen zu erfüllen.
14. Danken Sie den Feuerdrachen und Erzengel Gabriel für ihre Hilfe.
15. Öffnen Sie die Augen und machen Sie sich bereit, von Liebe erfüllte Seelen anzuziehen.

Kapitel 9

Das erweiterte Nabelchakra

Unser Nabelchakra ist damit beschäftigt, unsere Energien mit den Energien aller anderen Lebensformen zu vereinen. Wenn es an Ort und Stelle ist, wach und sich dreht, sind wir uns unserer ewigen Verbindung mit dem Universum voll und ganz bewusst.

Indem die höheren Aufstiegsenergien die Erde kontinuierlich fluten, setzen sie dieses Chakra sozusagen in Betrieb. Das wird uns helfen, in Gemeinschaften der bedingungslosen Liebe zusammenzukommen. Die Menschen werden lernen, zum höchsten Wohle aller zu kooperieren und nur das Beste im jeweils anderen zu sehen. Kulturen werden ihre Unterschiede respektieren und anerkennen.

Erzengel Gabriel hilft bei der Entwicklung des Nabelchakras, und wenn es sich in einer fünfdimensionalen Frequenz dreht, machen wir Lernerfahrungen, die Teil unseres göttlichen Auftrags sind. Derzeit ziehen wir unsere Seelenfamilien an, und ein geistiges Unterstützungsnetzwerk bildet sich um uns herum, das uns auf den goldenen Weg führt. Diese Ereignisse wurden so aufeinander abgestimmt, dass sie gleichzeitig und sehr schnell ablaufen. Wir haben jetzt die zusätzlichen Vorteile der sozialen Medien, um uns mit Gleichgesinnten auf der ganzen Welt zu verbinden, und dies macht es uns möglich, unser Wissen und unsere Einsichten tagtäglich mit anderen zu teilen.

Das Nabelchakra erlaubt uns, wahre Erkenntnis und Einheit zu erfahren. Wenn wir uns unseres wahren Wesens bewusst sind, sehen wir die Welt um uns herum aus einer erleuchteten Perspektive.

Unsere universelle Verbindung zu anderen Seelen ist so mächtig, dass viele Menschen jetzt aufwachen und sofort tätig werden, um die Erde ins Gleichgewicht zu bringen. Beispiele für das Wirken des Nabelchakras sind überall zu sehen, weil die höheren Mächte Ereignisse schaffen, die ein Gemeinschaftsgefühl in den Herzen der Massen hervorrufen. Selbst manche schwierigen Umstände machen es Menschen möglich, sich mit einem Zusammengehörigkeitsgefühl zu begegnen und zu kommunizieren.

Indem wir uns auf die Verbindungen konzentrieren, die uns unser Nabelchakra offenbart, fangen wir an, die tieferen Schichten unserer Existenz zu verstehen. Es verbindet uns mit den gewaltigen Energien des Universums, und wir können uns mit den höheren Dimensionen vernetzen. Sie sind voll von jenen erleuchteten Seelen, die uns seit Beginn unserer Reise geführt und begleitet haben. Indem wir das Band, das uns auf ewig mit ihnen verbindet, voll und ganz annehmen, ziehen wir ihre Energie auf uns. Dann verkörpern wir das Christuslicht in allem, was wir denken und tun.

Dieser Prozess ist einer der kraftvollsten, die wir erfahren können. Er macht es uns möglich, jede Seele als Bruder oder Schwester zu umarmen, unabhängig davon, wo sie sind oder was sie tun.

Die Menschen des Goldenen Atlantis waren imstande, die ganze Macht des Nabelchakras zu erfahren und gemeinsam im Zustand der Einheit zu leben. Sie wussten, dass der

Boden, auf dem sie wandelten, ein bewusstes Wesen war. Also erwiesen sie ihm die Ehre. Sie liebten die Vögel, weil sie wussten, dass sie die Boten der Engel waren. Sie beteten zu den Sternen, weil sie wussten, dass diese sie in ihrem höheren Licht badeten. Jede Seele, der sie begegneten, betrachteten sie als einen Bruder oder eine Schwester, und zwar ungeachtet der genetischen Verbindung zwischen ihnen. Ihre Fähigkeit, andere zu umarmen, war ihr Schlüssel zu höheren Aspekten des physischen Aufstiegs auf der Erde. Ihr Leben war Tag für Tag voller Liebe und Schönheit.

Jedes Einheitserlebnis, das sie hatten, wurde in der Blaupause ihres Nabelchakras festgehalten. Jetzt, wo wir uns daran erinnern, wie unsere höheren Chakras arbeiten, haben wir auch Zugang zu den hier gespeicherten Erinnerungen. Die nächste Phase unseres Aufstiegsprozesses ist so orchestriert, dass unsere Gesellschaften am Ende wieder geeint sind. Doch bis es so weit ist, bleibt uns noch sehr viel zu tun.

Wenn wir anfangen, auf einer tieferen Ebene mit unserem Nabelchakra zu arbeiten, werden wir erleben, dass es in einem goldenen Licht erstrahlt. Es beginnt als kleiner Punkt in der Mitte und breitet sich von dort aus, während wir uns in einen höheren Bewusstseinszustand hinein ausdehnen. Wenn wir lernen, jeden Menschen auf der Erde als Teil von uns zu akzeptieren, erfahren wir die Einheit, die im Goldenen Atlantis existierte. Die Erde bewegt sich stetig in die fünfte Dimension, und wir leben als Einheit mit der Quelle.

Visualisierungsübung:
Erweiterung des Nabelchakras

1. Bereiten Sie sich auf die Meditation vor. Entspannen Sie sich an Ihrem liebsten heiligen Ort und zünden Sie eine Kerze an.
2. Rufen Sie die mächtigen Sonnenfeuerdrachen an und bitten Sie sie, Sie und Ihren Platz auf höchstmöglichem Niveau zu reinigen.
3. Sehen und spüren Sie, wie diese wunderschönen goldenen Drachen aus dem Kern der großen Zentralsonne wirbeln, um bei Ihnen zu sein.
4. Visualisieren Sie, wie sie sich in einem Strudel aus goldenem Feuer im und gegen den Uhrzeigersinn um Sie herum bewegen.
5. Bitten Sie sie, alles zu entfernen, was Sie auf Ihrem Weg von anderen getrennt hält. Das können Erfahrungen sein, die Sie in diesem oder in vielen anderen Leben gemacht haben.
6. Spüren Sie, wie sich das neundimensionale Feuer für Sie und alle fühlenden Wesen öffnet.
7. Danken Sie den Drachen für Ihre Arbeit, wenn Sie sich rein und klar fühlen.
8. Rufen Sie den mächtigen Erzengel Gabriel an. Bitten Sie ihn, Ihr Nabelchakra mit seiner höchsten Frequenz zu erleuchten.
9. Ihr Nabelchakra sitzt zwischen Ihrem Solarplexus- und dem Sakralchakra. Sehen Sie es strahlen wie Ihre ganz persönliche Sonne.
10. Visualisieren Sie, wie goldorangefarbene Schnüre aus reinem Licht von dort herausfließen und Sie mit jedem einzelnen Lebewesen auf diesem Planeten verbinden –

mit Vögeln, Säugetieren, Insekten, Menschen, Bäumen und anderen Pflanzen.

11. Spüren Sie, wie sich diese Verbindung auch auf alle nicht fühlenden Lebensformen ausweitet – die Felsen, die Kristalle und die Berge der Erde. Nehmen Sie deren Schwingung als einen vertrauten Teil Ihrer selbst wahr.
12. Bringen Sie diese Verbindung jetzt etwas höher und schauen Sie, wie sich Ihre Lichtfasern durch Raum und Zeit bewegen und mit anderen Universen verbinden. Würdigen Sie die Seelen, die dort leben, und lassen Sie ihr Wissen und ihren Frieden durch sich hindurchfließen.
13. Bitten Sie Ihr Nabelchakra, eine Botschaft des Friedens und der Einheit an alle Menschen auf der Erde zu senden.
14. Sehen Sie, wie Ihr Nabelchakra diese Botschaft durch goldene Fäden schickt, die Sie mit diesen Seelen verbindet.
15. Konzentrieren Sie sich darauf, wie sich Ihr Nabelchakra ausweitet, bis es Ihren Körper ganz umgibt und in seinem hellsten Licht erstrahlt.
16. Öffnen Sie die Augen und seien Sie gewiss, dass Sie eins sind mit allem, was ist.

Kapitel 10

Das erweiterte Solarplexuschakra

Der Solarplexus ist ein unglaublich kraftvolles übersinnliches Zentrum. Hier sitzt unser Bauchgefühl, und von hier werden Fühler ausgestreckt, um zu überprüfen, was um uns herum geschieht. Seit Tausenden von Jahren haben die auf der Erde inkarnierten Seelen die übersinnlichen Fähigkeiten dieses Chakras ignoriert und ihren logischen Verstand eingesetzt, um sich auf ihrem Weg zurechtzufinden.

Bei der Harmonischen Konvergenz im Jahre 1987 verfügte das Intergalaktische Konzil, es sei an der Zeit, den höheren Solarplexus zu verankern. Sie gaben Werkzeuge wie die violette Flamme der Verwandlung, die es uns ermöglichen sollen, das Alte durch neue, höhere Möglichkeiten zu ersetzen, an die Erde zurück. Also organisierte Saint Germain eine massive Reinigungsoperation unter Verwendung der violetten Flamme. Viele karmische und energetische Vereinbarungen wurden im Solarplexuschakra festgehalten und im oder nach dem kosmischen Moment im Jahre 2012 freigesetzt. Wenn es fünfdimensional ist, strahlt Ihr Solarplexuschakra in hellem Gold.

Unter Anleitung des Intergalaktischen Konzils erklärten sich die Lichtarbeiter der ersten Aufstiegswelle in einem Akt der bedingungslosen Liebe bereit, andere mit dem Licht ihres fünfdimensionalen Solarplexus zu unterstützen. Die Lichtarbeiter gaben die Energien derer, die sich auf ihrem Weg verirrt hatten, durch ihr eigenes Solarplexuschakra weiter. Dann wandelten sie das Alte um. Dies hob die Gesamtschwingung vieler, die sich unbewusst der zweiten Aufstiegswelle anschließen wollten, und erlaubte ihnen, das Leben von einem höheren Blickwinkel aus zu sehen. Sie konnten dann jede Gelegenheit zur Weiterentwicklung wahrnehmen, die ihnen geboten wurde.

Dies war eine anspruchsvolle Aufgabe für die Lichtarbeiter, die einerseits mit ihren eigenen Energien arbeiteten und andererseits die Menschen in ihrer Umgebung unterstützten. Manche Lichtarbeiter mussten sich sogar zurückziehen, um ihr Licht und ihr inneres Gleichgewicht wiederherzustellen.

Die höheren Reiche helfen uns jetzt bei der Erfüllung dieser Aufgabe, und kürzlich wurden eine Million Solarplexuschakras mit Downloads des kosmischen Lichts von Anhaftungen gereinigt. Dies bedeutet eine große Erleichterung für die Lichtarbeiter auf der Erde, weil sie sich nicht mehr um die Energien anderer kümmern müssen, außer sie entscheiden sich ganz bewusst, dies zu tun. Der Lohn für diese Arbeit ist ein weit entwickeltes und starkes fünfdimensionales Solarplexuschakra, das im Christuslicht erstrahlt. Dieses Chakra kann jetzt riesige Energiewellen in die Welt hinaussenden und einschätzen, was um uns herum geschieht. Seine Macht ist so groß, dass es in der Lage ist, multidimensionale Räume unmittelbar zu durchqueren. Das macht es uns allen möglich, die Energie von Orten oder Situationen deutlich zu spüren und uns dann für die richtige Vorgehensweise zu entscheiden.

Zur Beschleunigung dieses Prozesses haben viele Seelen auf dem Aufstiegspfad übersinnliche Anstrengungen unternommen und sich selbst befreit oder ihre Lebensumstände auf andere Weise geändert, um ihrer wahren Berufung folgen zu können.

Der Solarplexus führt uns auch dadurch, dass er uns die grundlegenden Veränderungen, die vorgenommen werden müssen, bewusst macht. Die entsprechenden Entscheidungen verändern in der Regel unser ganzes Leben, und darauf aufmerksam gemacht werden wir durch klare Aufforderungen unserer Seele, die uns über unser Bauchgefühl erreichen.

Das Goldene Zeitalter verlangt von uns allen auf dem Meisterweg, dass wir die volle Verantwortung für unsere eigenen Energien übernehmen. Wir sollten uns auch bewusst sein, welchen Einfluss unsere Energiefelder auf die Menschen in unserem Umfeld haben. Wenn Ihr Solarplexuschakra in hellgoldenem Licht erstrahlt, ist es frei von dem Einfluss anderer und weist auf ein höheres Stadium der Meisterschaft hin.

Visualisierungsübung:
Erweiterung des Solarplexuschakras

1. Bereiten Sie sich auf die Meditation vor. Zünden Sie eine Kerze an und entspannen Sie sich dort, wo Sie ungestört sind.
2. Konzentrieren Sie sich auf Ihre Atmung und beruhigen Sie Ihren denkenden Geist, indem Sie tief und langsam einatmen.
3. Stellen Sie sich bei jedem Ausatmen vor, dass Ihr Solarplexus in rein goldenem Licht erstrahlt.
4. Konzentrieren Sie sich auf Ihr Solarplexuschakra und gehen Sie hinein. Spüren Sie seine strahlende Energie.
5. Wie dient es Ihnen? Ist es rein und frei?

6. Rufen Sie die mächtigen Feuerdrachen an, um Ihnen in Ihrer Meditation beizustehen. Spüren Sie, wie ihre strahlende Energie um Sie herumwirbelt und Ihren heiligen Ort erhellt.
7. Bitten Sie die Drachen, Ihren Solarplexus von jeder Energie zu reinigen, die darin vorhanden ist und nicht zu Ihnen gehört.
8. Entspannen Sie sich und spüren Sie, wie ihr aufgestiegenes Feuer diese Energien ausräumt. Sie sind rein, hell und klar.
9. Nehmen Sie Ihren Solarplexus jetzt in Augenschein. Sehen Sie, wie er strahlt.
10. Schicken Sie einen Energiefühler von Ihrem Solarplexus in die siebte Dimension. Knipsen Sie dieses Licht von dort, wo Sie sitzen, aus und beobachten Sie, wie es in einen höheren Raum eingeht.
11. Bitten Sie Ihr Solarplexuschakra, alles aufzuzeichnen, was es sieht, und die Eindrücke in einer für Sie leicht verständlichen Form zu Ihnen zurückzubringen.
12. Nehmen Sie das Erste, was Sie mitbekommen, und schreiben Sie es auf, wenn Sie möchten.
13. Fordern Sie Erzengel Uriel auf, sieben Tage lang mit Ihnen zu arbeiten, um Ihr Solarplexuschakra bis zu seinem maximalen Potenzial zu erweitern.
14. Danken Sie den Feuerdrachen und Erzengel Uriel für ihre Hilfe.
15. Öffnen Sie die Augen und erstrahlen Sie im Selbstvertrauen eines erleuchteten Meisters.

Anordnung zur Auflösung aller Bindungen und Verträge aus früheren Leben

Laden Sie die mächtigen Feuerdrachen ein, Ihnen zu helfen.

Schauen Sie dann bei Sonnenaufgang nach Osten und sprechen Sie die folgende Anordnung dreimal laut ins Universum:

Nach dem Gesetz des Einen und im Namen Gottes widerrufe ich (Ihr Name) sämtliche Vereinbarungen oder Verträge, die ich in früheren oder in diesem Leben in der physischen oder der ätherischen Welt geschlossen habe.

Als Meister löse ich nun alle Energiegelöbnisse.

Ich ordne die vollständige Freiheit meiner Körper und meiner Seele an, damit ich meine Aufgabe hier auf der Erde erfüllen kann.

Jetzt erhelle ich meine Chakras bis zu ihrer maximalen Leistungsfähigkeit und verschreibe mich dem Dienst an der Quelle.

Ich bin ein Meister in allem, was ICH BIN.

Wenn Sie fertig sind, beenden Sie die Anordnung mit »So ist es« und spüren Sie, wie die Worte von den Feuerdrachen zur Quelle getragen werden. Vergessen Sie nicht, ihnen zu danken.

Visualisieren Sie, wie Ihr Solarplexuschakra in goldenem Licht erstrahlt, während Sie auf Ihrem Meisterweg das Kommando übernehmen.

Kapitel 11

Das erweiterte Herzchakra

Jeder Mensch auf der Erde hat jetzt Gelegenheit, mit seinen fünfdimensionalen Aufstiegschakras zu arbeiten. Eine starke Schwingungserhöhung fand zur Sommersonnwende 2014 statt. Die Konzentration des Lichts machte die Öffnung eines Energiefensters auf der Erde möglich und holte noch ein paar Millionen Seelen über die Aufstiegsschwelle.

Die fünfdimensionale Chakrasäule ist einsatzbereit, wenn wir einen Lichtanteil von mindestens 79 Prozent erreicht haben. Der physische Körper und die feinstofflichen Körper müssen sich gemeinsam und in Harmonie erheben, und damit beginnt unser eigentlicher Aufstieg.

Gegenwärtig haben viele Menschen auf der Erde diese Ebene erreicht. Sie arbeiten sich durch ihre Prüfungen und Lektionen und fangen an, ihre erweiterten Lichtkörper einzusetzen.

Das Herzzentrum ist der Kern des Aufstiegsprozesses. Hier beginnt die Erhellung des Vierkörpersystems, weil uns dieses Chakra mit dem kosmischen Herzen verbindet und mit Christusbewusstsein flutet. Das ist der Beginn der Erleuchtung und versetzt uns in die Lage, das Leben aus einer höheren Perspektive zu erleben.

Gelebte Meisterschaft war im Zeitalter des Goldenen Atlantis an der Tagesordnung und wurde kürzlich als Vereinbarung zwischen den Menschen auf der Erde und dem Intergalaktischen Konzil wieder eingeführt. Diese neue Vereinbarung macht es uns möglich, sehr große Mengen Licht zu halten und in einem physischen Körper zu verweilen. Das ist als Adam-Kadmon-Blaupause bekannt, in der die zwölf fünfdimensionalen Chakras voll einsatzfähig und die vierundzwanzig DNA-Stränge aktiv sind – zwölf Stränge, die sich auf den physischen Körper beziehen, und zwölf für den spirituellen Körper.

Das fünfdimensionale Herzzentrum erstrahlt in einer reinweißen Schwingung und enthält dreiunddreißig Kammern der bedingungslosen Liebe. Während wir die Aufstiegsleiter erklimmen, leuchtet unser Herz in den höheren Frequenzen des Christusstrahls und erglüht in einem schönen goldweißen Licht.

Unser Herzchakra wird auch viel größer. Bei fortgeschrittenen Seelen reicht es von Schulter zu Schulter, um einen starken Schwingungsfluss zu ermöglichen, und kann Licht an andere Menschen weitergeben. Das versetzt uns in die Lage, anderen Menschen Liebe zu senden, ohne dass wir auch nur ein einziges Wort sprechen müssen.

Das Herzchakra eines Meisters kann auch die Meisterschaft in anderen erwecken. Wenn Sie beispielsweise morgens mit einer fünfdimensionalen Frequenz aus dem Haus gehen, geben Sie die Codes der Meisterschaft automatisch an alle weiter, die Ihnen begegnen. Ein Raum voller Menschen kann fünfdimensional werden, wenn Sie in der Nähe sind.

Jedes Chakra hat ein Gedächtnis oder eine energetische Blaupause, die ganz ähnlich funktioniert wie das Muskelgedächtnis eines Athleten. Sobald ein Chakra die höhere Schwingung aufnimmt, wacht es sofort auf und erstrahlt in seinem höheren Potenzial. Das trägt dazu bei, dass der

Aufstiegsprozess mit unglaublicher Geschwindigkeit vonstattengeht.

Das Intergalaktische Konzil hat festgelegt, dass gegenwärtig Millionen von erleuchteten Herzen auf der Erde strahlen und dass in jeder Sekunde weitere erwachen.

Der enorme Zustrom göttlich weiblicher Energie, der jetzt auf dem Planeten ankommt, vergeistigt das Männliche und bringt es ins Gleichgewicht. Dadurch wird es möglich, alles aus einer Engelsperspektive zu sehen, und das ist eines der ersten Anzeichen dafür, dass eine Seele erwacht ist und anfängt, mit der Energie des Christusbewusstseins zu arbeiten. Irgendwann werden sich die Machthaber dieser Sichtweise bewusst werden. Dann werden wir Gesellschaften haben, die voller Licht und Liebe sind.

Das fünfdimensionale Herzchakra ist auch das Zentrum der ganz tiefen persönlichen Wahrheit. Als Jesus Christus auf der Erde lebte, stieg er auf, indem er seine von Herzen kommende Wahrheit trotz aller Widrigkeiten aussprach. Sein Herz war so rein, dass es einen höherdimensionalen Raum auf diesem Planeten öffnete und es dem Christuslicht so möglich machte zurückzukehren.

Alle Meister auf dem Aufstiegsweg werden jetzt auf ihre Herzensstärke hin überprüft. Unsere Lektionen sind vielleicht nicht ganz so schwierig wie die, welche Jesus erfahren hat, denn seine Aufgabe war es, diesen Prozess für diejenigen, die nach ihm auf die Erde kamen, leichter zu machen.

Eine der Segnungen, die wir in dieser zwanzigjährigen Übergangsperiode auf der Erde empfangen, ist ein Download des Christuslichts. Jede einzelne Seele auf der Erde wird gegenwärtig von diesen Frequenzen überschwemmt, die über den Mond aus dem Zentrum des kosmischen Herzens kommen.

Darüber hinaus fangen die Facetten des höheren Herzens jetzt an, die Codes des Christuslichts anzunehmen, die durch das Sternentor der Leier hereinströmen. Erzengel Christiel öffnete dieses Portal als Vorbereitung auf die zweite Welle des Aufstiegsprozesses, die jetzt in vollem Gange ist.

VISUALISIERUNGSÜBUNG:
Aktivierung des fünfdimensionalen Herzchakras

1. Entspannen Sie und bereiten Sie sich auf die Meditation vor. Zünden Sie eine Kerze an und finden Sie einen heiligen Ort.
2. Bleiben Sie ruhig sitzen und konzentrieren Sie sich auf Ihre Atmung.
3. Spüren Sie, wie sich Ihre Lungen mit Atemluft füllen, und sehen Sie diese beim Ausatmen als goldweißes Licht.
4. Lenken Sie Ihre Aufmerksamkeit in die Mitte Ihrer Brust. Sehen Sie Ihr Herzzentrum als reines strahlendes Weiß, umgeben von einem wunderschönen goldenen Schimmer.
5. Bei jedem Einatmen sehen Sie, wie sich Ihr Herz ausdehnt, bis es so breit ist wie Ihre Schultern.
6. Spüren Sie seine Macht und seine Herrlichkeit und sehen Sie, wie es über goldene Lichtschnüre mit den höheren Reichen verbunden ist.
7. Stellen Sie Ihre Herzensfrage. Es kann irgendeine Frage über Sie selbst oder unseren Planeten sein, die Sie gerade beschäftigt.
8. Warten Sie auf die Antwort. Sie kommt vielleicht in Form von Bildern, Worten oder Gefühlen.

9. Nehmen Sie die erste Antwort, die Sie bekommen. Danken Sie Ihrem Herzen.
10. Denken Sie jetzt an Familienmitglieder, Freunde oder sogar Seelen, die Ihnen körperlich nicht nah sind.
11. Sehen Sie, wie sie im Zentrum Ihres leuchtenden Herzens eingesponnen sind und wie sie baden in seinem Glanz und seinem Licht.
12. Sehen Sie, dass ihre Herzen strahlen wie Ihr eigenes.
13. Bitten Sie die Erzengel Chamuel, Christiel und Maria, alle Facetten Ihres Herzens zu erhellen, und zwar bei Tag und bei Nacht.
14. Bitten Sie sie, Ihr Licht in Ihre Seelenfamilie zu tragen.
15. Öffnen Sie die Augen und seien Sie bereit, Ihr Licht an alle weiterzugeben, denen Sie begegnen.

Kapitel 12

Das erweiterte Halschakra

Das gesprochene Wort hat eine unglaubliche Macht. Die Essenz jedes Wortes enthält zahlreiche Schichten aus Chiffren und Schwingungen, die einen Einfluss auf die ganze Umgebung des betreffenden Menschen haben. Dies wurde schon vor Jahrtausenden erkannt, und Menschen waren sehr vorsichtig mit den Schwingungen, die sie von diesem sehr dominanten Chakra aus verbreiteten.

Weil die Menschen im Goldenen Zeitalter von Atlantis in der Regel telepathisch kommunizierten, kam die gesprochene Sprache nur noch rudimentär zum Einsatz. Die Menschen betrachteten die Stimmen ihrer Brüder und Schwestern jedoch als sehr heilig. Sie ehrten jeden Ton, der geäußert wurde, und sprachen nur liebevolle, positive Worte. Es gab in der Tat keine anderen Worte in ihrem Vokabular. Sie lebten im Hier und Jetzt und hatten nur das Präsens zur Verfügung. Die Stimme ist ein Klangkörper, der einer Person innerlich Nachrichten übermittelt, und diese affirmative Vokalmelodie ermöglichte den Bewohnern von Atlantis, ihr inneres Gleichgewicht aufrechtzuerhalten. Dies spiegelte sich dann im Außen wider und hielt ihre Aura und ihre Felder ganz rein und klar. In Diskussionen war man sich schnell einig, was zum Wohle aller war, weil alle Teilnehmer fair und ehrlich sein wollten.

Sie setzten die violette Flamme und die Strahlen höherer Edelsteine ein, um ihre Felder zu reinigen. Sie waren auch jederzeit sehr willensstark und übten entsprechende Selbstkontrolle aus.

Ihre Halschakras wurden so mächtig, dass der Klang ihrer Stimmen eingesetzt wurde, um in den Tempeln Heilung zu bewirken. Die akustischen Schwingungen konnten das Vierkörpersystem in wenigen Sekunden harmonisieren.

Aber in den letzten Tagen von Atlantis hörten die Menschen nicht mehr auf die Weisheit der Hohepriester und -priesterinnen. Deshalb schützte die Priesterschaft ihr heiliges Wissen, indem sie es in speziell präparierten, sehr hoch schwingenden Kristallquarzen speicherte. Das heilige Wissen aus den zwölf Tempeln wurde in Kristallschädeln gespeichert, einen für jede Region von Atlantis. Diese Information wurde dann in einen dreizehnten Schädel transferiert, den aus Amethyst, der sicher auf den inneren Ebenen verborgen ist. Wenn genügend Menschen als erleuchtete Meister in der fünften Dimension leben, wird dieses ganze Wissen an uns zurückgegeben.

Erzengel Michael überwacht die Entwicklung des fünfdimensionalen Halschakras. Er spielt eine entscheidende Rolle, weil er dieses Zentrum von allen Anhaftungen befreit, damit das Licht ungehindert hindurchfließen kann. Wenn das höhere Chakra bereit ist, in die Säule hinabzusteigen, verschmilzt seine Energie mit dem Bereich des Halschakras. Dies reinigt und präpariert diesen Bereich und ermöglicht dem glorreichen Zentrum der Wahrheit und Kraft, sich dauerhaft dort zu verankern.

Die Farbe des fünfdimensionalen Halschakras ist ein elektrisches Königsblau. Wenn sich die Frequenz des Chakras erhöht, wird ein diamantenes Lichtspektrum sichtbar. Darin spiegelt sich das Herz des Meisters. In den oberen Bereichen der fünften Dimension strahlt das diamantene Licht so stark, dass es die Schleier sämtlicher Dimensionen durchdringt und es uns möglich macht, unmittelbar mit höheren Wesen zu kommunizieren.

Die erleuchteten Wesen, die hier sind, um uns zu helfen, nehmen so oft wie möglich die Gelegenheit wahr, mit Menschen auf der Erde zu sprechen. Manche Seelen channeln die alten Sprachen des Lichts von den höheren Lernebenen. Sie sprechen in Schwingungen, die von den Energiekörpern erkannt werden, bevor der Klang in Heilung verwandelt wird. Wenn dies geschieht, findet eine große Beschleunigung in denen statt, die es hören, weil in der Blaupause ihrer Seele schlafende Lichtcodes aktiviert werden.

Wesen, die über akustische Schwingungen physisch mit der Erde kommunizieren, sind in der Regel sirianisch oder plejadisch, weil diese Wesen seit lemurischen Zeiten eng mit den Meistern der Erde zusammengearbeitet haben. Kapitän Aschtar ist ein venusischer Avatar, der regelmäßig Informationen über seine Intergalaktische Flotte an diejenigen weitergibt, die in der Lage sind, die Frequenz mit ihrem Halschakra anzunehmen oder zu vermitteln.

Eine der größten Freuden des Lebens als Aufgestiegener Meister ist zu erleben, wie frei es macht, die eigene Wahrheit mit reinem Herzen auszusprechen. Klare Worte bringen bedingungslose Liebe in das Leben aller, die sie hören. Jemandem, in dessen Halschakra die Wahrheit schwingt, vertraut man automatisch.

Während sich die Erde in die fünfte Dimension hineinentwickelt, wird jeder ihrer Bewohner die Wahrheit seiner Seele aussprechen müssen. Wenn sich alle menschlichen Wesen auf einer bewussten Ebene miteinander verbinden, werden sie keine Geheimnisse mehr haben müssen, weil ohnehin alles über die Schwingung ihrer Aura und ihrer Felder offengelegt wird. Die reine Wahrheit wird die Erde erstrahlen lassen, und sie wird wieder goldenes Licht aussenden.

Visualisierungsübung:
Reinigung und Erweiterung des Halschakras

1. Bereiten Sie sich auf die Meditation vor. Suchen Sie sich einen heiligen Ort, wo Sie ungestört sind, und zünden Sie eine Kerze an, wenn Sie möchten.
2. Nehmen Sie einen Ihrer Lieblingskristalle in die Hand. Ein klarer Bergkristall wäre perfekt für diese Übung.
3. Rufen Sie den mächtigen Erzengel Michael an und bitten Sie ihn, in dieser Visualisierungsübung Ihr Führer und Begleiter zu sein.
4. Bitten Sie ihn, seine Hand auf Ihre Kehle zu legen und Ihr Halschakra zu erhellen, sodass es in strahlendem Königsblau leuchtet.
5. Halten Sie Ihren Kristall in der rechten Hand und legen Sie diese auf Ihre Kehle.
6. Spüren Sie, wie sich Ihre Energie verstärkt und in der fünfdimensionalen Frequenz verankert.
7. Stimmen Sie sich auf Ihr Halschakra ein. Gibt es dort irgendwelche Blockaden? Erlauben Sie der Energie von Erzengel Michael, alle Energien, die Sie davon abhalten, Ihre spirituelle Wahrheit auszusprechen, freizusetzen und aufzulösen.
8. Beschwören Sie jetzt die Anwesenheit von Erzengel Gabriel herauf. Sehen Sie ihn mit einem funkelnden Regenbogendiamanten in der Hand.

9. Fordern Sie ihn auf, den Diamanten auf Ihrer Kehle zu platzieren. Spüren Sie, wie sich die Schwingung Ihres Halschakras noch weiter erhöht.
10. Sehen Sie Lichtcodes und reine Schwingungen, die von Ihrem Hals ausgehen und Sie mit Lichtwesen aus höheren Dimensionen verbinden. Haben Sie irgendwelche Fragen an sie?
11. Wenn ja, bleiben Sie ganz ruhig sitzen und warten Sie auf eine Antwort. Sie kann in irgendeiner Form kommen. Bleiben Sie also offen und bereit dafür.
12. Danken Sie den Erzengeln Michael und Gabriel für ihre Hilfe.
13. Machen Sie die Augen wieder auf und lächeln Sie. Seien Sie sich dessen bewusst, dass jedes Wort, das Sie sprechen, von reiner Liebe durchdrungen ist und die Herzen Ihrer Mitmenschen öffnet.

Kapitel 13

Das erweiterte Dritte-Auge-Chakra

Gelebte Meisterschaft erfordert Individuen, die ihren Seelenweg völlig eigenständig gehen, die volle Verantwortung für ihr Leben übernehmen, ihre eigenen Entscheidungen treffen und auf eigenen Beinen stehen. Schließlich verbinden sich Seelen jetzt wieder mit ihrem wahren Selbst und treten in die umfassende Meisterschaft ein.

Zu den effektivsten Werkzeugen, die wir auf Erden haben, gehört die Fähigkeit, unsere eigene Wirklichkeit zu erschaffen. Wir lernen jetzt, dies mit Unterstützung der höheren Reiche auf positive Art und Weise zu tun. Als sich die Schwingungsfrequenz unseres Planeten erhöhte, bekamen wir wieder Zugang zu unseren Meisterfähigkeiten und erinnerten uns allmählich daran, wie wir sie wirksam nutzen konnten. Der 20-Jahres-Zeitraum des Übergangs in die fünfte Dimension wird genutzt, um uns noch einmal zu zeigen, wie wir uns das Leben erschaffen können, das uns wahre Seelenzufriedenheit schenkt.

Kürzlich hat die Verschmelzung des fünfdimensionalen Kronenchakras mit dem Kristallball des Dritten Auges begonnen. Dies bedeutet für Lichtarbeiter einen enormen Anstieg ihrer Manifestationsfähigkeiten, und diese Fähigkeiten werden durch das Anwachsen der Planetenenergien unterstützt.

Seit dem kosmischen Moment ist die fünfdimensionale Energie auf der Erde sehr gut zugänglich geworden. Das macht es uns jetzt möglich zu sehen, wie schnell unsere Gedanken Wirklichkeit werden. Ein Ergebnis davon ist, dass uns neue Szenarien herausfordern, aus reinem Herzen zu manifestieren. Wir werden daran erinnert, uns auf das zu konzentrieren, was wir wirklich zum Wohle aller vom Universum haben wollen.

Das Verschmelzen unseres Dritten Auges mit dem Kronenzentrum ist eine natürliche Entwicklung für unsere fünfdimensionalen Chakras und erfordert eine präzise Handhabung. Unser Drittes Auge erweitert sich jetzt, sodass immer mehr von uns die Welt des Geistes sehen. Darüber hinaus ermöglicht uns das fünfdimensionale Dritte Auge, Hellsichtigkeit, Hellhörigkeit, Hellfühligkeit und außersinnliche Erkenntnis zu genießen. Unsere Fähigkeiten erweitern sich schnell.

Das fünfdimensionale Dritte Auge sieht aus wie eine klare Kristallkugel, die in smaragdfarbenem Licht erglüht. Dies wird oft verstärkt von den Energien des Erzengels Raphael, der für die Entwicklung dieses Chakras verantwortlich ist.

Wenn wir anfangen, das erweiterte Dritte Auge zu verankern und einzusetzen, vereinigt es sich mit dem Kronenchakra, und ein neuer Energiebildschirm bildet sich außerhalb des Kopfes. Dieser befindet sich in der Regel fünfzehn Zentimeter vor der Stirn und ähnelt einer goldgrünen Bildfläche, auf die wir unsere Gedanken und Wünsche für die Manifestation projizieren. Wenn wir auf diese Fähigkeiten zugreifen, sind wir Mitschöpfer des Göttlichen, und zwar auf einem sehr hohen Niveau.

Im Goldenen Zeitalter von Atlantis wurden diese Fähigkeiten von den Alta-Magi perfektioniert. Diese hoch entwickelten

Wesen arbeiteten als Meister der Manifestation mit der Priesterschaft von Atlantis zusammen. Sie waren so gut ausgebildet, dass sie allein mit der Kraft ihres Geistes feste Objekte erschaffen konnten. Viele von uns erinnern sich jetzt an ihr früheres Leben in Atlantis und machen sich daran, einen Lichtpfad zu bahnen, der direkt in die fünfte Dimension führt.

Die höheren Energien geben uns die Freiheit, auf viele verschiedene Arten Liebe und Schönheit zu schaffen. Als Meister stehen wir in der Verantwortung, uns selbst und anderen beizubringen, wie man das macht. Eine der schnellsten Möglichkeiten der höheren Manifestation mit dem Dritten Auge besteht darin, ein möglichst unbeschwertes Leben zu führen und jederzeit positiv zu denken. Dies erfordert Übung und Hingabe, aber wenn wir es schaffen, können wir Liebe und Glückseligkeit genießen, die wir selbst geschaffen haben.

Es gibt zwei mächtige Aufgestiegene Meister, die uns jetzt helfen, unser Drittes Auge und unser Kronenchakra miteinander zu verschmelzen. Es handelt sich um Meister Wuslu und den Meister Serapis Bey. Beide waren Hohepriester im Goldenen Zeitalter von Atlantis. Sie weihten eigens ausgewählte Magier mit hoher Schwingungsfrequenz ein und bildeten sie aus, bis sie Zugang zu unglaublichen Kräften hatten, mit denen sie die Wirklichkeit manipulieren konnten.

Im Goldenen Zeitalter von Atlantis standen diese Magier an vorderster Front, wann immer es darum ging, die Schwingungsfrequenz des atlantischen Kontinents zu erhöhen.

Visualisierungsübung:
Verschmelzung des Kronenchakras und des Dritten Auges mit Meister Wuslu und Serapis Bey

1. Bereiten Sie sich auf die Meditation vor. Achten Sie darauf, dass Sie an diesem Tag nur leichte Mahlzeiten zu sich nehmen und viel trinken.
2. Rufen Sie die Drachen der violetten Flamme aus dem kosmischen Diamanten herbei, um Ihre verschiedenen Körper zu reinigen – den physischen Körper, den Mentalkörper, den Emotionalkörper und den Geistkörper.
3. Spüren und sehen Sie, wie diese mächtigen Elementarwesen jede Zelle Ihres Wesens mit violettem Kristallfeuer erhellen.
4. Wenn Sie strahlend und klar sind, bitten Sie die Meister Wuslu und Serapis Bey zu sich.
5. Sie kommen zu Ihnen. Serapis Bey ist in reines Weiß gekleidet, und Wuslu trägt ein Gewand, das wie die Sonne strahlt.
6. Die beiden führen Sie eine wunderschöne, von Kerzen erhellte Treppe hinunter in einen kreisrunden Raum. Die Wände dieses Raums sind mit goldenen Symbolen geschmückt, und überall stehen Pokale, aus denen goldene Flammen lodern, die ein reines, ätherisches Licht verbreiten.
7. Sie werden aufgefordert, sich auf einen reich verzierten Stuhl in die Mitte dieses Raums zu setzen und die Augen zu schließen. Fühlen Sie sich erleuchtet von dem rein goldenen Feuer, das jede Zelle Ihres Körpers in einer fünfdimensionalen Frequenz entzündet.
8. Werden Sie sich Ihrer zwölf Chakras bewusst, die in Übereinstimmung mit diesem Licht aufleuchten.

9. Meister Wuslu und Serapis Bey stehen vor Ihnen. Sie sehen, dass Sie außerdem von einem Kreis aus sanften und gleichzeitig starken Wesen umgeben sind. Es sind die Priester und Priesterinnen des Goldenen Atlantis.
10. Meister Wuslu legt seine Hand auf Ihr Kronenchakra. Spüren Sie, wie seine Energie durch Ihre Aura und Ihre Felder pulsiert.
11. Visualisieren Sie Ihr Drittes Auge als Kristall, der smaragdgrün strahlt und dessen Farbe sich mit dem reinen Gold Ihres Kronenchakras mischt.
12. Energie breitet sich von hier nach unten aus und legt sich wie ein schöner goldgrüner Mantel um Ihren Körper und Ihre Felder. Entspannen Sie und atmen Sie tief durch, während sich diese Energie mit Ihnen vernetzt.
13. Serapis Bey platziert jetzt eine Handvoll seiner weißen Aufstiegsflamme in jedes Ihrer Chakras.
14. Spüren Sie, wie die Flamme Ihr Sternentorchakra, Ihr Seelensternchakra, Ihr Kausalchakra, Ihr Kronenchakra, Ihr Drittes Auge, Ihr Halschakra, Ihr Herzchakra, Ihr Solarplexuschakra, Ihr Nabelchakra, Ihr Sakralchakra, Ihr Basischakra und Ihr Erdsternchakra erleuchtet.
15. Wenn dies geschehen ist, spricht Serapis Bey. Er sagt Ihnen, dass Sie mit einer erstaunlichen Verantwortung für Ihren erwachenden Planeten begabt und gesegnet sind.
16. Nun werden Ihre Fähigkeiten, sich eine neue Wirklichkeit zu erschaffen, verstärkt. Sie sind jetzt in der Lage, mit der Geschwindigkeit eines Aufgestiegenen Meisters Liebe und Schönheit um sich herum zu manifestieren.
17. Nutzen Sie diese Gabe als Mitschöpfer reiner Liebe in Ihrem Leben und im Leben anderer.
18. Nehmen Sie sich einen Moment Zeit, um diesen goldgrünen Mantel um sich herum zu visualisieren und sich

anzuschauen, wie das Licht aus Ihrem Dritten Auge auf alles zufließt, worauf Sie sich konzentrieren.

19. Stehen Sie auf und danken Sie Serapis Bey, Meister Wuslu und den atlantischen Seelen, die sich Ihnen für diese Zeremonie angeschlossen haben.
20. Verlassen Sie den schönen Raum, wenn Sie dazu bereit sind, und gehen Sie die Treppe wieder hinauf, zurück in Ihre Wirklichkeit.
21. Atmen Sie tief durch und öffnen Sie die Augen. Seien Sie bereit, mit der göttlichen Kraft eines Aufgestiegenen Meisters schöpferisch tätig zu werden.

Kapitel 14

Das erweiterte Kronenchakra

Die Rolle unseres Kronenchakras hat sich dramatisch verändert, weil wir die höheren Aufstiegsenergien angenommen haben. Jedes der tausend Blütenblätter des Kronenchakras wirkt jetzt wie eine Radioantenne. Es sucht nach höheren Frequenzen, auf die es sich einstellen kann. Dann bringt es diese aufgestiegenen Schwingungen in unsere Zirbeldrüse.

Während sich die Frequenz des Kronenchakras erhöht, werden alle sieben- bis neundimensionalen Frequenzen zum Sternentorchakra umgeleitet, das wiederum zu einem Kelch wird, der mit der großen Zentralsonne in Verbindung steht. Eine Vielzahl von Lichtcodes, die alle Universen umfassen, ergießen sich in diesen goldenen Kelch. Je nach Ihrer Bestimmung wird Ihr Sternentor auf genau die Codes eingestellt, die Ihre Seelenenergie unterstützen. Gelenkt von Ihrer Monade, können die individuellen kosmischen und universellen Links für Ihren Aufstiegsprozess dann aktiviert werden.

Erzengel Jophiel ist dafür verantwortlich, uns in den frühen Entwicklungsstadien des fünfdimensionalen Kronenchakras zu helfen. Er füllt dieses Chakra sanft mit höheren Schwingungen und hilft ihm so bei seiner Erweiterung. Während dies geschieht, empfangen wir auch eine Welle der Energie von unserer monadischen Präsenz. Dieser Download des Lichts zieht sich von unserem Kronenchakra durch unsere geistigen Felder, die sich bis zu zweiunddreißig Kilometer weit um uns herum erstrecken. Unsere geistigen Felder enthalten die vielen schlafenden Lichtcodes, die wir uns für die Erfüllung unseres Auftrags auf der Erde ausgesucht haben. Gelenkt von den höheren Reichen, werden diese Codes jetzt aktiviert.

Das Kronenchakra bekommt dann Energie und Instruktionen direkt von unserem Seelenplan, und das trägt dazu bei, uns auf unseren Meisterweg zu führen. Die Erfahrungen, die wir in diesem Prozess machen, sind anspruchsvoll und expandierend zugleich.

Unsere Aufstiegsmission ist sehr konkret. Wir haben uns diesmal auf der Erde verkörpert, weil wir wichtige Aufgaben zu erledigen haben, und es ist entscheidend, dass wir uns unmittelbar auf das konzentrieren, was ansteht. Weil unser Kronenchakra fünfdimensional wird, lenkt es unsere Aufmerksamkeit auf inneres Wissen und entsprechende Anleitung. Während des letzten Paradigmas auf der Erde folgten viele spirituellen Seelen der Stimme ihrer Geistführer und Engel, doch die treten jetzt in den Hintergrund und lassen uns eigenständig werden.

Als Tim das erste Erzengelbuch zusammen mit Diana schrieb, erlebte er das am eigenen Leib. Er war immer in Kontakt mit seinen Engeln gewesen und hatte sich sehr daran gewöhnt, dass ihm kontinuierlich höhere Informationen zuflossen. Doch als er *Die Erzengel, deine mächtigen Helfer* schrieb, kam der Informationsfluss zum Erliegen. Das beunruhigte ihn natürlich, weil er noch nie zuvor so etwas erlebt hatte. Er nahm sich eine Auszeit, meditierte über das Problem und stimmte sich auf der Suche nach einer Lösung auf das ein, was sein eigenes Herz ihm sagte.

Kurze Zeit später klärte sich alles. Die Schwingung auf der Erde erhöhte sich drastisch, und das sorgte für eine enorme

Veränderung in seinen Energiefeldern. Er fing an, in sich selbst nach dem Wissen zu suchen, das nötig war, um das Buch zu beenden, und stellte fest, dass seine Informationssammlung aus Atlantis aktiviert worden war. Er war jetzt in der Lage, sein Wissen als Hohepriester zu nutzen, um das Buch zu beenden, und er bekam Zugang zu wichtigen Informationen, die er vor vielen Leben im Goldenen Atlantis abgespeichert hatte.

In diesem Jahr erfuhr er, dass auch viele andere diese Erfahrung machten und in ganz ähnlicher Weise darauf reagierten. Das war die Bestätigung dafür, dass unsere Verantwortung als Meister zunimmt.

Im Laufe der Geschichte wurden viele erleuchtete Meister mit einem Heiligenschein dargestellt. Damit soll deutlich gemacht werden, dass das Licht des Wissens aus ihrem Kronenchakra fließt. Weil sich die fünfdimensionalen Energien in uns ausbreiten, erstrahlt unser Kronenchakra nach und nach in goldenem Licht. Dann öffnen sich die tausend Blütenblätter des höheren Bewusstseins und sorgen für ein perfektes Gleichgewicht der erleuchteten Weisheit.

Einige von uns haben viele Leben als Meister hinter sich, und wir alle haben jetzt die Möglichkeit, Zugang zu dieser Weisheit zu bekommen und der Erde beim Übergang in das Goldene Zeitalter von Gaia zu helfen.

Visualisierungsübung:
Erweiterung des Kronenchakras und Freischaltung Ihrer Meisterweisheit

1. Bereiten Sie sich auf die Meditation vor. Nehmen Sie an diesem Tag nur leichte Mahlzeiten zu sich und trinken Sie viel klares Wasser.
2. Entspannen Sie sich an Ihrem heiligen Ort. Zünden Sie eine Kerze an, wenn Sie möchten, und stellen Sie Kristalle um sich herum auf.
3. Fordern Sie die mächtigen Feuerdrachen auf, Ihre Chakras und Ihr Vierkörpersystem von allen dichten Energien zu reinigen.
4. Entspannen Sie sich, während sie um Sie herumwirbeln und Sie mit ihren goldenen Flammen erhellen.
5. Rufen Sie Serapis Bey an und bitten Sie ihn, die weiße Aufstiegsflamme von Atlantis in Ihr Zwölf-Chakra-System zu platzieren.
6. Sehen Sie, wie er in reines Weiß gekleidet auf Sie zukommt. Er lächelt und hält die weiße Aufstiegsflamme in den Händen.
7. Spüren Sie, wie Ihre Chakras von Ihrem Sternentor bis hinunter zu Ihrem Erdstern aufleuchten. Entspannen Sie sich und lassen Sie diese Energie durch sich hindurchfließen, bis Sie strahlend und fünfdimensional sind.
8. Serapis Bey lädt Sie jetzt ein, mit ihm zu seiner Pyramide in der Hohlerde zu gehen. Gemeinsam gehen Sie durch einen Tunnel aus Gold, der direkt zu seiner goldenen Kristallpyramide, seiner Pyramide von Agartha, führt.
9. Er fordert Sie auf, sich in den Eingang zu seiner Pyramide zu stellen. Sie klopfen, die Tür schwingt auf, und Sie

betreten einen wunderschönen Raum mit einem goldenen Thron in der Mitte.

10. Serapis Bey lädt Sie jetzt ein, sich auf seinen goldenen Thron zu setzen und auf Ihr Kronenchakra zu konzentrieren. Spüren Sie, wie es in glänzendem Gold erstrahlt und sich wie ein tausendblättriger Lotos öffnet.
11. Serapis Bey reicht Ihnen jetzt ein großes altes Buch, und Sie legen es auf Ihren Schoß.
12. Er sagt Ihnen, dass dieses Buch die gesamte Weisheit aus all Ihren früheren Leben als Meister enthält. Er lädt Sie ein, es aufzuschlagen.
13. Sie schlagen das Buch auf. Wunderschöne Formen, Codes und goldene Buchstaben steigen aus den Seiten auf und dringen in Ihr Kronenchakra ein.
14. Spüren Sie, wie sie Ihr Kronenchakra nach und nach bis zu seiner maximalen Kapazität öffnen, während die Codes durch Ihren ganzen Körper und Ihre Energiefelder fließen.
15. Entspannen Sie und atmen Sie tief durch, während dieser Prozess Sie in uralter Weisheit, Licht und Wissen erstrahlen lässt.
16. Serapis Bey streicht diese Codes und Buchstaben in Ihre Aura und lässt sie aufleuchten, sodass sie hell strahlen. Nehmen Sie sich ein paar Minuten, um sich dies mit Ihrem inneren Auge anzuschauen. Erkennen Sie irgendwelche dieser Symbole?
17. Sie strahlen jetzt vor altem Wissen und Licht und haben Zugang zu dieser Weisheit, die Sie auf Ihrem höheren Aufstiegsweg brauchen.
18. Bedanken Sie sich bei Serapis Bey und den Feuerdrachen und verlassen Sie seine Pyramide in dem Wissen, dass Sie hierher zurückkehren können, wann immer Sie möchten.

19. Öffnen Sie Ihre Augen mit einem Lächeln. Sie sind jetzt bereit, anderen Ihre Seelenweisheit zu bringen und ihnen auf ihrer Reise zu helfen.

Kapitel 15

Das erweiterte Kausalchakra

Das mondweiße Kausalchakra liegt direkt hinter der Rückseite des Schädels. In atlantischen Zeiten war es so physisch wie die Krone, hatte seinen Platz hinten am Schädel und sorgte damit für einen länglichen Kopf. Wenn es zum ersten Mal aktiviert wird, ist es vom Kopf getrennt und ruht zwischen dem Kronenchakra und dem Seelensternchakra. Wenn das Lichtniveau eines Meisters ansteigt, verbindet sich das Kausalchakra mit der fünfdimensionalen Chakrasäule. Dann wird es in physischen Kontakt mit dem Kopf gezogen.

Die transzendenten Chakras sind immer fünfdimensional. Dieses ist das dritte der transzendenten Zentren. Es steht in Verbindung mit dem Mond und ist insofern wie Ihr ganz persönlicher Mond, als es göttlich weibliches Licht absorbiert und ausstrahlt. Es wirkt wie ein Magnet für das Mondlicht und zieht es direkt in das Vierkörpersystem. Dies erhöht Ihre Schwingungsfrequenz und beleuchtet die tiefe weibliche Weisheit in Ihrer Seele. Seit dem kosmischen Moment im Jahre 2012 hat sich das Kausalchakra aller erwachten Seelen sehr schnell erweitert.

Das göttlich Weibliche ist eine der kraftvollsten Energien, die sich in letzter Zeit auf die Erde ergossen hat. Diese Schwingung der Weisheit und des Mitgefühls wurde beim Untergang von Atlantis abgezogen, und ihr Verlust hatte in den nächsten zehntausend Jahren einen dramatischen Einfluss auf die Reise der Menschheit. Jetzt kehrt sie jedoch zu uns allen zurück, löst die unausgewogene männliche Kraft auf und bringt das Herz wieder an die Macht.

Dabei spielt der Mond eine große und wichtige Rolle, denn er ist ein aufgestiegener Satellit, der die höheren Aspekte des göttlich Weiblichen enthält. Diese werden von der Universalengelin Maria und ihrem Team aus Einhörnern überwacht und verteilt. Sie ernten sein reines, sanftes und weibliches Licht zu Spitzenzeiten und fluten die Menschen auf der Erde mit seinen Wellen und sorgen so dafür, dass uns sanftere Möglichkeiten zur Verfügung stehen.

Der Mond reflektiert auch das Licht der großen Zentralsonne, die als Helios bekannt ist. Dieser neundimensionale spirituelle Stern sendet sein Licht über unsere Sonne auf die Erde. Wenn diese Energie Helios verlässt, ist sie von der Schwingung her göttlich männlich und wird ausgeglichen durch den Einfluss der Vesta. Sie ist das göttlich weibliche Pendant im System der Zentralsonne.

Wenn auf der Erde Vollmond ist, ergießt sich das kraftvolle silberne Licht in die Köpfe der Menschen. Das hat einen großen Einfluss auf sie und sorgt für enorme Verschiebungen in der Erleuchtung als Vorbereitung auf das anstehende neue Goldene Zeitalter.

Vollmondnächte waren schon immer Zeiten der Magie und des ehrfürchtigen Staunens. Schon vor längerer Zeit hat man erkannt, dass Tiere und sensible Menschen von den Schwingungen, die sie aussenden, entscheidend beeinflusst werden. In den Jahren 2014 und 2015 wurden die Vollmonde zunehmend stärker, was in dem unglaublich starken Vollmond im September 2015 gipfelte. Jetzt hat Gaia selbst genug von dem lunaren Licht empfangen, um die männlichen und weiblichen Energien auf der Erde ins Gleichgewicht zu bringen. Es wird jedoch auch weiterhin außerordentlich einflussreiche Vollmonde geben, weil die männlichen und die weiblichen Energien großer Teile der Menschheit ins Gleichgewicht kommen.

Abgesehen davon, dass es das göttlich weibliche Licht absorbiert und verbreitet, erfüllt das Kausalchakra noch einen anderen wichtigen Zweck: Es stellt eine tiefe und sehr enge Verbindung zwischen dem Sucher und der geistigen Welt her. Die Ebene dieser Verbindung hängt von den übersinnlichen Gaben ab, die ein Individuum aus früheren Leben mitgebracht hat. Sie ist auch von seinem Seelenauftrag abhängig.

Das Kausalchakra ermöglicht auch einen beiderseitigen Fluss der Energie und des Lichts zu und aus den Engelreichen. Dieser bringt die Engelschwingung zum Individuum und verankert sie dauerhaft in ihm. Als die Kausalchakras der Lichtarbeiter wieder aktiv wurden, verbanden die Einhörner ihr fantastisches reines Licht über diese Wesen mit der Erde.

Ein Einhorn wird sich mit Ihnen verbinden, wenn es sieht, dass das Licht des Dienens über Ihrem Kronenchakra aufleuchtet. Dann dringt es durch Ihr Kausalchakra in Ihre Energiefelder ein. Dieses Ereignis ist so bedeutsam, schön und kraftvoll, dass es Ihren Seelenpfad vollkommen verändern kann.

Einhörner sind die einzigen Wesen, die reine Gnade mitbringen, wenn sie mit der Erde arbeiten. Sie segnen alle Situationen mit bedingungsloser Liebe. Diese mächtigen Wesen schwingen zwischen den sieben- und den neundimensionalen Frequenzen. Und natürlich waren die siebendimensionalen

Frequenzen zuerst da, um uns zu helfen und zu erleuchten. Im Jahre 2015 kamen die neundimensionalen Einhörner und erfreuten und berührten die Herzen aller.

Erzengel Christiel ist verantwortlich für die Entwicklung des Kausalchakras, und weil dieses Chakra für den Fortschritt der Menschheitserleuchtung so wichtig ist, arbeitet er auch weiterhin mit uns allen auf unserem Weg zum erleuchteten Meister.

Wenn das Licht, das in allen Seelen leuchtet, immer heller wird, bringt Erzengel Christiel noch höhere Aspekte des Christusbewusstseins in das Energiefeld der Erde. Dieses Licht scheint durch das Kausalchakra und das Herzzentrum. Die Vollendung dieser höheren Verkörperung des Christuslichts wird vor 2032 stattfinden, und damit sind wir bereit für das neue Goldene Zeitalter.

Visualisierungsübung: Erweiterung des Kausalchakras

1. Bereiten Sie sich auf die Meditation vor. Suchen Sie sich einen heiligen Platz und zünden Sie eine Kerze an, wenn Sie möchten.
2. Wenden Sie sich an Erzengel Christiel und bitten Sie ihn, Ihr Vierkörpersystem mit neundimensionalem Christuslicht zu füllen.
3. Atmen Sie es in jede Zelle Ihres Körpers und erlauben Sie ihm, Sie vollkommen reinzuwaschen. Verweilen Sie einen Moment in diesem Licht.
4. Lenken Sie Ihre Aufmerksamkeit auf Ihr Kausalchakra, und sehen Sie, wie es in einem hell glänzenden Weiß erstrahlt.

5. Sehen Sie, wie es sich mit dem Mond verbindet, und zwar über reinweiße Glühfäden, die hinaufreichen und ihn berühren.
6. Bringen Sie das Licht des Mondes zurück zu Ihrem Kausalchakra und sehen Sie, wie es sich ausdehnt, bis es vollständig mit Ihnen verschmilzt.
7. Erlauben Sie Erzengel Christiel, diesen höheren Aspekt des Chakras in Ihrem physischen Körper zu verankern. Spüren Sie, welchen Einfluss dies auf Ihr Energiefeld hat.
8. Spüren Sie, wie Ihr Kausalchakra magnetische Schwingungen in die Engelreiche sendet.
9. Erzengel und Engel kommen jetzt auf Sie zu. Sie tragen Geschenke aus reinem Licht in den Händen. Hinter ihnen schwebt ein herrliches neundimensionales Einhorn.
10. Erlauben Sie diesen Wesen, ihre Gaben in Ihrem Kausalchakra abzulegen. Fühlen Sie, wie die Schönheit und das Licht Ihr Kausalchakra erweitert, bis es die Leuchtkraft des Mondes hat.
11. Jetzt kommt das Einhorn auf Sie zu und bringt Ihnen eine Botschaft für Ihren höheren Aufstiegsweg – in Worten, heiliger Geometrie oder Lichtcodes.
12. Ziehen Sie diese Botschaft in Ihr Herzzentrum, und seien Sie gewiss, dass Sie auf Ihrer Reise das hellste Licht dabeihaben.
13. Bedanken Sie sich bei den Engeln und dem Einhorn und kehren Sie zu Ihrem heiligen Platz zurück.
14. Machen Sie die Augen auf und setzen Sie Ihr erweitertes Kausalchakra ein, um Engelslicht in das Leben aller Menschen in Ihrem Umfeld zu fluten.

Kapitel 16

Der erweiterte Seelenstern

Das Seelensternchakra ist das zweite der transzendenten geistigen Zentren und hat einen erheblichen Einfluss auf unsere Erleuchtung. Es liegt dreißig Zentimeter über dem Kronenchakra, direkt über dem Kausalchakra in der integrierten Säule, und wird in den frühen Stadien des Aufstiegsprozesses aktiviert. Es ist insofern einzigartig, als es zugänglich wird, bevor eine Person einen Lichtquotienten von neunundsiebzig Prozent erreicht hat. Dafür ist lediglich erforderlich, dass die Seele ihren spirituellen Auftrag annimmt.

Das Seelensternchakra enthält jede einzelne Gabe, jedes Talent und jede spirituelle Errungenschaft, die sich eine Seele auf ihrer Reise angeeignet hat. Das schließt das Wissen und die Weisheit ein, die während verschiedener Leben in anderen Körpern, Dimensionen und Universen erworben wurden. Wenn dieses Chakra also erst einmal aktiv ist, steht dem Sucher eine überwältigende Sammlung von Informationen zur Verfügung.

Nach dem ersten Erwachen des Seelensterns wird seine Entwicklung von den Erzengeln Zadkiel und Mariel überwacht. Diese strahlenden Wesen stehen ihm in den ersten Tagen seiner Aktivierung ständig zur Seite. Sie sorgen dafür, dass es bis zu seiner maximalen Leistungsfähigkeit geöffnet und aktiviert wird.

Der Seelenstern ist in zwei Aspekte aufgeteilt, den höheren und den tieferen. Der tiefere verbindet die Seele mit ihrer Essenz, indem er Licht von der Monade anzieht, um ihren Fortschritt auf dem gewählten Weg zu beschleunigen. Bei vielen Menschen geschah dies während ihres Übergangs in die vierte Dimension. Zu diesem Zeitpunkt öffnet sich Ihr Herz, und Sie erkennen Ihren Seelenweg.

Der höhere Aspekt Ihres Seelensterns ist der wahre Schlüssel zu Ihrer Weisheit als Meister.

Zur Sommersonnwende im Jahre 2014 wurden die fünfdimensionalen Aufstiegschakras für jeden verfügbar, weil der Seelenstern in die nächste Phase seiner Aktivierung überging und sich sein herrlich helles magentafarbenes Licht in Millionen Menschen verankerte. Dies öffnete den Gaben, dem Wissen und dem Bewusstsein aus früheren Leben Tür und Tor.

Jetzt, wo sie Zugang zur Fundgrube der kosmischen und ihrer persönlichen Errungenschaften haben, offenbaren die erleuchteten Meister der Erde ihre besonderen Fähigkeiten. Dadurch erfährt die Schwingung aller eine deutliche Erhöhung.

Tim hatte sein erstes Seelensternerlebnis im Jahre 2008. Nachdem in seinem Leben eine gewaltige Veränderung stattgefunden hatte, bekam er während seiner Morgenmeditation Besuch von Erzengel Michael. Der Erzengel sagte ihm, er liebe ihn zwar sehr, aber er müsse nun mehr Verantwortung für seine eigenen Energien übernehmen und dürfe ihn nicht mehr so oft anrufen.

Erzengel Michael stellte Tim dann eine alte atlantische Technologie namens »Das blaue Sternensiegel« vor, die es ihm möglich machen würde, seine eigenen Energiesysteme zu handhaben. Sie wurde von Tims Seelenstern erfasst und aktiviert. Tims Erinnerung an sein Leben als Thot flutete zu ihm zurück und mit ihr die entsprechenden Fähigkeiten. Fünf Jahre später sagte ihm Erzengel Michael, er könne die Technik an diejenigen weitergeben, die dafür bereit sind, und das tat er in *Die Erzengel, deine mächtigen Helfer*.

Alle Sucher auf dem spirituellen Weg haben Zugang zur selben Informationsebene, und doch ist jeder Seelenweg absolut einzigartig. Das Seelensternchakra liefert genau das, was ein Meister braucht, wenn er es braucht. Es wird niemals Informationen oder Erinnerungen vorbringen, die gerade nicht relevant oder zutreffend sind.

Wenn Sie direkt mit einem erweiterten Seelenstern arbeiten, tun sich unglaubliche Möglichkeiten auf. Wenn Sie direkt in das Seelensternchakra schauen, sehen Sie, wie sich Linien aus reinem Licht durch Zeit und Raum bewegen. Diese führen durch goldene Türen zu Erinnerungen an Lebenszeiten mit hoher Schwingungsfrequenz. Bei diesen erleuchteten Durchgängen handelt es sich um die ätherischen Wissensspeicher, die mit der monadischen Präsenz, der Hohlerde, den Hallen von Amenti und der Akasha-Chronik in Verbindung stehen.

Alle diese göttlichen Aufzeichnungen sind Ihnen je nach Ihrer Schwingungsfrequenz zugänglich. Je heller Sie strahlen, desto weiter kann Ihre Seele reisen, um das abzurufen, was Sie brauchen. Wenn Sie diese Ebene erreicht haben, treten die Erzengel Zadkiel und Mariel einen Schritt zurück, damit Sie auf eigenen Beinen stehen können. Viele, die sich auf dem Aufstiegspfad befinden, erleben jetzt, dass sich ihre geistigen Helfer zurückziehen, weil sie selbst ein klares Licht in sich tragen. Die höheren Bereiche beobachten uns eher, als dass sie uns an der Hand nehmen. Führung und Anleitung sind zwar immer verfügbar, aber es sind die Meister der Erde, die das Licht des Wassermannzeitalters wirklich hier verankern.

Im Goldenen Zeitalter von Atlantis hatten die Hohepriester und -priesterinnen das gesamte Potenzial ihres Seelensternchakras voll entwickelt. Die Alta waren imstande, mithilfe dieses Chakras spirituelle Werkzeuge zu entwickeln, mit denen die Schwingung anderer Menschen angehoben werden konnte. Sie konnten sich mit dem zwölfdimensionalen Licht ihrer eigenen Monaden verbinden und bekamen so Zugang auf die Blaupause einer unglaublichen Technologie. Dies war einer der Faktoren, der Atlantis zur Grundlage des fünfdimensionalen Lebens auf der Erde machte.

Wenn Sie früher einmal im Goldenen Zeitalter von Atlantis gelebt und gearbeitet haben, sind das Licht und die Liebe dieser Zeit noch in Ihrem Seelensternchakra gespeichert. Es ist diese Energie, die unserem Planeten im Laufe der nächsten zwanzig Jahre einen glorreichen Aufstieg ermöglichen wird. Dann werden wir uns in spirituelle und technologische Höhen entwickeln, die sich noch nicht einmal die Weisen von Atlantis vorstellen konnten.

Visualisierungsübung: Zugang zum Seelensternchakra

1. Bereiten Sie sich auf die Meditation vor. Suchen Sie sich einen heiligen Platz, zünden Sie eine Kerze an, wenn Sie möchten, und entspannen Sie ganz tief.
2. Schließen Sie die Augen und atmen Sie tief durch. Lenken Sie Ihre Aufmerksamkeit auf Ihr Seelensternchakra, dreißig Zentimeter über Ihrem Kopf.
3. Sehen Sie, wie es in einem erstaunlich leuchtenden Magenta erstrahlt. In seinem Kern ist ein helles blaues Licht.

4. Konzentrieren Sie sich auf dieses blaue Licht und bewegen Sie Ihre Energie dort hinein. Spüren Sie, wie es eins mit Ihnen wird.
5. Sehen Sie sich selbst vor einer Tür stehen, die in den Farben Blau und Magenta erstrahlt. Die Erzengel Zadkiel und Mariel sind dort, um Sie zu begrüßen.
6. Sie machen Ihnen die Tür auf und lassen Sie eintreten.
7. Vor Ihnen liegt ein silbern schimmernder Weg, der sich so weit erstreckt, wie das Auge reicht. Zu beiden Seiten des Weges befinden sich strahlende Lichtportale, jedes mit einem Zugang zu einem früheren Leben von Ihnen.
8. Hinter diesen Portalen liegen alle Ihre wunderbaren spirituellen Errungenschaften. Suchen Sie sich eines aus und öffnen Sie es.
9. Welche Energie ist darin enthalten?
10. Nehmen Sie das erste Ereignis, das Ihnen gezeigt wird, und ziehen Sie es in Ihr Herzzentrum. Spüren Sie, wie das Licht aus diesem Leben Ihre Schwingung auf einen neuen Höchststand hebt.
11. Suchen Sie sich einen anderen Zugang. Bitten Sie, wenn Sie möchten, die Erzengel Zadkiel und Mariel, Ihnen beim Öffnen weiterer Türen zu helfen.
12. Ziehen Sie das ganze Licht in Ihr Herz und erlauben Sie den Codes und Schwingungen, sich in Ihrem ganzen Körper auszubreiten. Spüren Sie, wie Ihr persönliches kosmisches Wissen Sie aufheitert und strahlen lässt.
13. Bringen Sie Ihre Aufmerksamkeit zurück zu Ihrem Seelensternchakra über Ihrem Kopf. Sehen Sie, wie groß und strahlend es geworden ist.
14. Bedanken Sie sich bei den Erzengeln Zadkiel und Mariel und kehren Sie zu Ihrem Ausgangspunkt zurück.

15. Öffnen Sie die Augen und machen Sie sich bereit, Ihr uraltes Wissen in jeder Form zu empfangen, in der es auf Sie zukommt.

Sie können diese Visualisierungsübung machen, sooft Sie möchten.

Kapitel 17

Das erweiterte Sternentor

Von den Engelreichen aus gesehen, ist das erleuchtete Sternentorchakra ein ausgesprochen herrlicher Anblick. Wenn unsere Engel und Geistführer und andere Lichtwesen unseren Fortschritt beobachten, haben sie das Vergnügen, unseren Lichtkörper zusammen mit unserer Seelenessenz aufblühen zu sehen. Ein unglaublich helles Licht strahlt aus unserer fünfdimensionalen Chakrasäule, während sie die höchsten Schwingungen aus allen Ecken des Universums anzieht.

Das Chakrasystem jeder Person sondert ein einzigartiges Licht ab, denn es strahlt ihren individuellen Seelenauftrag für dieses Leben aus. Es ist die Aufgabe des Sternentors, die individuelle Seele in einem physischen Körper mit der Lichtquelle zu verbinden, aus der sie hervorgegangen ist. Das ist der Stern oder Planet des Ursprungs.

Als wir nur sieben operative Chakras hatten, war unser Kronenchakra für den Empfang und die Verarbeitung aller hereinkommenden Informationen verantwortlich. Doch auf unserem fünfdimensionalen Weg durch das Leben übernimmt das Sternentorchakra diese Rolle. Wenn es zu Beginn des Aufstiegsprozesses aktiv wird, fangen alle unsere Energiesysteme an, ihren Licht- und Kraftfluss umzuleiten.

Das Sternentor hat die Fähigkeit, alle dimensionalen Grenzen von Zeit und Raum zu überwinden. Seine Aufgabe ist es, uns Frequenzen zur Verfügung zu stellen, die unsere aktuelle physische Kapazität stark erweitern. Es ist imstande, Licht aus einer neundimensionalen Quelle anzunehmen und es auf eine Ebene zu bringen, die für uns angenehm ist. Aufgrund dieser erstaunlichen Verbindung machen viele Seelen, die mit ihrer fünfdimensionalen Chakrasäule arbeiten, schneller spirituelle Fortschritte als erwartet.

Das Sternentor ist wunderschön goldorangefarben, wenn es zum ersten Mal verankert und aktiviert wird. Überwacht wird es von Erzengel Metatron, dem Herrn des Lichts. Er ist der Schöpfer des gesamten bekannten Lichts in unserem Universum. In den frühen Stadien unserer Aufstiegsreise gießt er vorsichtig Licht in dieses Chakra, um unsere Ausdehnung zu fördern. Wenn der Prozess erst einmal verankert ist, tritt er in den Hintergrund, damit wir uns in einem Maße ausdehnen, das in Harmonie mit unserem Seelenauftrag ist.

Im zweiten Stadium des Aufstiegsprozesses dehnt sich das Sternentor sehr schnell aus. Viele Seelen sind gegenwärtig auf diesem Niveau. Das Goldorange nimmt in diesem Stadium eine hellere Schattierung an, während es von den höheren Frequenzen des Christusbewusstseins erfüllt wird und das Chakra ständig seine Form verändert. Je nach unserer individuellen Dynamik bildet es komplizierte Formen aus der heiligen Geometrie, um die richtigen Energien in den Lichtkörper zu magnetisieren. Diese Energien sind immer mit dem Stern oder dem Planetensystem verbunden, von dem unsere Seele ursprünglich stammt. Dadurch ist sichergestellt, dass wir die bestmögliche Unterstützung bekommen, während wir hier auf der Erde sind.

Unsere Seele sendet vielleicht ganz bewusst Bitten nach Licht und Informationen aus, und unser Sternentor wird sie erfüllen. Es sucht auch selbstständig nach kosmischen Informationen für unser seelisches Wachstum. Es wird von sämtlichen Quellen des reinen Lichts in den unermesslichen Weiten des Raumes angezogen. Das hilft ihm, neue Erfahrungen anzuziehen, die für unseren Lernprozess hier auf der Erde wichtig sind.

Wenn wir so mit dem Sternentor arbeiten, bildet es einen strahlend goldenen Kelch, von dem schöne goldene Lichtfäden ausgehen, die sich durch die Dimensionen von Zeit und Raum spannen. Deswegen bietet es, von den höheren Reichen aus gesehen, einen so erstaunlichen Anblick. Seit dem Kosmischen Moment im Jahre 2012 ist das Sternentor dafür zuständig, die ersten Lichtwellen der großen Zentralsonne aufzunehmen, die uns zugänglich sind. Diese neundimensionale spirituelle Sonne ist die Quelle des Lichts, das unseren eigenen physischen Stern nährt.

Unsere Sonne, die hier auf der Erde sehr deutlich zu spüren und zu sehen ist, hat noch eine viel wichtigere Funktion, als uns mit Licht und Wärme zu versorgen. Sie bricht dieses neundimensionale Licht auf ein Niveau herunter, mit dem wir auf der Erde umgehen können, und fungiert damit als Transformator für die höheren Lichtcodes, die ständig an uns verteilt werden.

Das Sternentor steht in besonderer Verbindung zum Mars und zu dessen aufgestiegenem Aspekt Nigellay. Dieser Planet oder Halbmond strahlt das Licht der friedvollen geistigen Führer aus, und sein Einfluss hilft unter anderem, dieses Licht zu reflektieren und zu verstärken.

Darüber hinaus sind unsere persönlichen Sternentorchakras mit dem planetaren Sternentorchakra in der Arktis verbunden. Die Frequenz dieses Planetenportals wird erhöht, um sich an die Energiefelder der Erde anzupassen. Und wenn sich deren Frequenz erhöht, erhöht sich auch unsere. Erst dann erkennen wir wirklich, wie eng wir mit unserem Planeten verbunden sind.

Im Goldenen Zeitalter von Atlantis waren es die erweiterten Fähigkeiten des Sternentorchakras, die es den Hohepriestern und -priesterinnen möglich machten, mit den Ratsversammlungen anderer Sternensysteme zu kommunizieren. In tiefer Meditation berieten sich die Alta mit diesen Lichtwesen, und als Ergebnis davon wurden das Heilwissen und die fortgeschrittenen Technologien zahlloser Sternenwesen über ihre Sternentore heruntergeladen. Die gaben dieses Wissen ihrerseits an die Weisen weiter und die wiederum an die Tempelpriester, die es liebevoll in konkrete Informationen umwandelten, um den Menschen zu helfen und die Entwicklung ihrer Zivilisation in die höhere fünfte Dimension voranzutreiben.

Während des gesamten Goldenen Zeitalters von Atlantis kamen Vertreter außerirdischer und interdimensionaler Zivilisationen als Besucher auf die Erde. Seit dieser Zeit senden sie uns ihr Licht und ihre Liebe von ihren weit entfernten Ebenen. Sie tun dies durch die Energiefelder jener, die offen und bereit dafür sind.

Die Blaupause dieses ganzen unglaublichen Wissens ist in den höheren Aspekten sämtlicher Sternentorchakras auf der Erde gespeichert. Es wird freigesetzt, wenn wir alle bereit sind, es wieder zu nutzen.

Visualisierungsübung: Erweiterung Ihres Sternentors

1. Bereiten Sie sich auf die Meditation vor. Suchen Sie sich einen heiligen Platz und zünden Sie eine Kerze an, wenn Sie möchten.
2. Entspannen Sie sich und konzentrieren Sie sich auf Ihre Atmung.
3. Rufen Sie den neundimensionalen goldenen Christusstrahl an und bitten Sie ihn, Ihre vier Körper zu erfüllen und Ihren heiligen Raum zu versiegeln. Atmen Sie diese Energie in jede Zelle Ihres Wesens.
4. Lenken Sie Ihre Aufmerksamkeit auf Ihr Sternentorchakra fünfundvierzig Zentimeter über dem höchsten Punkt Ihres Kopfes.
5. Sehen Sie es in einem hell strahlenden Gold aufleuchten und bitten Sie es, eine Form anzunehmen, die das wahre Wesen Ihrer Seele widerspiegelt.
6. Entspannen Sie sich und erlauben Sie Ihrem Sternentor, jede Form anzunehmen, die es möchte.
7. Bitten Sie es, die höchsten Lichtfrequenzen für Sie herbeizurufen. Diese können aus jeder beliebigen Quelle im Universum kommen. Seien Sie also offen für jede Information, die Ihnen präsentiert wird.
8. Sehen Sie, wie goldene Fasern aus reinem Licht von Ihrem Sternentor ausgehen, sich ausbreiten und Sie mit einer höheren Lichtquelle verbinden.
9. Lassen Sie dieses Licht, sobald Sie verbunden sind, durch die Fasern hinunter in Ihr Chakra fließen, um es bis auf die höchstmögliche Ebene zu erweitern.
10. Lassen Sie dieses Licht von Ihrem Sternentor hinunter in den Rest Ihres Körpers und Ihres Chakrasystems fluten.

Schauen Sie zu, wie es sich allmählich abwärtsbewegt – durch Ihr Seelensternchakra, Ihr Kausalchakra, Ihr Kronenchkara, Ihr Drittes Auge, Ihr Halschakra, Ihr Herzchakra, Ihr Solarplexuschakra, Ihr Nabelchakra, Ihr Sakralchakra, Ihr Basischakra und schließlich Ihr Erdsternchakra.

11. Erlauben Sie diesem Licht, sich über Ihr Erdsternchakra im Herz von Gaia und der planetaren Matrix zu erden.
12. Spüren Sie die Schwingung dieses Geschenks an Sie und Mutter Erde.
13. Seien Sie bereit, Aufstiegsinformationen auf höherem Niveau zu empfangen.
14. Machen Sie die Augen auf und erglühen Sie in kosmischer Meisterschaft.

Meister Kuthumi und die Hallen des Lernens

Kapitel 18

Meister Kuthumi, der Weltenlehrer

Meister Kuthumi ist einer der großartigsten erleuchteten Meister, die je auf diesem Planeten gewandelt sind. Wenn Sie sich auf Ihrem Aufstiegspfad zu Meisterschaft und Erleuchtung befinden, während Sie etwas über ihn lesen oder an ihn denken, kommt seine Energie mit Ihnen in Berührung und erweitert Ihr Bewusstsein.

Er ist ein Kumara, eine von vier Seelen, die aus dem Herzen Gottes kommen und einen besonderen Dienst im Universum zu leisten haben. Wenn sich eine dieser vier Seelen verkörpert, wird sie erleuchtet geboren.

Meister Kuthumi stammt von der Venus, dem Planeten der Liebe. Auf seiner langen Seelenreise hat er immer die Macht der Liebe zu allen Menschen demonstriert. Er schwingt jetzt auf einem kristallgelben Strahl, der Farbe des erleuchteten Geistes, und ist gerade Weltenlehrer geworden. Seine Geschichte ist eine des bemerkenswerten und erhabenen Dienstes an der Menschheit, obwohl genau das in vielen Leben eine große Herausforderung für ihn war.

Sein ätherischer Zufluchtsort liegt oberhalb von Agra in Indien, über dem wunderschönen Tadsch Mahal. In seinem Leben als Mogulkaiser Shah Jahan lebte er die wahre Liebe mit seiner Lieblingsfrau Mumtaz Mahal. Als sie starb, baute er das

Tadsch Mahal als perfekte Liebesgabe für sie. Dieses Gebäude wurde mit einer solchen Liebe und Aufmerksamkeit fürs Detail geschaffen, dass es immer noch Agape in seine Energiefelder strahlt und eine große Anziehungskraft auf diejenigen ausübt, die bereit sind, bedingungslose und andächtige Liebe zu erfahren.

Er baute auch das Rote Fort in Delhi und die größte Moschee der damaligen Zeit in Indien und gab ein stattliches Vermögen für architektonische Projekte aus. Außerdem half er den Armen und sprach weise Recht. Dieses Leben war dennoch eine große Herausforderung für ihn, weil seine Söhne im Streit miteinander lagen. Er verlor einen großen Teil seines Reiches, und einer seiner Söhne sperrte ihn ein, sodass er schließlich in Gefangenschaft starb. Dieses Leben machte ihn auf seinem Weg zur Meisterschaft um einiges stärker.

Als heiliger Franziskus von Assisi schenkte er der ganzen Schöpfung Liebe. Seine Aura war so rein und ruhig, dass sich jedes Tier, das in seine Nähe kam, absolut sicher fühlte und keines ihm jemals etwas zuleide tat. Dieses Leben war aber nicht nur von Frieden geprägt. Als Mönch mit sehr klaren Vorstellungen vom Dienst an Gott musste er auch beachtlichen Mut, großes Vertrauen und einen unerschütterlichen Glauben an seinen Auftrag beweisen.

Er verkörperte sich auch als Johannes, der Lieblingsjünger Jesu, als Balthasar, derjenige der Heiligen Drei Könige, der den Geburtsort von Jesus vorhersah, und als Pharao Tutmosis III. von Ägypten.

Viele Jahre lang war Meister Kuthumi der Chohan des Zweiten Strahls, des gelben Strahls der Liebe und Weisheit. Er war immer sehr daran interessiert, die Menschheit über die geistigen Gesetze aufzuklären. Er war ein Gründungsmitglied der Tempelritter, die alte esoterische Geheimnisse bewahrten und Pilger auf ihren Pilgerreisen beschützten. Als Pythagoras brachte er der Welt die heilige Geometrie, die Numerologie, die Mathematik und die unglaubliche Sphärenmusik, und gründete außerdem eine Mysterienschule für die Große Weiße Bruderschaft. Zusammen mit Erzengel Michael ist er der Wächter des heiligen Grals, der mystischen Suche nach einem tieferen Verständnis des eigenen Selbst und Meisterschaft.

Als Teil seines selbstlosen Dienstes ist er ein Hierarch der Bruderschaft der goldenen Robe, eines Ordens, der durch goldenes Licht Frieden verbreitet und die Bürden der Welt auf sich nimmt. Außerdem ist er der Wächter der alten okkulten Mysterien.

Als Weltenlehrer bringt er nun esoterische Informationen zu jenen Lichtarbeitern, die sie verstehen können, während sich unser Planet auf den Aufstieg vorbereitet. Er strahlt die kristallklare Qualität dieser hoch schwingenden Rolle aus.

Sein Symbol war immer schon der sechsspitzige Stern, das Symbol von Atlantis, der Verschmelzung von Himmel und Erde. Mittlerweile wurde es jedoch erweitert, sodass sechs zusätzliche Strahlen von ihm ausgehen.

Vor dem Kosmischen Moment im Jahre 2012 gab es sieben Schulen im Ätherischen und Meister Kuthumi hat sie zusammen mit Djwal Khul geleitet. Seit er Weltenlehrer und Leiter der Schulen des Lernens wurde, hat er auf den inneren Ebenen zwölf Schulen gegründet, und zwar in Harmonie mit der sich erhöhenden Energie und den steigenden Erwartungen dieses Universums. Die Wesen, die diese Einrichtungen besuchen, kommen nicht nur von der Erde, sondern auch aus anderen Universen.

Dies sind keine Grundschulen, sondern so etwas wie ätherische Universitäten, wo diejenigen, die dort einen Abschluss als Aufgestiegene Meister machen wollen, in einer Reihe von

Kursen ausgebildet werden. Viele Menschen denken, dass man nur ein Aufgestiegener Meister werden kann, wenn man in einem physischen Körper lebt. Doch das ist nicht der Fall. Wesen wie Dianas Geistführer Kumeka sind Meister des Lichts und Aufgestiegene Meister, waren aber niemals auf der Erde verkörpert. Sie haben ihr Diplom in nicht physischen Dimensionen nach entsprechenden Lernprozessen, Tests, Prüfungen und Einweihungen bekommen.

Wesen haben eine Reihe von Gründen, in einem Geistkörper zu bleiben. Manche werden als noch nicht bereit für eine physische Erfahrung erachtet. Andere Geister brauchen vielleicht eher eine irdische Erfahrung. Oder vielleicht ist ein nicht physischer Kurs mehr in Übereinstimmung mit der Blaupause ihrer Seele. In Dianas Fall sind sie und Kumeka Zwillingsflammen (siehe Kapitel 43: Zwillingsgedanken für den Aufstieg), und sie haben die Seelenvereinbarung geschlossen, dass sie sich verkörpert und er sie von den inneren Ebenen aus anleitet. Und so ist es schon seit mehreren Leben.

Die zwölf »Lehrgebäude« der ätherischen Universität sind alle kreisförmig wie ein Säulentempel und glühen in strahlendem Licht. Studenten, die derzeit verkörpert sind, begeben sich im Schlaf in ihren Geistkörpern dorthin.

Die Lehrmethoden sind genau die gleichen wie im Goldenen Zeitalter von Atlantis. In jedem Tempel befindet sich ein Kristallschädel, in den Meister Kuthumi Informationen und Wissen herunterlädt. Von Zeit zu Zeit gibt es auch Downloads vom Intergalaktischen Konzil. Serapis Bey, Djwal Khul, Meister Hilarion, Meister Wuslu und der große göttliche Dirigent gehören zu denen, die ihre Weisheit mit den Studenten aus allen Universen teilen.

Jeder Student, der einen Antrag gestellt hatte und die Erlaubnis bekam, sich für diese Kurse einzuschreiben, hat seinen eigenen, ganz individuellen Kristallschädel. Den kann er mit dem Hauptkristallschädel im Tempel verbinden, um sich den Gruppenunterricht herunterzuladen. Die Studenten bekommen Zugang zu den Informationen, indem sie ihren Kristallschädel über ihr Drittes Auge halten. Sie können sich auch für individuell auf sie zugeschnittene Lektionen anmelden, auf die sie über das spirituelle Äquivalent eines Passworts zugreifen können. Viele dieser Studenten helfen der Erde von den nicht physischen Dimensionen aus.

Wie die Untertempel des Erzengels Metatron ist in den Hallen des Lernens jeder Unterrichtsraum in eine passende Farbe getaucht, und in jedem werden konkrete Informationen in der Sprache des Lichts vermittelt.

Wenn Sie die Bildungstempel des Weltenlehrers besuchen, erhalten Sie umfangreiche Downloads aus Licht, die das Wissen und die Weisheit enthalten, die für Ihren Fortschritt als Meister perfekt sind. Mit dem Einschreiben an seiner Akademie beginnt ein Schnellprogramm zu Erleuchtung und Meisterschaft.

VISUALISIERUNGSÜBUNG:
Anmeldung in Meister Kuthumis Schule

1. Suchen Sie sich einen Platz, wo Sie ruhig und ungestört sitzen können. Zünden Sie, wenn möglich, eine Kerze an.
2. Schließen Sie die Augen und zentrieren Sie sich, indem Sie bequem atmen.
3. Achten Sie auf ein kristallgelbes Licht, das vor Ihnen auftaucht. Es bildet einen spiralförmigen Weg zu den inneren Ebenen.

4. Sie folgen dem Weg, schauen nach unten und sehen das Tadsch Mahal, das in einem herrlich vielfarbigen Licht erstrahlt.
5. Ein einfacher Mönch in einem braunen Habit begegnet Ihnen auf dem Weg. Vögel und andere Tiere umgeben ihn, und Sie erkennen den heiligen Franziskus.
6. Er heißt Sie herzlich willkommen und begrüßt Sie freundlich. Dann erinnert er Sie daran, dass der Weg zu Erleuchtung und Meisterschaft vielleicht nicht immer einfach, aber stets lohnend ist.
7. Vor Ihnen erscheint ein riesiges gelbgolden strahlendes Tor mit einem Klingelzug daneben. Der heilige Franziskus nickt und lächelt, also ziehen Sie an der Schnur, und die Glocke ertönt.
8. Mit dem Glockenton schwingt das Tor auf, und Meister Kuthumi selbst steht vor Ihnen. Seine Aura flirrt vor lauter Licht.
9. Er lächelt Sie an.
10. Sie bitten demütig um Aufnahme in seine Schule, weil Sie auf Ihrem Weg zu Erleuchtung und Meisterschaft schneller vorankommen möchten.
11. Meister Kuthumi untersucht Ihre Aura, und Sie haben das Gefühl, dass die Farben um Sie herumwirbeln und strahlen.
12. Er lädt Sie ein, ihm in einen Aufzug zu folgen, der Sie in einen erhöhten Raum trägt.
13. Vom Fenster dieses Raumes aus sehen Sie zwölf Gebäude, die in verschiedenen Schattierungen farbigen Lichts erstrahlen.
14. Unterschiedlich aussehende Studenten aller Altersgruppen aus verschiedenen Universen schlendern auf dem zentralen Hof herum oder betreten gerade eines der

Gebäude. Ihre Aura ist unglaublich hell, und sie strahlen Freude, Würde und ein Gefühl der tiefen inneren Zufriedenheit aus.

15. Meister Kuthumi fragt Sie, ob Sie bereit sind, seine Schule zu besuchen.
16. Wenn Sie das möchten, heben Sie die Hand und sagen feierlich:
    »Ich, (Name), bitte um Aufnahme in Meister Kuthumis Schulen des Lichts. Ich gelobe, mein Bestes zu geben und die heiligen spirituellen Lehren in Ehren zu halten.«
17. Meister Kuthumi händigt Ihnen einen kleinen Kristallschädel aus, den Sie entgegennehmen und vorsichtig in der Hand halten.
18. Er sagt:
    »Ich nehme dich, (Name), als Student/Studentin in meine Schulen des Lichts auf. Du bist willkommen.«
19. Er deutet an, dass es für Sie jetzt Zeit ist zu gehen, und Sie steigen in den Aufzug, der Sie wieder nach unten zum Haupttor bringt.
20. Der heilige Franziskus gratuliert Ihnen und geht mit Ihnen den langen, gewundenen Weg hinunter bis zu Ihrem Ausgangspunkt.
21. Setzen Sie sich dort ganz ruhig hin und halten Sie Ihren ätherischen Kristallschädel.
22. Öffnen Sie dann die Augen und kehren Sie in Ihr Zimmer zurück.

Kapitel 19

Erste Halle des Lernens: Lektionen in Ausgeglichenheit

In den letzten zehntausend Jahren haben Menschen die erste Halle des Lernens besucht, weil sie die geistigen Gesetze der Erde verstehen und befolgen wollten. Wenn Sie von Göttin Gaia eine Einladung bekommen, sich hier zu verkörpern, schließt dies automatisch das Angebot ein, diese ganz bestimmte Fakultät in den Geistesschulen dieses Planeten zu besuchen.

Die Farbe, in der die Studenten gebadet werden, die diesen Tempel besuchen, ist ein schimmerndes Lila. Ursprünglich stand das Ausgleichen der sieben dreidimensionalen Chakras auf dem Lehrplan und war auch ständig Thema im Unterricht. Doch mittlerweile hat sich die Energie erhöht. Endlich sind aufstrebende Seelen bereit, diese Lektionen zu integrieren und mit den höheren Chakras zu arbeiten.

Seit 2012 werden in dieser Halle des Lernens besonders erhellende Geheimnisse des Universums gelehrt, die es den zwölf höher schwingenden Chakras möglich machen, harmonisch zusammenzuarbeiten. Wenn Individuen mit diesen Zentren arbeiten, ermöglicht ihnen das, in einem goldenen Kokon der göttlichen Vollkommenheit zu leben. Darüber hinaus hat Gaia im September 2015 beschlossen, jedem Menschen, der gegenwärtig auf der Erde lebt, auf welchem spirituellen Niveau auch immer, Instantkarma aufzuerlegen. Dies hat dazu geführt, dass viele Seelen sofort erwacht sind.

Die wichtigste Erkenntnis, die in dieser Halle des Lernens vermittelt wird, hat damit zu tun, wie man Ausgeglichenheit und das rechte Maß bewahrt. Das ist sehr notwendig in einer Welt, die den freien Willen erlaubt. Am Eingang der Halle ist das Yin-Yang-Symbol des männlich/weiblichen Gleichgewichts zu sehen. Dieses Symbol öffnet die Tore des Geistes, indem es einen Schlüssel in der Zirbeldrüse betätigt, der bestimmte Lichtcodes ansteuert. Das macht es einer Person möglich, ihre Ausgeglichenheit zu bewahren und das vollkommene Gleichgewicht zwischen göttlich männlichen und göttlich weiblichen Anteilen in sich selbst zu finden.

Weil die Erde immer noch männlich dominiert ist, helfen viele hoch entwickelte Meister sowohl in einer Inkarnation als auch außerhalb davon, das göttliche Weibliche in die Welt zu bringen. Sie tun dies, indem sie höhere Sehnsüchte in die Köpfe derer einflüstern, die dafür bereit sind.

Die göttlich männliche Energie von Helios wird vom Mond reflektiert. Dies mildert den Strom aus Lichtcodes von der Sonne mit göttlich weiblicher Liebe ab.

Darüber hinaus helfen die lunaren Engel unter der Leitung von Erzengel Christiel, die Blütenblätter des Herzchakras zu öffnen.

Das Christuslicht ist eine weibliche Energie, die für Ausgeglichenheit sorgt, wenn sie im Herzzentrum aufleuchtet. Studenten lernen in dieser Halle des Lernens, die Schlüssel und Codes des Christusstrahls von Lakumay, dem aufgestiegenen Aspekt des Sirius, direkt in ihre Herzchakras zu holen. Dies hält die vollkommene Liebe in ihren Herzen. Weil das Herz

Einfluss auf den Geist hat, mildert dies nach und nach die Einstellung jener Menschen, die es brauchen.

Wenn zwei Kinder auf einer Wippe sitzen und eines schwerer ist als das andere, müssen sich beide mehr anstrengen, um Stabilität zu schaffen. Sobald sie das absolut gleiche Gewicht haben, wird ihre Bewegung einfach und harmonisch und verbraucht weniger Energie.

Bei allen Übungen und Prüfungen in der ersten Halle des Lernens geht es darum, sich zunächst selbst ins Gleichgewicht zu bringen und dann zur Stabilität von Situationen, Familien, Ländern, der Welt und schließlich anderer Planeten beizutragen. Der Umgang mit diesem Strahl ist praktisch und stellt gleichzeitig eine ziemliche Herausforderung dar. Daher zögern immer noch viele Menschen, sich auf die zweite Stufe zu begeben, was Selbstliebe erfordert. Zur Aus- und Weiterbildung, die hier angeboten wird, gehört auch, dass sie sich im Manipulieren von Energie üben, um das zu erschaffen, was die Studenten zum Wohle aller in ihr Leben bringen möchten. Die Absolventen müssen imstande sein, mentale Energie aus dem höheren Geist nach außen zu projizieren, um alle Dinge in ihrem Umfeld stabil zu halten. Sie müssen auch in der Lage sein, göttliche Harmonie auf weit entfernte Menschen, Orte oder Situationen auszurichten.

Die Methoden, die hier gelehrt und praktiziert werden, sind identisch mit den Trainingsmethoden für den Geist, die in Atlantis entwickelt wurden. Die Lektionen in Ausgeglichenheit beinhalten das Loslassen des Egos, die Inanspruchnahme der ganz persönlichen Macht und die Zufriedenheit darüber, dass man so ist wie die anderen und doch anders als sie. Diese Energien werden nicht nur von Einzelpersonen ausgestrahlt, sondern befinden sich auch in der Aura eines Planeten. Gegenwärtig versucht unser Planet Erde, die männliche und die weibliche

Energie ins Gleichgewicht zu bringen. Und diejenigen, die Meister Kuthumis Ausbildungsstätten besuchen, arbeiten daran, dies leicht möglich zu machen.

Wenn das vollkommene Gleichgewicht erst einmal erreicht ist, strahlt Ihre Aura das aus, und Sie sind bereit für den nächsten Schritt. Göttin Gaia wartet gespannt darauf, dass sich diese Farbe in den Energiefeldern der Erde entwickelt, sodass sich unser Planet verwandeln und dazu beitragen kann, das gesamte Universum in Einklang zu bringen.

Visualisierungsübung:
Besuch in der Halle der Ausgeglichenheit

1. Bereiten Sie einen Platz vor, an dem Sie entspannen können und ungestört sind. Zünden Sie, wenn möglich, eine Kerze an.
2. Sitzen Sie ruhig da und atmen Sie bequem in der Absicht, die Halle der Ausgeglichenheit zu besuchen.
3. Konzentrieren Sie sich auf Ihren aktivierten Erdstern.
4. Bitten Sie Erzengel Michael, seinen tiefblauen Schutzmantel um Sie zu legen.
5. Fordern Sie Meister Kuthumi auf, einen Ball um Sie zu legen, der das Yin-Yang-Symbol enthält.
6. Visualisieren Sie, wie Sie sich durch Zeit und Raum zur Halle der Ausgeglichenheit erheben.
7. Die Tore, die mit einem riesigen Yin-Yang-Symbol geschmückt sind, schwingen auf, und Sie betreten einen schön schimmernden goldenen Tempel des Lernens, der mit Studenten voll besetzt ist.
8. Lord Kuthumi steht auf einer erhöhten Plattform und ist bereit, sein Wissen weiterzugeben.

9. In Ihrer linken Hand halten Sie einen klaren Kristallschädel, der sich energetisch mit dem riesigen Kristallschädel im Zentrum des Tempels verbindet.
10. Platzieren Sie den Kristallschädel auf Ihr Drittes Auge und spüren Sie, wie die Symbole in Ihrer Zirbeldrüse aktiviert werden.
11. Achten Sie auf die Blütenblätter Ihres Herzchakras, die sich automatisch öffnen.
12. Spüren Sie, wie die Energie hinunter in Ihr Erdsternchakra wandert und es öffnet und aktiviert.
13. Ihr Vierkörpersystem kommt jetzt vollkommen ins Gleichgewicht.
14. Spüren Sie, wie ein tiefes Verständnis für Ausgeglichenheit in Form von Lichtcodes in Ihnen aktiviert wird.
15. Entspannen Sie sich und kehren Sie, wenn Sie dazu bereit sind, dorthin zurück, wo Sie angefangen haben.

Wenn Ihre Schwingungsfrequenz ansteigt, stehen Ihnen die Informationen, die Sie bekommen haben, auch in Ihrem wachen Leben jederzeit zur Verfügung. Meister Kuthumi wird Ihnen bei diesem Prozess helfen, wann immer Sie ihn darum bitten.

Sie werden gebeten, auf die Entscheidungen zu achten, die Sie treffen, um Ihr physisches Leben im Gleichgewicht und in Harmonie zu halten. Entscheiden Sie, wie Sie dies angehen wollen.

Alles, was Sie in den Hallen des Lernens erfahren, während Sie schlafen, wird sich in Ihrem wachen Alltagsleben widerspiegeln. Achten Sie also auf die Veränderungen, die stattfinden. Das gilt aber auch umgekehrt. Weise Entscheidungen, die tagsüber getroffen werden und denen entsprechende Taten folgen, haben einen unmittelbaren

Einfluss auf die Fortschritte, die Sie in den Hallen des Lernens machen, und beschleunigen diese.

Visualisieren Sie das Yin-Yang-Symbol, wann immer Sie es für nötig halten. Es wird Ihnen helfen, sich neu auszurichten.

Kapitel 20

Zweite Halle des Lernens: Lektionen in Glückseligkeit

Der Weg des Aufgestiegenen Meisters ist ein Weg des Glücks, der Freude und der Zufriedenheit. Es ist ein Zustand entspannter Harmonie, den Sie ausstrahlen, wo immer Sie sind. Es ist Ihr natürlicher Zustand, wenn Sie im fünfdimensionalen Einklang mit dem Göttlichen sind.

Der wichtigste Teil dieser Lektion ist, darauf vertrauen zu lernen, dass das Universum Sie unterstützt. Dies geschieht, wenn Sie mit absoluter Sicherheit wissen, dass Sie alles bekommen, was Sie zum Überleben brauchen – und noch mehr. Sie wissen, dass Sie auf liebevolle und fürsorgliche Weise reich versorgt werden. Der grundlegende Stoff, der in dieser Halle des Lernens vermittelt wird, hat also etwas mit der Reinigung und Weiterentwicklung des Basischakras zu tun.

Studenten klopfen nur an die Tür dieser Lehranstalt, wenn ihr Basischakra entspannt ist und sich schillerndes Platinlicht dort hinein ergießt. Die Schlüssel und Codes, die Sie bekommen, indem Sie diesen Tempel der Bildung betreten, sorgen automatisch für einen beschleunigten Aufstieg des Basischakras in die vierte und fünfte Dimension.

Das Eintreten in diese Halle des Lernens fällt zusammen mit der Entfernung des sechsten Schleiers der Illusion, der gelb ist. Dies ist der zweite Schleier, der aufgelöst werden muss, und dies geschieht, wenn Sie darauf vertrauen, dass die geistige Welt für Sie sorgt. Es genügt nicht, zu akzeptieren und daran zu glauben, dass es geistige Hilfe gibt. Sie müssen ihr vertrauen. Und wenn Sie das tun, ist die riesige geistige Armee aus unsichtbaren Helfern, die Sie umgibt, auch bereit, Ihnen zu helfen.

Weil die Erde selbst eine Mysterienschule ist, in der uns die Lektionen als Erfahrungen präsentiert werden, werden die Lichtcodes, die Sie empfangen, während Sie sich in den Hallen des Lernens aufhalten, in Aufgaben übersetzt, die es im täglichen Leben zu bewältigen gilt. Das heißt, während Ihre Aura das höherfrequente Licht absorbiert, überprüft Meister Kuthumi, ob Sie die Lektionen wirklich gelernt haben, indem er Sie in Ihrem physischen Leben mit entsprechenden Herausforderungen konfrontiert. Wenn Sie sich entspannen und darauf vertrauen können, dass Ihnen etwas Vollkommenes zur Verfügung gestellt wird oder dass Sie die Unterstützung bekommen, die Sie brauchen, haben Sie die Lektion dieser Halle des Lernens hervorragend gelernt. Dann geht von Ihrem Basischakra immer mehr wunderschönes Platinlicht aus.

Dies sind die Schritte, die Sie tun sollten, wenn Sie sich mit einer Herausforderung konfrontiert sehen:

- *Schritt 1*: entspannen und darauf vertrauen, dass alles der göttlichen Ordnung entspricht.
- *Schritt 2*: auf das Universum hören. Übermittelt Ihnen diese Situation eine Botschaft Ihrer Seele? Kann es sein, dass Sie zwar in die richtige Richtung gehen, aber Ihre Entschlossenheit geprüft wird? Ist es Zeit, etwas zu ändern – an Ihrem Arbeitsplatz, zu Hause oder anderswo? Werden Ihr Glaube an sich selbst oder Ihr Selbstwertgefühl auf die Probe gestellt?

- *Schritt 3*: persönliche Meisterschaft in Anspruch nehmen und eine klare Entscheidung treffen, in welche Richtung Ihr Leben zum höchsten Wohle aller weitergehen soll.
- *Schritt 4*: mit Glauben und Vertrauen an der eigenen Vision festhalten.

Die Farbe, in der Sie in dieser Halle des Lernens gebadet werden, ist ein sattes Platin, gesprenkelt mit diamantenen Lichtern.

In der zweiten Phase des Lernens geht es um die tiefe Zufriedenheit, die sich einstellt, wenn Dinge in göttlicher Übereinstimmung sind. Die Erde ist ein außergewöhnlicher physischer Planet, weil wir als seine Bewohner Sinne, Gefühle und Emotionen haben. Alle diese Gaben wurden ganz gezielt hier verteilt, um uns dieses Gefühl von Glück und Zufriedenheit zu geben:

- *Sehen* ist ein kostbares Gut. Freudige Gefühle können beim Anblick eines auffliegenden Vogels entstehen oder wenn man sein Kind lächeln sieht oder sich die Farben der Blumen anschaut.
- *Hören* ist ein wahres Gottesgeschenk. Dem Plätschern eines Baches zu lauschen, die Stimme eines geliebten Menschen zu hören und den Klang eines Chorgesangs in sich aufzunehmen – all das ist darauf ausgelegt, große Zufriedenheit zu bringen.
- *Fühlen* und *Tasten* sind ausschließlich körperliche Erfahrungen. Alles kommt in Ordnung, wenn wir den weichen Pelz eines Kaninchens streicheln, im warmen salzigen Meerwasser treiben oder eine liebevolle Massage bekommen. Sexuelles Fühlen spielt in diesem Zusammenhang eine besondere Rolle, denn der Orgasmus ist darauf ausgelegt, zwei Menschen zusammenzubringen und ihre

Schwingungsfrequenz auf eine höhere Ebene zu bringen. Er hält sie auch einen Moment lang im Hier und Jetzt.

- *Schmecken* ist ein weiterer Sinn, der auf die irdische Erfahrung beschränkt ist. An einem warmen Tag eine Erdbeere oder eine Mango zu genießen oder eine heiße Ofenkartoffel an einem Wintertag ist ein sinnliches Erlebnis der ganz besonderen Art. Es geht oft mit einem anderen, speziell irdischen Erlebnis einher, nämlich der Gemeinschaft, die entsteht, wenn man zusammen isst.
- Das *Riechen* an einer Rose oder Lilie bringt uns mit den Engelkräften in Berührung. Einen Hauch des Parfüms zu riechen, das eine verstorbene Liebste einst benutzt hat, löst die Erinnerung an sie und an die Welt des Geistes aus. Gerüche sind sehr evokativ und bringen tief verborgene Erinnerungen ans Licht.

Emotionen waren ursprünglich dafür gedacht, uns in unserem irdischen Leben geerdet zu halten und uns zu helfen, die Verantwortung für uns selbst zu übernehmen. Mittlerweile sind sie jedoch viel mehr als das. Sie helfen uns, uns auf Situationen und Menschen zu- oder von ihnen wegzubewegen. Sie erlauben uns, unser Herz zu öffnen oder zu schließen. Sie machen sowohl die gemeinsten als auch die altruistischsten Reaktionen möglich und bieten enorme Entwicklungsmöglichkeiten. Die Wahlmöglichkeiten, die sie bieten, sind große Chancen, sich als Meister zu erweisen.

In dieser Halle des Lernens verstehen Sie diese mächtigen und außergewöhnlichen Gaben in einer Weise, die unermessliche Dankbarkeit hervorbringt. Dankbarkeit ist einer der goldenen Schlüssel zum universellen Bewusstsein der Fülle. Dieses Bewusstsein erhellt Ihr Basischakra und macht Sie magnetisch für alles Gute.

Sobald Ihr schönes fünfdimensionales Basischakra herabsteigt, sind Sie bereit, Glückseligkeit zu erfahren. Ihre fünfdimensionale Blaupause ist mit dem Annehmen von Glückseligkeit codiert, was ein Gefühl der Sicherheit und inneren Zufriedenheit voraussetzt. Dies ist eine Frequenz, die von Helios, der großen Zentralsonne, ausgegossen wird, und die Lichtcodes werden über den Meisterkristallschädel an diejenigen weitergegeben, die bereit sind, sie auf Dauer anzunehmen.

Das Symbol für diese Halle des Lernens ist identisch mit dem für das Basischakra: das Quadrat. Es ist darauf ausgelegt, die Glückseligkeit des Göttlichen festzuhalten und zu verankern.

Die Farbe, in der die Studenten in diesem Tempel gebadet werden, ist ein strahlendes Sonnengelb. Wenn Sie dieses Gelb absorbieren und über Ihre Aura ausstrahlen, sind diejenigen, die es mit Ihnen zu tun haben, plötzlich auf unerklärliche Weise glücklich.

Visualisierungsübung:
Besuch in der Halle der Glückseligkeit

1. Bereiten Sie einen Platz vor, an dem Sie entspannen können und ungestört sind. Zünden Sie, wenn möglich, eine Kerze an.
2. Sitzen Sie ruhig da und atmen Sie bequem in der Absicht, die Halle der Glückseligkeit zu besuchen.
3. Konzentrieren Sie sich auf Ihren aktivierten Erdstern.
4. Bitten Sie Erzengel Michael, seinen tiefblauen Schutzmantel um Sie zu legen.
5. Sie stehen in einem perfekten Quadrat, das ein sonniges Gelb ausstrahlt.

6. Sie befinden sich im Hof der zweiten Halle des Lernens, und Meister Kuthumi selbst erwartet Sie und heißt Sie mit einem freundlichen Lächeln willkommen.
7. Obwohl Sie von Mitstudenten umgeben sind, haben Sie das Gefühl, ganz allein mit Meister Kuthumi zu sein, der seine Hand auf Ihr Herz legt, sodass sich Ihre zwölf Chakras schneller drehen, weil sie für einen Download göttlicher Glückseligkeit bereit sind.
8. Achten Sie auf den riesigen Kristallschädel aus Zitrin und Platin auf einem erhöhten Podest im Zentrum des Tempels.
9. Halten Sie Ihren persönlichen Kristallschädel vor sich und setzen Sie alle Ihre Sinne ein, um den Strom aus Licht, der die heiligen geometrischen Symbole und Lichtcodes enthält und der sich aus dem zentralen Schädel in Ihren Schädel und dann in alle Ihre Chakras ergießt, zu sehen, zu hören, zu riechen und zu schmecken.
10. Dies aktiviert Ihr Kronenchakra und Ihr Basischakra im Einklang mit der Glückseligkeit wahrhaft Aufgestiegener Meisterschaft.
11. Vielleicht haben Sie plötzlich ausbrechende Gefühle des Glücks, der Freude, der Geborgenheit und des Vertrauens zum Universum, oder diese Gefühle sickern ganz allmählich in Sie hinein.
12. Kehren Sie langsam dorthin zurück, wo Sie angefangen haben, und lassen Sie sich Zeit, um die höheren Lichtcodes und die damit verbundenen Gefühle in sich aufzunehmen.
13. Vertrauen Sie darauf, dass das Universum Sie vollkommen unterstützt, und halten Sie Ausschau nach der Freude in allem.

Kapitel 21

Dritte Halle des Lernens: Einsicht in die Kristalltechnologie

Im Goldenen Zeitalter von Atlantis hatten alle Menschen zwölf strahlende und wirbelnde Chakras mit zwölf Strängen aktiver DNA. Und weil fünfdimensionale Energien darin enthalten waren, waren die Körper dieser Menschen siliziumbasiert. Siliziumbasierte Körper enthalten mehr hochfrequentes Licht als die dreidimensionalen kohlenstoffbasierten. Dieses Licht überbringt spirituelle Informationen und entsprechendes Wissen. Je mehr Licht Sie also in sich tragen, desto mehr Schlüssel und Codes zum geistigen Verständnis stehen Ihnen zur Verfügung.

Deswegen waren die Hohepriester und -priesterinnen in der Lage, außerordentliches Material vom Intergalaktischen Konzil zu empfangen. Dazu gehörten Informationen über die Eigenschaften von Kristallen und wie man mit den Elementarwesen darin kooperiert. Dann gaben sie die geeigneten Informationen an die Menschen weiter. Dies war das große Geheimnis der Macht im Goldenen Atlantis.

Es war auch hilfreich, dass die Menschen damals neunzig Prozent ihrer viel größeren Gehirnkapazität nutzten. Gegenwärtig nutzen wir nur zehn Prozent unserer viel kleineren Gehirne.

In dieser Halle des Lernens erfahren die Studenten etwas über die Verwandlung einer dreidimensional kohlenstoffbasierten in eine hochfrequent silikonbasierte Welt. Sie verstehen die energetischen Eigenschaften des Kohlenstoffs, der nur eine kleine Menge relativ niederfrequentes Licht in sich trägt, und seine Expansion in eine kristalline Form. Diese Transformation ist eine automatische Folge davon, dass Sie Ihre Frequenz auf ein bestimmtes Niveau erhöhen. Darüber hinaus lernen sie etwas darüber, wie man die heilige Geometrie innerhalb der kristallinen Form einsetzen kann, um außergewöhnliche Dinge geschehen zu lassen, die wir gegenwärtig noch nicht begreifen. Viele Menschen besuchen derzeit diese spezielle Halle des Lernens und bringen ein Verständnis der Kristalltechnologie für das neue Goldene Zeitalter von dort mit zurück.

In diesem Tempel baden die Studenten in einer schimmernd goldenen Pfirsichfarbe. Diese Farbe ist eine Synthese aus goldener Weisheit und rosa Liebe mit einem Diamantfunkeln.

Die Menschen von Atlantis konnten sich auf viele verschiedene Frequenzbereiche einstimmen. Beispielsweise konnten sie ihre innere Skala ganz einfach auf die Wellenlänge von Engeln, Einhörnern, Elementarwesen, Bäumen und Tieren einstellen. Dann konnten sie direkt über ihre Gedanken, Bilder oder ihre Sinne mit diesen Wesen kommunizieren. Dabei spielte die Intention eine entscheidende Rolle und die Tatsache, dass die Atlanter über die Fähigkeiten der Hellsichtigkeit, Hellhörigkeit und Telepathie verfügten und damit bereits sehr gut auf andere Spezies eingestimmt waren.

Heutzutage gewinnen Menschen diese übersinnlichen Fähigkeiten zurück, ohne dass es ihnen weiter auffällt. Sie hören vielleicht keine Stimme, bekommen aber einen Eindruck von etwas. Sie sehen vielleicht kein anschauliches Bild, haben aber ein Gefühl dafür, was gerade geschieht. Sie haben eine ziemlich gute Vorstellung davon, was Leute denken. Das bedeutet, dass Sie übersinnlich veranlagt sind und durchaus über eine Art Hochfrequenzwissen verfügen. Im Zusammenhang mit der erleuchteten Meisterschaft ist es Ihre Aufgabe, zu akzeptieren und zu vertrauen.

In jedem Kristall wohnt ein Elementarwesen, ein winziger Geist aus der Welt der Natur, der bereit ist, Verbindung mit Ihnen aufzunehmen. Wenn Sie einen Kristall kennen und lieben gelernt haben, können Sie anfangen, mit den Elementarwesen zu kommunizieren, die auf Ihre liebevollen Befehle und Wünsche reagieren werden. Beispielsweise kann das Elementarwesen den Kristall so bearbeiten, dass er aufleuchtet, wenn Sie darum bitten. So haben die Menschen im Goldenen Zeitalter von Atlantis ihre Häuser und Wohnungen erleuchtet.

Alles, was unsere Computer heutzutage können, wurde in jener Zeit erledigt, indem man Kristalle über die darin wohnenden Elementarwesen direkt mit der Kraft des Geistes programmierte.

Manche Kristalle wurden zum energetischen Zuhause hoch entwickelter Wesen, die wichtige Informationen, Heilung oder andere Qualitäten durch den Kristall als Medium übertragen können. Als sich das Goldene Atlantis immer weiter entwickelte, waren die Menschen immer mehr in der Lage, sich auf die sehr leistungsfähigen Essenzen einzustimmen, die den mächtigen Kristallen innewohnen. Sobald die Bewohner dazu bereit waren, lud das Intergalaktische Konzil die Blaupausen für eine nahezu unglaublich hoch schwingende Technologie in die großen Tempelkristalle. Aufgenommen und bearbeitet wurden diese Blaupausen dann von den Weisen, die sie schließlich den Menschen erklärten. Auf diese Weise wurden Raketen gebaut, die sehr viel schneller flogen, als wir uns überhaupt vorstellen können. Ein vielschichtiges System fliegender Transportmittel wurde so entwickelt. Fortschrittliche Hydrokulturen wurden angelegt, um Getreide auf für Menschen äußerst mühelose Weise wachsen zu lassen. Die Atlanter überwachten das Wetter. Sie setzten Laserchirurgie ein. Sie ließen menschliche Extremitäten nachwachsen. Sie bauten kreisrunde Häuser und kommunizierten mit anderen Sternensystemen. Sie besorgten sich sogar Mineralien von anderen Sternensystemen und brachten sie in diesem System zum Einsatz, indem sie sie dematerialisierten, auf die Erde zogen und hier wieder rematerialisierten. Angetrieben wurde all dies mit Energie aus dem großen Kristall im Tempel des Poseidon, der seine Energie wiederum aus der reinen Quellenergie bezog.

Gleichzeitig führten die Menschen ein extrem einfaches Leben in Harmonie, mit viel Spaß, Entspannung, Kreativität und liebevoller Interaktion, meist draußen in der Natur. Ihr Geist war klar und ruhig, sodass sie sich in einer Weise konzentrieren und Dinge manifestieren konnten, die weit über unsere derzeitigen Fähigkeiten hinausgeht. Aber die Grundlage ihrer Technologie war die Kommunikation mit den Lebenskräften in den Kristallen, in der sie die Kraft der Geisteskontrolle, des Klangs, des Lichts und der Visualisierung einsetzten.

Wenn Sie den Tempel der Kristalltechnologie betreten, werden diese Gaben, Talente und Kräfte, die in Ihrer fünfdimensionalen Blaupause aus Atlantis verschlüsselt sind, allmählich erwachen. Sie sind aufgefordert, wachsam zu bleiben und die Samen, die in Ihrem Geist ausgesät wurden, zum Keimen zu bringen. Meister Kuthumi wird Ihnen helfen, und Meister Hilarion, der die Rückkehr der Kristalltechnologie von Atlantis überwacht, wird das Gleiche tun.

Vergessen Sie nicht, sich bei den Kristallen zu bedanken, und auch nicht, bei den intelligenten Geistern in Ihren Computerkristallen. Wie alle fühlenden Wesen reagieren sie auf menschliche Emotionen.

VISUALISIERUNGSÜBUNG:
Besuch in der Halle der Kristalltechnologie

1. Bereiten Sie einen Platz vor, an dem Sie entspannen können und ungestört sind.
2. Zünden Sie eine Kerze an und widmen Sie diese Kerze der Rückkehr der Kristalltechnologie auf die Erde zum höchsten Wohle aller.
3. Konzentrieren Sie sich auf Ihren aktivierten Erdstern.
4. Bitten Sie Erzengel Michael, seinen tiefblauen Schutzmantel um Sie zu legen.
5. Eine kleine kreisrunde Flugmaschine landet neben Ihnen. Sie besteigen sie und werden sofort und ganz leise in die Halle der Kristalltechnologie transportiert.
6. Sie steigen aus und finden sich im Hof des Gebäudes wieder. Sie sehen, dass viele andere Wesen in der gleichen Weise ankommen, wie Sie gerade angekommen sind.
7. Sie sehen eine herrlich goldene Pfirsichfarbe durch einen Torbogen schimmern und folgen den anderen Studenten durch den Torbogen in die Halle. Sie werden sofort in glitzernd goldener Pfirsichfarbe gebadet.
8. Meister Kuthumi und Meister Hilarion stehen Seite an Seite auf einem Podium und begrüßen alle, indem sie beide Hände heben. Von ihren Handflächen geht ein strahlend goldener Pfirsichstrahl aus und trifft Sie mitten ins Dritte Auge.

9. Während Sie so dasitzen und dieses Licht in sich aufnehmen, stellen Sie fest, dass Sie einen Kristall halten. Spüren Sie ihn in Ihrer Hand und halten Sie ihn vor Ihr Drittes Auge. Werden Sie sich des Elementarwesens im Kristall bewusst.
10. Bitten Sie die Elementarwesen liebevoll, den Kristall aufleuchten zu lassen. Sofort entzündet sich Ihr Kristall, und alle anderen in der Halle leuchten auch auf bilden eine Märchenwelt der Lichter.
11. Meister Kuthumi und Meister Hilarion senden Ihnen jetzt ein Bild irgendeiner künftigen geistigen Technologie. Entspannen Sie sich und lassen Sie etwas davon in Ihren Geist tropfen.
12. Indem Sie dies in Verwahrung nehmen und heilig halten, tragen Sie dazu bei, das kollektive Bewusstsein zu verändern, sodass es sich schneller und leichter zum höchsten Wohle der Menschheit und des Planeten manifestieren kann.
13. Danken Sie Meister Kuthumi und Meister Hilarion und kehren Sie in den zentralen Hof zurück, wo Ihr fliegendes Transportmittel schon wartet, um Sie dorthin zurückzubringen, wo Sie angefangen haben.

Kapitel 22

Vierte Halle des Lernens: Die Schwingung der Wahrheit

Meister Kuthumi war immer an den großen, unveränderlichen spirituellen Gesetzen interessiert, welche die Erde beherrschen. Diese Gesetze beschreiben, wie alles, von Karma über Gnade bis zur Verantwortung, auf Schwingung reagiert.

Die Schwingung der reinen Wahrheit ist ein schimmerndes, perlendes, strahlendes Weiß. Sie entspringt einem mustergültigen Herzen und Verstand sowie absoluter Übereinstimmung mit dem Göttlichen. Wenn Sie diese schimmernd weiße Schwingung in Ihrer Aura tragen, spürt jeder ihre Resonanz und vertraut Ihnen. Sie gibt den Menschen in Ihrer Umgebung ein Gefühl der Sicherheit und Hoffnung. Wenn Sie tagtäglich mit absoluter Ehrlichkeit und Integrität sprechen und handeln, baut sich immer mehr weißes Licht in Ihren Energiefeldern auf.

Wer in diesem Tempel studiert, wird in vollkommen weißem Licht gebadet, das in jeder Körperzelle perlt und funkelt und für immer in der Aura getragen wird.

In diesem Tempel erfahren Sie etwas über die verschiedenen Strategien des inneren Kindes, die Menschen entwickeln, um zu überleben und sich selbst zu schützen. Sie zu verstehen erzeugt großes Mitgefühl in den Herzen aller. Dies wiederum öffnet die reinweißen Blütenblätter des höheren Herzens, während Sie die Menschheit und Ihre eigenen verletzlichen Aspekte mit ganz neuen Augen sehen.

Kinder, die lernen, dass sie ihren Eltern gefallen sollen, damit sie Liebe und Aufmerksamkeit bekommen, müssen ihre eigenen Bedürfnisse unterdrücken. Sie lügen auf subtile Weise, um sich beliebt zu machen, ärgern sich aber gleichzeitig darüber, weil sie nicht authentisch sein können. Sie wachsen zu fügsamen und gefälligen Erwachsenen heran, aber andere vertrauen ihnen nicht wirklich, weil sie statt ehrlicher Antworten eher die geben, von denen sie glauben, dass andere sie hören möchten. Ein Download des Lichts durch den Tempelschädel in die Hals- und Solarplexuschakras macht solchen Studenten Mut, ihre eigene Wahrheit zu sagen. Für diejenigen, deren gesamte Überlebensstrategie auf einem seidenen Netz aus Lügen basiert, ist das, was in dieser Halle des Lernens gelehrt wird, möglicherweise extrem schwierig zu verarbeiten, aber wenn sie es schaffen, machen sie zwangsläufig große Fortschritte auf dem Weg des Wachstums.

Das Kind hingegen, das glaubt, immer Klassenbester sein zu müssen, um die Zuneigung seiner Eltern zu bekommen, strengt sich permanent an und fühlt sich ständig getrieben. Wenn solche Menschen als Erwachsene nichts für die Heilung ihres inneren Kindes tun, brennen sie in ihrem Bemühen, alles Menschenmögliche zu tun, um zu gewinnen, vollkommen aus. Der Erfolg wird manchmal so hart erkämpft, dass die eigene Integrität dabei auf der Strecke bleibt. Wenn diese Person erwachsen ist, hängt ihr emotionales Überleben immer davon ab, dass sie gut dasteht, selbst wenn ihre Eltern längst tot sind. Das Herunterladen von Licht in ihr Herz macht es solchen Menschen möglich, sich geliebt zu fühlen. Das heißt, sie können ihr Bestes geben, während sie gleichzeitig das Leben genießen und ihre innere Integrität wahren.

Das Kind, das lernt, mit dem Essen, mit Lügen oder auf irgendeine andere Weise zu manipulieren, um Aufmerksamkeit zu bekommen, verliert auch an Integrität und handelt sich damit letztendlich schlechtes Karma ein. Die Person, die immer noch von ihrem inneren Kind angetrieben wird, weiß nicht wirklich, wer sie ist, und braucht ein Chakra-Vollbad, um die Überlebensmechanismen zu löschen, die sie angenommen hat. Erst dann kann sie wirklich sie selbst sein.

Wenn ein Kind für seine Eltern stets perfekt sein muss, wird es alles tun, um die Aspekte von sich, die es als nicht perfekt wahrnimmt, zu verstecken. Diese Aspekte werden zu seinem Schatten, wenn es erwachsen ist. Sehr oft versuchen Erwachsene mit so einem inneren Kind bestimmte Dinge erst gar nicht, weil sie zu viel Angst vor dem Scheitern haben. Auch hier wäscht ein Chakra-Vollbad die Angst, nicht gut genug zu sein, einfach weg.

Jeder einzelne Erwachsene trägt ein bedürftiges inneres Kind in sich. Unglückliche Menschen haben sich eine kritische, wertende oder strafende innere Elternstimme erschaffen, die dafür sorgt, dass sie ihre eigene innere Schönheit ständig zurückweisen oder untergraben. Diese Angewohnheit wird oft von Generation zu Generation weitergegeben.

Die höheren geistigen Welten haben großes Mitgefühl und Sympathie für uns alle und helfen uns jetzt, unsere innere Wahrheit und Schönheit zu finden. Bis zum Beginn des neuen Goldenen Zeitalters im Jahre 2032 werden dem inneren Kind immer weniger Verletzungen zugefügt werden. Es ist Zeit für eine Veränderung und für von innen heraus glückliche Persönlichkeiten.

Die großen Meister, die in einem physischen Körper gelebt haben, haben immer noch ein inneres Kind. Es ist ein Teil der irdischen Erfahrung. Sie haben jedoch ein weises inneres Selbst entwickelt, das den verletzlichen Teil ihrer selbst liebt und unterstützt.

Wenn Sie die Halle der Wahrheit betreten, ergießen sich die Schlüssel und Codes des authentischen Selbst in Sie hinein und waschen die alten Zwänge weg, die auf einem Mangel an Liebe basierten. Dann können Sie mit einem weisen, ehrlichen inneren Selbst in der Wahrheit leben.

Reine weiße Wahrheit

Es gibt bestimmte Wesen und Gruppen, die reine weiße Wahrheit entwickelt haben und anderen ein heiliges Verständnis davon vermitteln können.

Einhörner sind als die Reinsten der Reinen bekannt, weil sie mit der göttlichen Wahrheit schwingen. Sie können die Wünsche und Visionen Ihrer Seele für eine höhere Aktivierung zur Quelle bringen. In diesem Tempel lehren sie mithilfe von Schwingungen, und wenn Sie sich öffnen und ihren Input empfangen, dann kann das eine transformierende Erfahrung sein. Die Große Weiße Bruderschaft, die alle weißen Bruderschaften einschließt, wurde von Meister Kuthumi aufgebaut und steht jetzt unter der Leitung von Meister Maitreya. Sie besteht aus jenen Wesen, die sich die reinweiße Farbe der Wahrheit, der Integrität, der Ehre, des Friedens und der edlen Absicht verdient haben. Sie strahlen ein Diamantweiß in Ihre Aura. Meister Maitreya und andere Mitglieder seiner illustren Gruppe lehren in diesem Tempel.

Erzengel Gabriel trägt den Diamanten der Wahrheit in seinen Energiefeldern und kann ihn persönlich über Sie halten, wenn Sie diese Halle des Lernens absolvieren.

Und Serapis Bey trägt die reine weiße Flamme von Atlantis und kann sie über die Energiefelder jener halten, die dafür bereit sind.

VISUALISIERUNGSÜBUNG: Besuch in der Halle der Wahrheit

1. Bereiten Sie einen Platz vor, wo Sie sich entspannen können und ungestört sind. Zünden Sie, wenn möglich, eine Kerze an.
2. Bleiben Sie ganz ruhig sitzen und atmen Sie bequem in der Absicht, die Halle der Wahrheit zu besuchen.
3. Konzentrieren Sie sich auf Ihren aktivierten Erdstern.
4. Bitten Sie Erzengel Michael, seinen tiefblauen Schutzmantel um Sie zu legen.
5. Sie stehen vor den riesigen schimmernd weißen Toren zum Tempel der Wahrheit.
6. Wenn Sie in die große Halle eintreten, finden Sie sich in einem schimmernden, strahlenden, facettenreichen weißen Diamanten wieder. Er lässt Ihre wahre Essenz erstrahlen.
7. Serapis Bey tritt vor und hält die weiße Aufstiegsflamme von Atlantis über Sie. Stellen Sie sich in diese Flamme, die Ihre zwölf Chakras klärt und erhellt.
8. Ein mächtiges, majestätisches reinweißes Einhorn landet neben Ihnen und badet Sie in einem magisch schimmernden weißen Licht.
9. Schließlich legt Meister Kuthumi eine Hand auf Ihr Herz und die andere auf Ihr Drittes Auge, damit Sie spüren, wie die alten Illusionen in einem alchemistischen Auf-

flackern des weißen Feuers verbrennen und Ihr Herz von der Freude der Wahrheit erhellt wird.

10. Sie haben das Geschenk erhalten, Sie selbst zu sein. Sie können sich selbst treu bleiben.
11. Sie strahlen das weiße Licht der reinen Wahrheit aus.
12. Bedanken Sie sich, wenn Sie fertig sind, bei Meister Kuthumi und kehren Sie dorthin zurück, wo Sie angefangen haben.

Wenn Sie sich von nun an immer entspannen und die Wahrheit sagen, wird man Ihnen vertrauen und Sie verehren, wohin Sie auch gehen.

Hier folgt eine Visualisierungsübung, mit der Sie sich weise, positive und liebevolle innere Eltern erschaffen können. Sie sehen vielleicht nicht aus wie Ihre eigenen Eltern und kommen Ihnen vielleicht auch sonst vollkommen anders vor. Doch wenn Sie sie kennengelernt haben, können Sie anfangen, sie in Ihr Alltagsleben zu integrieren, bis sie ein Teil Ihrer neuen Realität geworden sind.

Visualisierungsübung: Ich erschaffe mir weise, positive und liebevolle innere Eltern

1. Setzen Sie sich still an einen Platz, wo Sie sich entspannen können und ungestört sind.
2. Visualisieren Sie, wie sich das goldene Christuslicht in Ihr Herz ergießt.
3. Achten Sie auf ein riesiges weißes Haus am Himmel über sich.

4. Eine weiße Treppe führt von diesem Haus bis dorthin, wo Sie sitzen, und ein kräftiges blaues Licht kommt die Stufen hinunter auf Sie zu.
5. Aus diesem Licht tritt ein starker, weiser, beschützender Vater mit einem Lächeln auf dem Gesicht.
6. Sie erzählen ihm von Ihren Problemen, und er ermutigt und unterstützt Sie und hilft Ihnen. Er erinnert Sie daran, dass Sie klug und etwas Besonderes sind und dass er Sie genau so liebt, wie Sie sind.
7. Er sitzt neben Ihnen, und Sie spüren seine Kraft und seinen Rückhalt. Entspannen Sie sich.
8. Jetzt kommt ein rosafarbenes Licht die Treppe herunter und auf Sie zu.
9. Aus diesem rosa Licht tritt eine warmherzige, weise, glückliche und liebevolle Mutter.
10. Sie legt die Arme um Sie und sagt Ihnen, dass Sie vollkommen und geliebt und schön oder gut aussehend sind.
11. Sie macht Ihnen Mut und erinnert Sie daran, dass sie Sie genau so liebt, wie Sie sind. Nichts kann sie davon abhalten, Sie zu lieben.
12. Sie sitzen zwischen Ihrem starken, weisen, liebevollen Vater und Ihrer warmherzigen, weisen, liebevollen Mutter und fühlen sich sicher und unterstützt.
13. Denken Sie an Ihr privates und berufliches Leben und hören Sie auf ihren positiven Input. Seien Sie sich ihrer liebevollen Unterstützung gewiss.
14. Hören Sie von nun an auf ihre Stimmen, wann immer Sie sich fürchten oder einsam sind oder das Gefühl haben, nicht gut genug zu sein.

Kapitel 23

Fünfte Halle des Lernens: In der Natur verborgene Codes

Sich in der Welt der Natur aufzuhalten ist eine der Wonnen und Segnungen des Lebens. Es liegt in der Verantwortung der Menschheit, sich ebenso um Bäume und andere Pflanzen zu kümmern wie um die Vögel, Insekten und anderen Tiere, die sie ernähren.

Der mächtige neundimensionale Meister Pan behütet die natürliche Welt, überwacht die Elementarwesen und hilft der Natur, auf der Erde zu wachsen und zu gedeihen. Vor ein paar Jahren ist Diana ihm bei einem Spaziergang durch den Wald begegnet. Er stand ganz still in einem großen strahlenden Licht und schaute sie schweigend an. Sie war fasziniert und konnte sich nicht bewegen, während er Schlüssel und Codes auf sie übertrug. Dann verschwand er, und sie ging in einem Zustand der Verwunderung und des Erstaunens leise weiter.

Erzengel Purlimiek ist aus einem anderen Universum gekommen, um der Natur bei ihrem Aufstieg zu helfen. Er strahlt ein wunderschönes blaugrünes Licht aus und wacht über die grüne Welt. Wenn ein Baum unnötigerweise gefällt werden soll, flüstern seine Engel dem Holzfäller Dinge ins Ohr, um den Fall des Baumes zu verhindern.

Diese beiden mächtigen Wesen, Meister Pan und Erzengel Purlimiek, arbeiten oft mit Meister Kuthumi in dessen Hallen des Lernens zusammen, um Seelen aus allen Universen zu helfen, die geheimen Codes zu verstehen, die in der Natur verborgen sind.

Unser Planet ist eine Mysterienschule, wo Antworten an vielen Orten gefunden werden können, vor allem in der Natur. Grün ist die Farbe der Wahl für die Natur, weil es das Blau der ursprünglichen Liebe durch die Plejaden mit dem weichen Hellgelb des Intellekts und dem fröhlichen Sonnengelb der Sonne synthetisiert hat. Es ist kein Zufall, dass die jungen Blätter im Frühling, der Zeit der Geburt und Erneuerung, in einem hoffnungsvoll sonnigen Gelbgrün gefärbt sind.

Grün ist die Farbe der Ausgeglichenheit, und ihre Schwingung hält und unterstützt alles Leben auf diesem Planeten. Wo immer Menschen von Bäumen und Gras umgeben leben, sind sie glücklicher und gelassener.

Die Fibonacci-Reihe und der Goldene Schnitt sind die Elemente aus der heiligen Geometrie, die das Wachstum eines Baumes, einer Blume, eines Schneckenhauses und vieles andere in der Natur regeln. Heilige Geometrie zieht Engelklänge an. Das heißt, dass Engel über allem singen, was nach diesen besonderen göttlichen Proportionen konstruiert ist, und die Energie um es herum reinigen. Wenn diese Geometrie beispielsweise verwendet wird, um eine Kathedrale zu errichten, lassen die Engelharmonien im Innern des Sakralbaus Wunder geschehen. Wunder geschehen auch unter Bäumen und rund um Pflanzen, aber dort sind sie uns weniger bewusst.

Pflanzen sind sorgfältig codiert. In Heilpflanzen beispielsweise ist die Geometrie göttlich vollkommener menschlicher

Organe verschlüsselt. Ein Beispiel: Wenn eine Person mit einer beeinträchtigten Leber das Kraut für die vollkommene Leber einnimmt, legt sich die gesunde fünfdimensionale Blaupause in dem Kraut über die Leber und stimmt sie auf totale Gesundheit ein. Andere Pflanzen und Kräuter wurden uns vom Intergalaktischen Konzil für ein perfektes Gedächtnis oder Tiefenentspannung zur Verfügung gestellt. Im Goldenen Zeitalter von Atlantis, in dem die Menschen noch kein Karma angesammelt hatten, brauchten sie nur Pflanzen einzunehmen, um ganz schnell perfekte Ausgeglichenheit und strahlende Gesundheit zurückzuerlangen.

Der Duft von Blüten und anderen Pflanzenteilen spricht Rezeptoren im menschlichen Gehirn an und fördert eine innere Offenheit für Liebe, Frieden, Entspannung, Freude und göttliche Zufriedenheit. Bestimmte Blumen wie die Lilie und die Rose helfen uns, mit dem Nachklang von Engeln in Kontakt zu kommen.

Die Welt der Natur wird vom Reich der Elementarwesen behütet. Die kleinen Kreaturen, die mit der Luft, der Erde, dem Wasser und dem Feuer arbeiten, ermöglichen das Überleben und Gedeihen des Tierreichs wie der Menschheit. Viele dieser Elementale enthalten nur ein Element, aber es gibt auch andere, die mit mehr als einem Element ausgestattet sind. Elementale entwickeln sich weiter, genau wie wir.

- Zu den Luftelementalen gehören die Sylphen, die mit dem Wind arbeiten und die Wurzeln der Pflanzen frei halten, sowie kleine Esaks, die kürzlich von einem anderen Universum gekommen sind, um zur Beseitigung der Umweltverschmutzung auf unserem Planeten beizutragen. Auch Feen sind Luftelementale. Sie helfen den Blumen beim Wachsen und unterstützen auch die Engel, Erzengel und Einhörner bei ihrer Arbeit. Seit dem

Kosmischen Moment im Jahre 2012 sind viele der lichtvollen, lustigen, wunderschönen Feen aufgestiegen und Engel geworden.
- Bei den Erdelementalen, die mit dem Boden arbeiten, handelt es sich um Kobolde und Gnome, während diejenigen, die den Bäumen helfen, Elfen sind. Sehr weise Kobolde, die ebenfalls Erdelementale sind, haben hoch entwickelte Herzzentren.
- Zu den Wasserelementalen gehören die Meerjungfrauen, die sich um die Wasserpflanzen kümmern, die Undinen, die Flüsse und Meere sauber halten, und die Kyhils, die erst kürzlich aus einem anderen Universum gekommen sind, um zur Beseitigung von Verschmutzungen in den Gewässern des Planeten beizutragen.
- Salamander sind die Elementale des Feuers, die dessen Flammen am Leben halten.
- Wichtel und Faune helfen uns im Prozess der Fotosynthese. Sie sind eine Kombination aus Erde, Luft und Wasser.
- Auch Drachen bestehen aus einer Kombination von Elementen. Sie sind schon seit Urzeiten Freunde und Helfer des Menschen und kehren jetzt zurück, um uns und dem Planeten bei unserem Aufstiegsprozess zu helfen.

Auf der physischen Ebene werden so viele Erfahrungen, darunter auch die Freuden der Natur, angeboten, dass eine Inkarnation auf der Erde in sämtlichen Universen mit ehrfürchtiger Bewunderung betrachtet wird. Und viele haben den Wunsch, diese besondere Halle des Lernens aufzusuchen.

Der Lehrstoff, der hier angeboten wird, ist gigantisch und vielseitig. Bestimmte Vögel singen Töne, die Menschen auf ihre fünfdimensionale Blaupause einstimmen. Ameisen lehren uns etwas über die Ausführung von Bauwerken. Spinnen demonstrieren die Überwindung der Schwerkraft mit Intention.

Das Symbol, das Ihnen Zugang zu den Geheimnissen der Natur ermöglicht, ist eine grüne Spirale, und die Farben, in denen die Studenten in dieser Halle des Lernens baden, sind eine blasse, fast durchscheinende Ringelblumenfarbe und Hunderte von Grüntönen. Wenn diese Farben in Ihrer Aura sind, arbeiten Sie mit der Natur und den Elementarwesen. Und diese antworten Ihnen automatisch.

Visualisierungsübung:
Besuch in der Halle der Natur

1. Bereiten Sie einen Platz vor, an dem Sie sich entspannen können und ungestört sind. Zünden Sie, wenn möglich, eine Kerze an.
2. Bleiben Sie ganz ruhig sitzen und atmen Sie bequem in der Absicht, die Halle der Natur zu besuchen.
3. Konzentrieren Sie sich auf Ihren aktivierten Erdstern.
4. Bitten Sie Erzengel Michael, seinen tiefblauen Schutzmantel um Sie zu legen.
5. Stellen Sie sich vor, dass Sie langsam durch eine grüne Spirale gehen, bis Sie sich mitten auf einer wunderschönen grünen Lichtung wiederfinden. Wilde bunte Blumen wachsen zwischen dem Gras, das Wasser eines Baches plätschert und schimmert, Vögel singen und andere Tiere machen beim Spielen raschelnde Geräusche.
6. Der mächtige Meister Pan erscheint, lächelt Sie an und berührt Ihr Drittes Auge mit seiner Hand.
7. Bewusst oder unbewusst nehmen Sie die heilige Geometrie in den Stämmen der Bäume wahr, in den Blättern

der Blüten, in den Häusern der Schnecken und in allem, was Sie umgibt. Dabei hören Sie Engel singen, und das heitert alles auf.

8. Sie nehmen ein grünblaues Licht wahr, als der prächtige Erzengel Purlimiek, der Engel der Natur, über die Lichtung schwebt und seine Essenz über diesem magischen Ort ausgießt.
9. Unverzüglich nehmen Sie Feen und Elfen wahr, die auf den Ästen der Bäume sitzen. Ein weiser Kobold winkt Ihnen zu, während Wichtel, Elfen und Sylphen um Sie herumschwirren. Wie Lichtfunken wirbeln und tanzen Hunderte von Elementarwesen auf der Lichtung. Goldene Drachen umkreisen die Lichtung und schützen die Energie.
10. Meister Kuthumi, der Weltenlehrer, erscheint selbst auf dem mit Blumen übersäten Gras. Er hebt die Hand, und der wunderbarste Wohlgeruch erfüllt die Luft. Der Duft von Rosen, Lilien, Maiglöckchen und Levkojen sowie ein Dutzend anderer hochfrequenter Duftstoffe schweben in der Luft und regen Liebe und Glückseligkeit an.
11. Atmen Sie den Duft ein. Dies hat, ob es Ihnen nun bewusst ist oder nicht, Einfluss auf Ihre Gehirnwellen und macht Sie noch offener für die Geheimnisse der Natur.
12. Bedanken Sie sich bei Meister Pan, Erzengel Purlimiek und Meister Kuthumi und kehren Sie dann durch die Spirale zu Ihrem Ausgangspunkt zurück.
13. Seien Sie bereit, die ganze Natur mit ganz neuen strahlenden Augen und glühendem Herzen zu sehen.

Kapitel 24

Sechste Halle des Lernens: Bedingungslose Liebe

In der sechsten Halle des Lernens überwacht Meister Kuthumi die Lehrveranstaltungen über sämtliche Facetten der Liebe und wie man sie alle in reiner, transzendenter Christusliebe zusammenbringt.

Er hat die große universelle Engelin Maria eingeladen, die Ursprungsliebe direkt über das kosmische Herz einbringt, um diese Lehren von oben zu erhellen. Und viele große Meister und Göttinnen, darunter Mutter Maria, St. Klara, St. Katharina von Siena, Guanyin, St. Teresa von Ávila, Jesus und Saint Germain, arbeiten mit ihr zusammen. Sie alle tragen das Christuslicht in ihrem Energiefeld, die weißgoldene neundimensionale Schwingung der reinen, bedingungslosen Liebe.

Jede Art von Liebe, sei es die Liebe einer Mutter oder die Liebe zwischen Mann und Frau, die Liebe, die ein Kind für seine Eltern empfindet, die Liebe zwischen Freunden oder irgendeine andere Art von Herzensverbindung, ist durch eine jeweils andere heilige Geometrie im Herzchakra gekennzeichnet. Aber alle werden von dem weißgoldenen Licht und dem hellen Aquamarin der universellen Engelin Maria illuminiert.

Wenn ein Herz aus irgendeinem Grund verletzt wird, findet eine Verzerrung der heiligen Geometrie der göttlichen Liebe im reinweißen Zentrum des Herzens statt, und zwar in Abhängigkeit von der Art der ursprünglich wahrgenommenen Wunde. Verletzungen kommen daher, dass zwei Egos einen Konflikt miteinander austragen, um etwas zu lernen. Auf der Seelenebene haben die beiden vereinbart, dass dies geschieht. Ohne Ihre Zustimmung auf der Seelenebene kann Ihnen niemand etwas anhaben, und damit gehen immer viele Lektionen einher. Und das höhere Selbst der anderen Person beobachtet dies mit Liebe, Mitgefühl und in Freundschaft. Das Gleiche gilt sogar, wenn sich die beiden Menschen auf der Erde gar nicht kennen. Auf der Seelenebene sind wir alle miteinander verbunden.

In der Halle der bedingungslosen Liebe wird an der Heilung von zehntausend Jahren gearbeitet, in denen Liebe und Gefühle auf die alte Art und Weise wahrgenommen wurden. Jetzt ist es Zeit für einen Wandel.

Zum ersten Mal seit dem Goldenen Zeitalter von Atlantis kommt in diesem Moment in der geistigen Welt etwas in Bewegung, und die Erde wird mit der bedingungslosen Liebe des Christuslichts überflutet. Dies setzt einen Prozess der Dekonstruktion alter Überzeugungen in Gang. Dann folgt die Rekonstruktion der reinen und offenen Herzzentren nach der Mustervorlage. Es ist beeindruckend!

Viele große erleuchtete Meister, darunter auch die, die wir bereits erwähnt haben – Mutter Maria, St. Klara, St. Katharina von Siena, Guanyin, St. Teresa von Ávila, Jesus und Saint Germain –, erhellen die Herzen und die Köpfe auf den inneren Ebenen und helfen uns zu begreifen, dass ein wahrer spiritueller Weg alle Religionen umfasst, und zu akzeptieren, dass alles perfekt ist, sodass es nichts zu vergeben gibt. Und diese Liebe ist der natürliche Zustand des Menschen.

Die universelle Engelin Maria und ihre Lehrerkollegen unterrichten diejenigen, die sich in dieser Halle der bedingungslosen Liebe aufhalten, in verschiedenen Heilmethoden, die alle das Herzzentrum öffnen und in Einklang mit dem kosmischen Herzen bringen.

Das Herz hat dreiunddreißig Kammern oder Blütenblätter, die Zahl des kosmischen Herzens und des Christusbewusstseins. Die äußeren zehn davon sind grün, wenn wir unsere Lektionen lernen und unser Herz noch nicht offen ist. Dann, wenn sich die Liebe zu Tieren, anderen Menschen und sich selbst regt, werden die Blütenblätter rosa. Wenn Eigenschaften wie Mitgefühl, Fürsorge und Vergebung wachsen und sich entwickeln, entfaltet sich die nächste Schicht aus rosavioletten Blütenblättern. Und dann gibt es noch die Blütenblätter der bedingungslosen und transzendenten Liebe, die eine Verbindung zum kosmischen Herzen, zur kosmischen Liebe und schließlich zur Einheit herstellen, während die Blütenblätter reinweiß werden. Dann verwandelt sich unser Herzzentrum in eine duftende, voll erblühte weiße Rose, und wir strahlen reine Liebe aus, wo immer wir sind. Wir leben unsere Meisterschaft.

Die Farbe, in der die Studenten in dieser Halle des Lernens gebadet werden, ist die der göttlich weiblichen Energie, ein schimmerndes helles Aquamarinweiß mit durchscheinenden blassrosafarbenen und tiefgoldenen Einsprengseln. Wenn diese Frequenz in unserer Aura eingekapselt ist und ein Teil von uns wird, wird sie von unseren Energiefeldern ausgestrahlt. Dann verbreiten wir automatisch eine höhere spirituelle Einsicht. Wir werden zum Träger der kosmischen Liebe.

Visualisierungsübung:
Besuch in der Halle der bedingungslosen Liebe

1. Bereiten Sie einen Platz vor, an dem Sie sich entspannen können und ungestört sind. Zünden Sie, wenn möglich, eine Kerze an.
2. Bleiben Sie ganz ruhig sitzen und atmen Sie bequem in der Absicht, die Halle der bedingungslosen Liebe zu besuchen.
3. Konzentrieren Sie sich auf Ihren aktivierten Erdstern.
4. Bitten Sie Erzengel Michael, seinen tiefblauen Schutzmantel um Sie zu legen.
5. Sie stehen auf einer grünen Wiese am Anfang eines Weges, der sich als schimmernde Spirale um einen Hügel herum bis zu dessen Gipfel zieht.
6. Beim Gehen fällt Ihr Blick auf die grünen Felder, die den Weg säumen. Plötzlich geht die Sonne auf, und die Wiesen erstrahlen in Gold. Alles ist atemberaubend schön, und in Ihrem Herzen verändert sich etwas.
7. Sie bemerken, dass rosafarbene Blumen den Weg und die Wiesen zudecken. Wenn die Sonne darin schimmert, beleuchtet sie viele Menschen und Tiere, die Sie normalerweise gar nicht wahrnehmen. Auf der Stelle erstrahlt Ihr Herz vor großer Liebe für alle Ihre Mitgeschöpfe.
8. Und während Sie weitergehen, strahlen die Blumen mit einer Spur Violett, weil die Sonne durch die violetten Engel hindurchstrahlt, die Sie jetzt umgeben. Ihr Herz öffnet sich in Mitgefühl und Empathie für all diejenigen, die auf der Erde leben. Sie kümmern sich wirklich darum, was mit ihnen geschieht.

9. Sie nähern sich dem Gipfel des Hügels und können das Ende Ihres spiraligen Weges in reinweißem Licht aufleuchten sehen.
10. Die prächtige universelle Engelin Maria singt über Ihnen, zusammen mit den großen Meistern Mutter Maria, St. Klara, St. Katharina von Siena, Guanyin, St. Teresa von Ávila, Jesus und Saint Germain, die Ihr Herz mit den Codes der reinen Liebe erfüllen. Breiten Sie die Arme aus und atmen Sie all das ein.
11. Ihr Herz ist eine reine, weiße, fünfdimensionale Rose, die ganz offen ist. Vielleicht riechen Sie ihren Duft.
12. Auf dem Gipfel des Hügels schauen Sie sich um und sehen, dass die Egos der Menschen im Konflikt sind. Mit erleuchteten Augen beobachten Sie, wie sich ihre höheren Selbste die Hand reichen.
13. Sie strahlen Liebe zu allen Menschen aus. Da ist nur Liebe. Sie sind eins mit allen.
14. Ein hauchdünner Mantel in hellem Aquamarinweiß mit blassrosafarbenen und tiefgoldenen Einsprengseln legt sich über ihre Energiefelder.
15. Schließlich ist es Zeit, dorthin zurückzukehren, wo Sie angefangen haben. Ihr schimmerndes, glühendes Diamantherz ist weit offen und strahlt hell.

Kapitel 25

Siebte Halle des Lernens: Höhere Wahrnehmung

Die Wesen, die diese Fakultät des Lernens besuchen, sind bereit für eine höhere Stufe der Erleuchtung. Sie wissen, dass alles auf der Erde perfekt ist, weil das Leben hier ein großes Experiment mit klaren Regeln ist. Es ist jedoch eine Sache, dies auf der intellektuellen Ebene zu wissen, und eine andere, es auf das eigene Leben anwenden zu können. Alles folgt geistigen Gesetzen. Wie also können wir unsere Ansichten über manche der Dinge, die auf der Erde geschehen, ändern? In dieser Halle sehen die Studenten alles von einem erleuchteten Standpunkt aus.

Sie erinnern sich, dass niemandem irgendetwas geschehen kann, was die Seele nicht zulässt. Wenn jemand Einschränkungen oder Herausforderungen erlebt, kann dies viele Gründe haben.

Ein Hauptgrund ist, dass die Seele Karma tilgen möchte, besonders in dieser Zeit, weil der gegenwärtige Zeitraum von zwanzig Jahren Möglichkeiten für spirituelles Wachstum bietet, wie man sie noch nie zuvor in irgendeinem Universum gesehen hat.

Auf diesem Planeten herrscht das Grundgesetz des Karmas – wie du gibst, so wird dir gegeben – immer noch uneingeschränkt, und zwar über mehrere Lebenszeiten. Wir leben gerade in einer Endzeit. Von jetzt bis 2032 gibt es eine letzte Gelegenheit, Karma auf dieser Ebene abzubauen, bevor das neue Goldene Zeitalter beginnt. Auf der Seelenebene möchten buchstäblich Milliarden von Menschen ihre Schulden begleichen und sich dadurch selbst befreien. Sie möchten ihre Lektionen wirklich lernen und die kosmischen Angebote nutzen, die derzeit zur Verfügung stehen. Diejenigen, die bereit und spirituell ausgeglichen sind, haben die einmalige Gelegenheit, Teil des neuen Goldenen Zeitalters auf der Erde zu sein.

Hier ein paar andere schwierige Lebenserfahrungen aus höherer Sicht.

Eine Seele ist vielleicht mutig und freigiebig und nimmt daher große Widrigkeiten in Kauf, um anderen Erfahrungen zu ermöglichen, die sie für ihren Aufstieg in die nächste goldene Phase der Erde brauchen. Beispielsweise könnte sich eine Person auf der Seelenebene damit einverstanden erklären, behindert zu sein, damit ihre Lieben etwas über selbstlose Fürsorge lernen und viele hoch schwingende Eigenschaften in ihre Aura einbauen. Die Seele des Behinderten will vielleicht etwas über Geduld lernen, über den Verzicht auf Kontrolle oder über Abhängigkeit und Dankbarkeit. Diese Entscheidungen haben vielleicht gar nichts mit Karma zu tun, sondern basieren auf dem Wunsch nach Wachstum oder sogar nach einer Einweihung in eine viel höhere Schwingungsfrequenz. Viele der schwierigen Herausforderungen, denen sich alte Seelen ganz bewusst stellen, sind Kreuzigungen und Initiationen.

Ihnen kann nichts angetan werden, wenn nicht alle Seelen, die in dem Drama mitspielen, zugestimmt haben. Sie können nicht auf eine bestimmte Weise sterben, wenn sich Ihr höheres Selbst nicht bereit erklärt hat, an dieser Geschichte mitzuwirken.

Sehr oft sind die an fatalen Situationen und Beziehungen Beteiligten Seelenpartner, die versprochen haben, einander wichtige Lektionen beizubringen. Vor vielen Jahren hatte Diana ein sehr schwieriges Verhältnis zu ihrer Mutter, die mittlerweile schon lange tot ist. Sie versuchte alles, um das Problem zu lösen, aber es schien unmöglich. Als sie eines Nachts im Bett lag, sah sie, wie das höhere Selbst ihrer Mutter ins Zimmer kam. Die Frau strahlte vor Licht und schaute sie mit großer Liebe und Fürsorge an. Diana wusste sofort, dass dies das wahre Selbst ihrer Mutter war und dass die vielen Probleme, die sie auf der Erde zwischen sich aufgetürmt hatten, eine Illusion waren. Das veränderte ihre Wahrnehmung von ihrer Mutter vollkommen. Danach konnte sie sich, wann immer der Egokram aus der Versenkung auftauchte, daran erinnern, dass der Kampf zwischen dem verletzten Selbst ihrer Mutter und ihrem eigenen verletzten Selbst ausgetragen wurde. Dann dachte sie an die Liebe, die sich aus dem höheren Selbst ihrer Mutter ergoss, und konnte mit einem Lächeln loslassen.

Die erste Einsicht in dieser Halle des Lernens ist, dass es keinen Vorwurf gibt, keine Schuld, nichts zu vergeben und nichts, worüber man betrübt sein müsste.

Dies ist die siebte Halle des Lernens und die Zahl Sieben ist die Engelschwingung. Hier lernen Studenten, mit Engelaugen zu sehen, also aus einem siebendimensionalen Blickwinkel. Wenn Engel Sie anschauen, sehen sie nur die höhere Frequenz, die Sie ausstrahlen, Ihr höchstes Potenzial und die Wünsche Ihrer Seele, während sie den Plan der großen Absicht hochhalten und hoffen, dass Ihnen das hilft, ihn umzusetzen.

In dieser Halle lernen die Studenten auch dies: Wenn man die göttliche Blaupause der Liebe über eine Person oder

Situation legt, werden verzerrte Sichtweisen und Auffassungen geheilt. Wenn genügend Menschen dies tun, verändert es Überzeugungen, repariert die kaputten Schlüssel und Codes der Liebe und richtet sie neu aus, um den göttlichen Plan wiederherzustellen.

Eine reine Absicht für jemanden zu hegen hilft dieser Person auch beim Erreichen ihrer Ziele. Sie können einer Person auch helfen, ihre Vision zu verwirklichen, indem Sie sie mit ihr oder für sie aufrechterhalten.

Diana bekam einmal einen Brief von jemandem, der ihre Bücher gelesen hatte. Dieser Mann hatte einen Sohn, den er als faul und an schulischen Leistungen uninteressiert beschrieb. Doch der Junge war durchaus intelligent. Der Vater hatte schon alles versucht, um ihn zu motivieren, etwas aus seinem Potenzial zu machen, aber ohne Erfolg. Er fragte, ob Diana bereit sei, die Vision des Jungen, der in der Schule gute Leistungen erbringt, aufrechtzuerhalten. Sie willigte ein und schickte ein klares Bild des glücklichen und entspannten Jungen, der sich in der Schule so richtig gut macht, ins Universum. Sie sagte, das Ergebnis hätte sie eigentlich nicht überraschen sollen, aber sie war dennoch überrascht. Am Ende des Schuljahres war der Junge Klassenbester in allen Fächern und für die Fußballmannschaft der Schule ausgewählt worden. Außerdem war er motiviert und glücklich.

Der Wunsch des Vaters für seinen Sohn war mit Verzweiflung und seinen eigenen Hoffnungen und Anhaftungen gefärbt. Diana hingegen, die das Kind nie kennengelernt hatte, hielt die Vision ohne Anhaftung und zum höchsten Wohl des anderen Menschen aufrecht. Deswegen wurde das geistige Gesetz automatisch wirksam. Deshalb ist es oft hilfreich, jemanden, der in keiner Beziehung zu Ihnen steht, zu bitten, ein Bild von dem, was Sie erreichen oder anziehen möchten, für Sie aufrechtzuerhalten.

In dieser Fakultät werden die Studenten in reinem Diamantweiß, mit etwas Gold und hell durchscheinendem Rosa gebadet. Und wenn Sie diese Farben und das mit ihnen assoziierte Licht in Ihrer Aura halten, vertrauen die Menschen Ihrer Weisheit und hören auf Sie. Darüber hinaus helfen Sie anderen Menschen, ihr göttliches Potenzial umzusetzen.

Visualisierungsübung:
Besuch in der Halle der höheren Wahrnehmung

1. Bereiten Sie einen Platz vor, an dem Sie sich entspannen können und ungestört sind. Zünden Sie, wenn möglich, eine Kerze an.
2. Bleiben Sie ganz ruhig sitzen und atmen Sie bequem in der Absicht, die Halle der höheren Wahrnehmung zu besuchen.
3. Konzentrieren Sie sich auf Ihren aktivierten Erdstern.
4. Bitten Sie Erzengel Michael, seinen tiefblauen Schutzmantel um Sie zu legen.
5. Konzentrieren Sie sich auf Ihr Herz und sehen Sie, wie es in reinem Weiß mit Einsprengseln aus reinem Gold und hellem Rosa schimmert.
6. Sie stehen vor dem Tempeltor, das mit dem riesigen illuminierten Symbol eines Diamanten geschmückt ist. Licht aus Ihrem Herzen strahlt in diesen Diamanten und schließt das Tor auf, dessen Flügel zur Seite schwingen.
7. Als Sie eintreten, werden Sie von Meister Kuthumi und Hunderten von wunderschönen Engeln mit einem Lächeln und offenem Herzen begrüßt.

8. Der Kristallschädel im Zentrum der Halle strahlt eine außergewöhnliche Energie aus. So etwas haben Sie noch nie erlebt. Der Energiestrahl trifft auf Ihr Drittes Auge.
9. Das Zentrum der Halle schwingt auf und legt ein Loch frei, durch das man hinunter in die Erde schauen kann.
10. Engel singen über Ihnen und halten Ihre Schwingungsfrequenz hoch, während Sie einzelne Aspekte Ihres Lebens aus einer göttlichen Perspektive betrachten können.
11. Noch mehr Engel versammeln sich über Ihnen und singen, während Sie sich ein paar schwierige Situationen auf der Erde von oben betrachten. Sehen Sie sie mit Engelsaugen.
12. Strahlen Sie die Blaupause göttlicher Vollkommenheit aus Ihrem Dritten Auge in eine schwierige Situation und sehen Sie alle Beteiligten in Frieden und mit Liebe handeln, während sie sich wahrlich in höheren Gefilden aufhalten.
13. Bedanken Sie sich bei Meister Kuthumi und den Engeln und kehren Sie zu Ihrem Ausgangspunkt zurück.

Kapitel 26

Achte Halle des Lernens: Umfassende Einheit

Meister Kuthumi hat einen der größten erleuchteten Meister eingeladen, in dieser Halle des Lernens zu unterrichten: Meister Kumeka, der vor Kurzem in die elfte Dimension aufgestiegen ist. Er hat in vielen Universen gedient und war Teil des Teams, welches das fünfte und letzte Experiment von Atlantis, in dessen Verlauf das Goldene Zeitalter entstand, erdacht und überwacht hat.

Als Antwort auf den großen Aufruf, der Erde im Verlauf dieser beispiellosen zwanzig Jahre dauernden Transformation zu helfen, ist Meister Kumeka hierher zurückgekommen, und zwar als derjenige, der für den Achten Strahl verantwortlich ist, den Strahl der Tiefenreinigung, der Transformation, der Freude und der Einheit. Mit seinem wunderbar leuchtenden topasblauen Strahl hilft er Individuen auf der Erde, einen tiefen Reinigungsprozess zu durchlaufen, sodass sie bereit sind, sich mit der umfassenden Einheit zu verbinden. Dies bringt ein Gefühl der transzendenten Freude und des Friedens hervor. Er arbeitet mit uns, wenn wir hauptsächlich in der fünften Dimension leben.

VISUALISIERUNGSÜBUNG:
Meister Kumekas Topasstrahl der Transformation empfangen

1. Bereiten Sie einen Platz vor, an dem Sie sich entspannen können und ungestört sind. Zünden Sie, wenn möglich, eine Kerze an.
2. Bleiben Sie ganz ruhig sitzen und atmen Sie bequem in der Absicht, die Halle der umfassenden Einheit zu besuchen.
3. Konzentrieren Sie sich auf Ihren aktivierten Erdstern.
4. Bitten Sie Erzengel Michael, seinen tiefblauen Schutzmantel um Sie zu legen. Während Sie sich dieser Halle nähern, nehmen Sie ein helles Licht wahr, das sich daraus ergießt. Sie sehen das Unendlichkeitssymbol, das aussieht wie eine liegende Acht, auf den riesigen blauen und goldenen Toren, die sich automatisch öffnen, wenn Sie sich ihnen mit reinem Herzen nähern.
5. Nachdem Sie die Tore passiert haben, finden Sie sich in einer riesigen Kugel aus durchscheinendem topasblauem Licht wieder. Sie enthält die perfekten Codes für Sie als höheres fünfdimensionales Wesen.
6. Sie halten Ihren persönlichen Kristall oder Kristallschädel, und während Sie ganz still in dieser verfeinerten Halle des Lernens warten, erhalten Sie einen Download esoterischer Informationen durch diesen Kristall. Dies geschieht nicht so, dass Sie es bewusst wahrnehmen. Entspannen Sie sich einfach und lassen Sie die Informationen in Ihre Energiefelder sickern.
7. Während dies geschieht, wird Ihr Wesen von der Blaupause Ihrer Vollkommenheit als Aufgestiegener Meister in diesem Leben überlagert. Dies ist eine wunderbare

Möglichkeit, Ihr Herz zu öffnen und alle Möglichkeiten auszuschöpfen, die Sie in Ihrer Inkarnation haben. Für das Betreten dieser Halle ist es erforderlich, dass Sie sich von allen einschränkenden Selbstüberzeugungen in Ihrem Ego verabschieden, denn hier lösen sie sich allmählich auf, weil Erinnerungen und die damit verbundenen Gefühle an die Oberfläche gebracht werden. Dann bringt das goldene Licht Ihre höhere Weisheit voran.

8. Ihre Monade oder ICH-BIN-Präsenz ist Ihr zwölfdimensionaler Aspekt. Wir alle verfügen über die Blaupause dieses unglaublich erleuchteten höheren Teils von uns, der in den Codes unserer Herzen verborgen ist. Wenn Sie dafür bereit sind, wird die Verbindung zu Ihrer monadischen Weisheit allmählich aktiviert. Stellen Sie sich in diese Halle der umfassenden Einheit und bitten Sie Meister Kuthumi und Meister Kumeka, die Schwingungen zu harmonisieren.

Auf der zwölfdimensionalen monadischen Ebene sind wir alle eins. Dort gibt es nur das Licht und die Liebe der Quelle, den Gesang der Serafim und eine Freude, die über unser gegenwärtiges Verständnis hinausgeht. Diese Ebene mag gegenwärtig außerhalb unserer Reichweite liegen, aber haben Sie sich schon jemals einen Himmel angeschaut, der so dicht von Wolken verhangen war, dass es schwerfiel, sich dahinter irgendetwas anderes vorzustellen? Dann plötzlich teilen sich die Wolken nur für einen Moment, und Sie erhaschen einen verlockenden Blick auf einen strahlend blauen Himmel. Er offenbart Verheißung und Hoffnung. Er erinnert Sie an fast vergessene Möglichkeiten.

Ein Besuch in der Halle der umfassenden Einheit unter der Leitung von Meister Kumeka entzündet diese Energie der

Verheißung und Hoffnung in Ihnen. Sie steht Ihnen jetzt zur Verfügung.

Eines Tages ging Diana schweigend durch den Wald und bat Meister Kumeka und Meister Kuthumi mental darum, die Halle der umfassenden Einheit betreten zu dürfen. Dies wurde ihr gewährt. Sie machte dann eine sehr interessante, unangenehme, aber tief greifende Erfahrung. Als sich die riesigen blauen und goldenen Tore öffneten, fand sie sich auf der Stelle in einer Topas-Kristallkugel wieder. Eine Zeit lang wanderte sie auf den Waldwegen der physischen Welt, auch dort umgeben von dieser außergewöhnlichen, durchscheinend blauen Energiekugel, und stellte fest, dass alte Erinnerungen an die Oberfläche kamen. Gefühle, die sie seit Jahren nicht mehr zugelassen hatte, von denen aber klar war, dass sie in ihrer Kindheit und Jugend in ihre Zellen eingeschlossen worden waren, stiegen aus den Tiefen ihres Wesens auf. Alte Gefühle der Trauer und Kraftlosigkeit, die sie vergessen hatte, wurden im Gehen gereinigt und verwandelt.

Als sie damit fertig war, wurde sie von Meister Kumeka immer wieder gefragt, was sie wirklich wolle, und sie erzählte ihm, was ihr Spaß macht. Schließlich schimmerte und funkelte goldenes Licht um sie herum, und sie hatte das Gefühl, dass sich tief in ihr etwas verlagert hatte. In dem Moment legte sich die Blaupause ihrer Vollkommenheit als Aufgestiegener Meister über ihr Aurafeld, und sie wurde von der magischen, schwer fassbaren Aussicht auf ihre Möglichkeiten berührt.

Wenn Sie ein Haus bauen möchten, beginnen Sie mit einem Bild im Kopf. Dann besprechen Sie diese Vorstellung mit einem Architekten, der Zeichnungen anfertigt, die Sie befürworten. Schließlich können Sie sich das Ergebnis sehr viel konkreter vorstellen. Dann müssen Sie an seiner Aktivierung arbeiten. Ihre nächste Aufgabe besteht darin, das Haus zu bauen und einzuziehen! Und wenn Sie all dies zum höchsten Wohle aller tun, wird Ihr Haus immer ein Ort der Freude und des Glücks sein.

VISUALISIERUNGSÜBUNG: Besuch in der Halle der umfassenden Einheit

1. Bereiten Sie einen Platz vor, an dem Sie sich entspannen können und ungestört sind. Zünden Sie, wenn möglich, eine Kerze an.
2. Bleiben Sie ganz ruhig sitzen, atmen Sie bequem in Ihr Herzzentrum und spüren Sie, wie Sie sich der höheren Energie hingeben.
3. Konzentrieren Sie sich auf Ihren aktivierten Erdstern.
4. Bitten Sie Erzengel Michael, seinen tiefblauen Schutzmantel um Sie zu legen.
5. Seien Sie sich bewusst, dass Sie durch die Dimensionen aufsteigen, durch ein schimmerndes Farbspektrum, so schön, wie Sie es noch nie gesehen haben.
6. Vor sich sehen Sie große blaue und goldene Tore mit dem Symbol einer Acht darauf.
7. Fahren Sie in Ihrer Vorstellung mit dem Finger über die Acht und bitten Sie Meister Kuthumi und Meister Kumeka um Erlaubnis, die Halle der umfassenden Einheit betreten zu dürfen.
8. Die Tore schwingen auf. Meister Kuthumi steht auf einer Seite der Halle und strahlt ein gelbgoldenes Licht aus. Meister Kumeka steht auf der anderen Seite der Halle und strahlt blaues Licht aus.
9. Im Zentrum liegt eine riesige leuchtende Kugel aus durchscheinendem Topas. Treten Sie hinein.

10. Geben Sie sich der Tiefenreinigung hin, die jetzt stattfindet. Sie spüren vielleicht, wie alte Sachen an die Oberfläche kommen und umgewandelt werden.
11. Meister Kuthumi hebt die Hand, und Sie erhalten einen Download von Codes, die für die nächste Phase Ihrer Evolution perfekt geeignet sind.
12. Meister Kumeka hebt die Hand, und Sie nehmen wahr, wie sich ein hauchdünner Mantel, der die Blaupause Ihrer Vollkommenheit als Aufgestiegener Meister enthält, über Ihre Aura legt.
13. Sie schauen auf und sehen einen winzigen Punkt ungeheuer hochfrequenten reinen Lichts. Es entzündet den Funken der Hoffnung und Freude in Ihnen.
14. Die beiden großen Meister des Lichts berühren Ihr Herz, das jetzt hundertmal heller strahlt als zuvor.
15. Bedanken Sie sich bei den Meistern des Lichts. Danken Sie der Quelle für die Gnade dieses Moments.
16. Kehren Sie zu Ihrem Ausgangspunkt zurück und entspannen Sie sich, damit Sie diese Erfahrung ganz in sich aufnehmen können.

Kapitel 27

Neunte Halle des Lernens: Freudvolles Dienen

Wenn sich Ihr fünfdimensionales Herz öffnet, ist es Ihnen eine Freude und ein Vergnügen, anderen zu dienen, Ihrer Gemeinschaft und der Welt, zum höchsten Wohle aller. Das schenkt Ihnen in der Tat so viel Seligkeit, dass Sie ein Licht ausstrahlen, das von anderen wahrgenommen werden kann.

Deshalb ist das freudvolle Dienen einer der großartigsten Aufstiegspfade. Er zieht viele Aspiranten an. Wenn Sie sich für diesen spirituellen Weg entschieden haben, wird es Ihnen ein Vergnügen sein, das, was in dieser Halle des Lernens gelehrt wird, in sich aufzusaugen.

Freudvolles Dienen muss aber nicht der einzige Schwerpunkt auf Ihrem goldenen Aufstiegspfad sein. Vielleicht möchten Sie, dass es ein Teil Ihres Wesens wird, welchen Weg Sie auch wählen. In jedem Fall können Sie Meister Kuthumis Schule des Lernens besuchen, hier am Unterricht teilnehmen und dann entscheiden, ob es für Sie das Richtige ist.

Meister Kuthumi hat Erzengel Metatron gebeten, mit ihm in dieser Halle zu unterrichten. Erzengel Metatrons Licht, seine Weisheit und sein Wissen sind in den zentralen Lehrkristallschädel einprogrammiert, sodass dieser außergewöhnliche, hell leuchtende Schädel abwechselnd Erzengel Metatrons goldorangefarbenes Licht und Meister Kuthumis intensives gelbes Licht ausstrahlt.

Bevor Sie das Wunder dieser Schulung schätzen können, müssen Sie die Einheit spüren und verstehen. Erst wenn Ihr Herz offen ist für das Herz eines jeden fühlenden Wesens, sind Sie wirklich ganz eng mit der Quelle und mit allen Wesen überall verbunden. Dann stehen Sie in Verbindung mit dem Ursprung der Liebe. Dies ist das wahre Aufstiegsgeschenk, das Erzengel Metatron und Meister Kuthumi denen machen, die ernsthaft danach streben, anderen als Aufgestiegene Meister freudvoll zu dienen.

Die Studenten, die diesen Kurs absolvieren, werden im allerschönsten goldorangefarbenen und gelben Licht gebadet und strahlen deshalb Zufriedenheit und Glück aus. Wenn Sie diese Farben in Ihrer Aura tragen, verbreiten Sie automatisch die höheren Lehren des Aufstiegs und Liebe zu anderen.

Viele Menschen in Pflegeberufen sind Studenten oder Absolventen dieser Halle des Lernens. Ihre Seelen haben sie in ihre Position gebracht. Diejenigen, die ihre Aufgaben gelassen und freudig erledigen, vollenden bei ihrer täglichen Arbeit, was ihre Seelen im Schlaf lernen.

Viele alte Menschen erklären sich bereit, jetzt länger zu leben, um ihren Kindern oder Betreuern die Möglichkeit zu geben, ihr Herz zu öffnen, wenn sie sich um sie kümmern, damit sie ihren Abschluss in dieser Halle des Lernens machen können. Auf der Seelenebene ist alles perfekt.

Viele Tiere sind im Vergleich zu uns Menschen sehr schnell aufgestiegen. Einer der Gründe dafür ist, dass sie auf ganz unkomplizierte Weise mit Freude dienen. Wenn Sie mit Ihrem Hund schimpfen, wedelt er das nächste Mal, wenn er Sie sieht, voller Freude mit dem Schwanz und ist absolut begeistert, wieder bei Ihnen zu sein. Die Herzen von Tieren sind weit offen, und sie verarbeiten Informationen nicht mit der linken Gehirnhälfte. Sie leben ganz in der Gegenwart, und zwar mit der Weisheit und der göttlich weiblichen Hingabe der rechten Gehirnhälfte.

Freudvolles Dienen bedeutet auch, ganz im Herzen zu leben, im Hier und Jetzt, mit vollkommener Hingabe und einfacher Weisheit. Mit jedem Ausatmen entbieten Sie Segen und Gnade.

In diesem Lehrtempel erwecken die heiligen geometrischen Codes, die aus dem Kristallschädel in Sie einfließen, Ihr angeborenes Wissen, dass wir alle Gott sind, und läutern Sie im göttlichen Feuer, sodass Ihr Inneres in die reinste weiße Liebe verwandelt wird. Über Ihnen singen Engel, klären die Energie um Sie herum und hellen Ihr Herz auf. Einige dieser glorreichen Engel kehren mit Ihnen in Ihren Alltag zurück und singen auch weiterhin über Ihnen. Egal, was um Sie herum passiert, es stimmt Sie auf die Liebe der Quelle ein.

Wenn Sie diese Schulung auf sich genommen und alle damit verbundenen Prüfungen bestanden haben, werden Sie eingeladen, der Bruderschaft der Goldenen Robe beizutreten. Meister Kuthumi ist Hierarch dieser Bruderschaft. Er nimmt die Bürden dieser Welt auf sich und verwandelt sie durch sein Wesen. Wie viele große Meister gehört auch Djwal Khul der Bruderschaft der Goldenen Robe an. Es gibt auch auf der Erde inkarnierte Menschen, die dieser Bruderschaft in einem früheren Leben beigetreten sind und immer noch Teil dieser illustren Gesellschaft sind, aber in einem schlichten Körper und ohne sich dessen bewusst zu sein. Sie verrichten diesen Dienst mit Freude und bekommen viel Hilfe aus den Engelreichen und von den Meistern.

Visualisierungsübung:
Besuch in der Halle des freudvollen Dienens

1. Bereiten Sie einen Platz vor, an dem Sie sich entspannen können und ungestört sind. Zünden Sie, wenn möglich, eine Kerze an.
2. Bleiben Sie ganz ruhig sitzen, atmen Sie bequem in Ihr Herzzentrum und spüren Sie, wie Sie sich der höheren Energie hingeben.
3. Konzentrieren Sie sich auf Ihren aktivierten Erdstern.
4. Bitten Sie Erzengel Michael, seinen tiefblauen Schutzmantel um Sie zu legen.
5. Steigen Sie in einen Aufzug aus dunkelgelb schimmerndem Licht und lassen Sie sich nach oben durch den strahlenden Kosmos zur Halle des freudvollen Dienens tragen.
6. Meister Kuthumi selbst steht am Eingang. Er begrüßt Sie liebevoll und berührt Ihr Herzzentrum, bis es weiß glüht. Dann wirft er Ihnen eine gelbe Robe über.
7. Die kreisrunde Halle ist voller Menschen, und Sie setzen sich und machen es sich bequem.
8. Sie nehmen einen großen Kristallschädel wahr, von dem langsame Impulse aus abwechselnd goldgelbem und goldorangefarbenem Licht ausgehen.
9. Wenn Sie möchten, können Sie Ihren persönlichen ätherischen Kristallschädel auf Ihr Drittes Auge platzieren. Oder Sie können dem Licht erlauben, in Ihr Drittes Auge einzudringen. Es enthält heilige geometrische Codes, die das Alte verwandeln und Sie für die Erkenntnis Ihres göttlichen Selbst und göttlichen Selbst jedes fühlenden Wesens erwecken. Entspannen Sie sich.
10. Erzengel Metatron steht hinter Ihnen. Fühlen Sie sich aufleuchten wie ein goldorangefarbenes Signalfeuer.

11. Er legt seine Hand auf Ihr Drittes Auge, über Ihren persönlichen Kristallschädel, wenn er da ist. Damit hält und versiegelt er dieses ganze Licht in Ihren Energiefeldern.
12. Wenn Sie alles empfangen haben, was Sie heute brauchen, werden Sie von Meister Kuthumi und Erzengel Metatron gefragt, ob Sie Mitglied in der Bruderschaft der Goldenen Robe werden möchten.
13. Wenn Sie Nein sagen, können Sie sich entspannen und auch weiterhin im Licht baden. Wenn Sie aber Ja sagen, berühren die beiden die gelbe Robe, die Sie tragen, bis sie in einem wunderschön satten Gold erstrahlt. Jetzt können Sie wirklich mit Freude dienen.
14. Bedanken Sie sich bei Meister Kuthumi und Erzengel Metatron und fahren Sie mit dem Fahrstuhl wieder nach unten. Wenn Sie ein Mitglied der Bruderschaft von der Goldenen Robe sind, können Sie sehen oder spüren, wie Ihre goldene Robe Probleme auf der ganzen Welt berührt und verwandelt.
15. Öffnen Sie, wenn Sie dazu bereit sind, die Augen in der Gewissheit, dass Sie wahrlich ein lebender Meister sind.

Kapitel 28

Zehnte Halle des Lernens: Tor zu anderen Dimensionen

Im Zyklus des Lebens schenken der Frühling und der Neumond Hoffnung und einen Neuanfang. Auf dem spirituellen Weg ist es genauso. An einem gewissen Punkt Ihrer Entwicklung, wenn Sie einen Zyklus vollendet haben, tut sich eine herrliche neue Tür auf und ermöglicht Ihnen Zugang zu anderen Dimensionen. In dieser Halle des Lernens empfangen Sie Informationen über die Reiche der Elementarwesen, der Engel und der Einhörner. Eine ganz neue Welt eröffnet sich Ihnen, und Sie können sich auf einer viel tieferen Ebene mit zahlreichen Wesen in den höheren Dimensionen verbinden. Elementarwesen und Engel, die aus dem Herzen Gottes kommen, befinden sich auf einer Art Schnellstraße des spirituellen Wachstums. Sie haben die erstaunlichen Energien, die jetzt auf der Erde konzentriert sind, voll ausgenutzt, und ihr Wachstum hat entsprechend rasant stattgefunden. Sie sind wie ein reißender Fluss, der ins Meer der Liebe strömt, während die meisten Menschen parallel in die gleiche Richtung fließen, aber sehr viel langsamer.

Wenn Sie dieses spezielle Tor durchschreiten, stehen Sie unter dem ganz realen Einfluss von Engeln und erleuchteten Meistern. Wahlmöglichkeiten werden Ihnen angeboten. Sie können auf Ihrem aktuellen goldenen Weg weitersausen oder beschließen, einen anderen Weg einzuschlagen und den Zauber und die Geheimnisse zu erkunden, die Ihnen dort geboten werden.

Wofür Sie sich auch entscheiden, alles beschleunigt sich. Sie betreten diesen Torweg als Raupe und gehen als Schmetterling daraus hervor. Eine Welt der vollkommen neuen Möglichkeiten tut sich vor Ihnen auf.

Wenn Sie diese Halle des Lernens betreten, gießt der Lehrschädel das sanfteste, weichste frühlingsgrüne Licht über Ihnen aus und lädt damit die Schlüssel und Codes in Ihre Energiefelder, die Ihnen helfen, sich vom Alten zu befreien und das Neue zu umarmen.

Hier verstehen Sie die Gestaltungskräfte der heiligen Geometrie, die es der Raupe möglich machen, in ihrem Kokon ganz zur Ruhe zu kommen, während eine unglaubliche Transformation stattfindet, die auf den heiligen geistigen Gesetzen von Glauben und Vertrauen basiert und auf den wundersamen Gesetzen der Alchemie. Die Raupe ruht sich aus und wird dabei von der höher schwingenden Schablone des wunderschönen geflügelten Geschöpfes überlagert, in das sie sich verwandeln wird. Sie geht als fünfdimensionaler Schmetterling daraus hervor, der die Weisheit des Orion ausstrahlt und als wahrer Bote der Engel agiert.

Wenn Sie für eine phänomenale Veränderung empfänglich sind und den Mut haben, sie in Angriff zu nehmen, wird Meister Kuthumi die Erzengel Gabriel und Christiel auffordern, Ihr Bewusstsein zu berühren. Erzengel Gabriel wird Sie einen Moment lang in einen Kokon aus seinem reinweißen Licht einhüllen, das Alte auslöschen und das Licht der Wahrheit für den Bruchteil eines Augenblicks in Ihrem Bewusstsein halten. Er macht Ihnen ein unbeschreibliches Geschenk:

die höchst kostbare Chance der Metamorphose. Und auf jeder Ihrer inneren Ebenen findet eine Veränderung statt.

An dieser Stelle bemerken Sie vielleicht, dass Ihr physischer Körper Schlaf einfordert. Sie sind vielleicht ständig müde oder ertappen sich dabei, dass Sie wegdämmern, wenn Sie es am wenigsten erwarten. Das liegt daran, dass Ihr Geistkörper und Ihr physischer Körper in Einklang gebracht werden müssen, damit die Veränderungen stattfinden, die in Ihr Bewusstsein übertragen werden können.

Dann wird Erzengel Christiel Ihr unbeschreibliches Kausalchakra offen halten, während seine lunaren Engel die Verbindungen hereinsingen, die Sie jetzt herstellen können. An dieser Stelle sehen oder erinnern Sie vielleicht Einhörner, Engel, Elementarwesen, Meister, Drachen oder andere Wesen aus anderen Dimensionen. Sie spüren vielleicht, wie Sie Erzengel Christiels reines weißes Licht empfangen. Und selbst wenn Sie gar nichts sehen oder fühlen, werden unglaubliche Verschiebungen in Ihrem Aurafeld und in allen Zellen Ihres Körpers stattfinden. Dann wissen Sie, dass sich Ihre ätherischen Flügel entwickelt haben. Ihre göttliche Blaupause hat sich verändert. Ihre neuen Möglichkeiten sind grenzenlos. Wenn Sie sich entspannen, können Sie sich über Ihr alltägliches Leben erheben und sehen, wie sich goldene Tore öffnen, die zuvor verschlossen waren. Wege tun sich auf, die Sie zuvor nicht einmal sehen konnten. Bestätigen Sie, dass Sie bereit sind, und seien Sie gewiss, dass Sie alles bekommen werden, was Sie brauchen.

In der Tat ist Offenheit für das Neue das Einzige, was Sie einbringen müssen. Alles andere wird für Sie getan und kommt ganz von selbst auf Sie zu. Sie haben es nicht mehr unter Kontrolle. Wie für die Raupe ist es dann auch für Sie Zeit, sich einfach hinzugeben. Der embryonale

Schmetterling vertraut einfach. Vertrauen auch Sie. Lassen Sie zu, dass Erzengel Gabriel Sie in seinem Kokon aus Licht hält. Wenn Sie das einmal erlebt haben, wissen Sie, dass alles möglich ist. Sie rechnen damit, dass Wunder geschehen, und wissen, dass sie ein ganz alltäglicher Teil der Existenz in den höheren Dimensionen sind. Und dennoch bewahren Sie sich Ihren Sinn für ehrfürchtiges Staunen. Dies ist äußerst wichtig, denn es ist die Energie, die es dem Universum erlaubt, das goldene Tor für Sie zu öffnen.

Visualisierungsübung:
Besuch des Tors zu anderen Dimensionen

1. Bereiten Sie einen Platz vor, an dem Sie sich entspannen können und ungestört sind. Zünden Sie, wenn möglich, eine Kerze an.
2. Bleiben Sie ganz ruhig sitzen, atmen Sie bequem in der Absicht, die Halle des Lernens zu besuchen, die Zugang zu anderen Dimensionen bietet.
3. Konzentrieren Sie sich auf Ihren aktivierten Erdstern.
4. Bitten Sie Erzengel Michael, seinen tiefblauen Schutzmantel um Sie zu legen.
5. Eine Million Engel umgeben Sie mit herrlichem Licht. Sie erzeugen einen Ton, der jenseits dessen liegt, was Sie mit Ihren Ohren wahrnehmen können. Er wirbelt Sie durch die Dimensionen in die Halle des Lernens mit dem großen Torweg zwischen den Dimensionen.
6. Sie sitzen gleich in der ersten Reihe, direkt vor dem großen Lehrschädel.
7. Weiches blattgrünes Licht ergießt sich in Ihren Geist, erfüllt Ihre Aura und bereitet Sie auf eine Veränderung vor.

8. Meister Kuthumi berührt Sie, und es fühlt sich an, als fließe ein breiter Strom durch Ihr ganzes Wesen. Sie entspannen sich.
9. Erzengel Gabriel setzt Sie in einen Kokon aus reinweißem Licht. Geben Sie sich vollkommen hin, während alles Alte verschwindet und ein strahlendes neues Licht ins Spiel kommt.
10. Erzengel Christiel berührt Ihr Kausalchakra über Ihrem Kopf. Sie spüren, dass sich dieses Chakra öffnet wie der strahlende milchweiße Mond.
11. Vielleicht hören Sie Engel singen. Vielleicht nehmen Sie Elementarwesen, Engel, Einhörner oder große Meister um sich herum wahr. Genießen Sie diese Eindrücke.
12. Spüren Sie, wie Sie Ihre ätherischen Flügel ausbreiten und wie sich Ihr Körper in den eines kosmischen Wesens verwandelt.
13. Riesige goldene Türflügel schwingen auf, und Sie gehen oder fliegen hindurch. Bleiben Sie offen für die neue Welt der Möglichkeiten, in die Sie jetzt eintreten.
14. Kehren Sie voller Dankbarkeit für Meister Kuthumi, die Erzengel Gabriel und Christiel und die erweiterten Welten zu Ihrem Ausgangspunkt zurück.
15. Nehmen Sie das Neue an.

Kapitel 29

Elfte Halle des Lernens: Das göttlich Weibliche

In der ersten Halle des Lernens haben Sie etwas Grundlegendes über Gleichgewicht und Harmonie gelernt. Wenn Sie schließlich die elfte Halle erreicht haben, gilt es als selbstverständlich, dass Ihre zwölf Chakras ebenso im Gleichgewicht sind wie Ihre männliche und Ihre weibliche Energie und dass Sie ein lebender Meister sind.

Vielen ist klar, dass die göttlich weiblichen Eigenschaften der Fürsorge, der Empathie, der Weisheit, des Heilens, der Friedfertigkeit, der Liebe, der Güte und des Nährens unglaublich kraftvoll und mächtig sind. Alle diese und viele andere weibliche Qualitäten können Hartes in Weiches verwandeln, Wände einreißen und Herzen öffnen, und zwar in einer Weise, wie es männliche Energien einfach nicht vermögen. Nur wenn ein Meister sowohl weibliche als auch männliche Eigenschaften zum Einsatz bringen kann, bekommt er Zugang zu den tieferen Geheimnissen der weiblichen Weisheit. Das ultimative Geheimnis der weiblichen Weisheit ist das Geheimnis des Lebens selbst.

In den heiligen Mysterienschulen der Vergangenheit war es für Frauen einfacher, eine Einweihung in die großen Geheimnisse des Universums zu bekommen. Es war offensichtlich, dass Frauen eine Gebärmutter haben, diese dunkle Höhle, in der das neue Leben sicher heranwachsen kann, und dass sie dann Milch produzierten, die perfekte Nahrung, die es dem Baby ermöglicht, zu wachsen und zu gedeihen. Menstruation und Geburt wurden als eine Art innere Initiation betrachtet und als der Grund, warum Frauen traditionell keine äußere Initiation mehr brauchten.

Jetzt, wo Menschen ihre zwölf Chakras ins Gleichgewicht bringen und damit auch ihre männlichen und weiblichen Energien, sind auch viele Männer bereit, diese Halle des Lernens zu betreten, nachdem sie die heiligen Einweihungen hinter sich gebracht haben, die sie brauchen, um sich darauf vorzubereiten.

In dieser elften Halle des Lernens bekommen wir Zugang zu den tiefsten Geheimnissen der Alchemie und des göttlichen Lichts. Und die liegen in der schwarzen Yin-Energie.

Schwärze oder Dunkelheit ist die Abwesenheit von Licht, und in diesem Raum sprießen Samen, verwandeln sich Raupen in Schmetterlinge, nistet sich ein befruchtetes Ei in den tiefsten Winkeln des Weiblichen ein, und ein Baby wächst heran.

Im Schlaf ist das bewusste Denken ausgeschaltet, und man kann Zugang zu tieferen Ebenen der Einsicht bekommen. In diesem Ruhezustand kann sich das Bewusstsein verändern. Wenn Sie sich beispielsweise in der dunklen Höhle des Schlafes aufhalten und ein Einhorn in Ihrem Traum auftaucht, berührt es die Essenz Ihrer Seele und macht es Ihnen möglich, Veränderungen zu durchlaufen, die so tief greifend sind wie die, bei der die Raupe zum Schmetterling wird. Und während Sie schlafen, singen vielleicht Engel über Ihnen, die Ihren mentalen, emotionalen, physischen oder geistigen Zustand buchstäblich verändern oder heilen.

Das Baby im Mutterleib hat seinen ganz eigenen Seelenplan und kann dennoch von äußeren Faktoren beeinflusst werden, vor allem von den Gefühlen seiner Mutter. Mit Samen ist es nicht anders. In jedem Samenkorn ist eine eigene göttliche Agenda verschlüsselt, die dafür sorgt, dass es zu einer schönen Blume, einem Baum oder einem Gemüse heranwächst. Doch die Qualität der Erde, das Wetter und die Gedanken der Menschen, die sich um die Samen und Jungpflanzen kümmern, beeinflussen das Endergebnis.

Weibliche Weisheit weiß dies und sorgt dafür, dass das Baby und das Samenkorn unter den besten Bedingungen aufwachsen. All das ist Mitschöpfung.

Die Weisen, diese ungeheuer mächtigen Priester und Priesterinnen von Atlantis, verstanden die Alchemie der weiblichen Weisheit. Sie besteht in der Fähigkeit, die eigene Vision mit dem Atem des Lebens zu erfüllen.

Licht enthält geistige Information und entsprechendes Wissen. Das Heranwachsen eines neuen Wesens in der Dunkelheit ist Schöpfung, die auf Vertrauen und Hingabe zum Göttlichen basiert. Die Fähigkeit, die neue Essenz so mit dem Ursprung zu verbinden, dass der Funke des Lebens entzündet wird, ist das göttlich weibliche Geheimnis.

Atem ist Leben. Er ist Ursprungsenergie, und die mächtige universelle Engelin Maria ist die Trägerin dieser Lichtfrequenz.

Die Weisen wussten auch, dass die Seele im Kokon der Dunkelheit heil werden und wachsen konnte. Sie holten eine Person, die aus dem Gleichgewicht geraten war, besonders dann, wenn sie psychisch krank war, aus ihrem Körper und steckten sie in einen schwarzen Kokon. Hier konnten sie diesen Menschen wieder in die göttliche Harmonie singen oder seiner Seele etwas zuflüstern, um Veränderungen herbeizuführen. Wir können das immer noch tun. In dieser Halle des Lernens können Sie mit Hingabe und der entsprechenden Absicht Angst in Liebe und Ungleichgewicht in Gleichgewicht verwandeln.

Wenn genügend Menschen es schaffen, die Einschränkungen des kollektiven Bewusstseins zu überwinden, werden wir irgendwann in der Lage sein, Gliedmaßen nachwachsen zu lassen und unsere DNA zu verändern.

Jetzt, wo wir auf der Schwelle zu einem neuen Goldenen Zeitalter stehen, ist es wirklich wichtig, dass so vielen reinen Meistern wie möglich die göttlichen Lichtcodes anvertraut werden, die in dieser Halle des Lernens heruntergeladen werden.

Diejenigen, die hier studieren, werden in transparentem Aquamarin gebadet, und sie bekommen dauerhaften Zugang zur Weisheit des Orion, zur Liebe des kosmischen Herzens und zu den Hallen von Amenti. In ihnen zeigt sich das Wirken des göttlich Weiblichen.

Die Meister und Engel des Orion halten Weisheit für dieses Universum bereit, die weit über alles Wissen hinausgeht. Es ist die Einsicht, wie wir Wissen zum höchsten Wohle aller einsetzen können. Wenn genügend Seelen die Blaupause der Weisheit für dieses Universum in ihrem Energiefeld tragen, werden die Menschen auf diesem Planeten ganz automatisch das tun, was zum höchsten Wohle aller ist.

Das kosmische Herz ist gewissermaßen eine Gebärmutter. Es empfängt reine Liebe aus der Quelle, in der diejenigen wiedergeboren werden, die dorthin eingehen, und verwandelt niedere Energien in transzendente Liebe.

Die Hallen von Amenti bergen großes Wissen. Wenn Sie Zugang dazu bekommen, ist automatisch gesichert, dass Sie auch die Kraft haben, dieses Wissen weise zu nutzen.

Die Umwandlung von Schmerz in liebevolle Weisheit ist ein Akt göttlich weiblicher Magie. Dies zu verstehen öffnet die Tür zur höheren Erleuchtung.

Visualisierungsübung: Besuch in der Halle der Geheimnisse der göttlich weiblichen Weisheit

1. Bereiten Sie einen Platz vor, an dem Sie sich entspannen können und ungestört sind. Zünden Sie, wenn möglich, eine Kerze an.
2. Bleiben Sie ganz ruhig sitzen, atmen Sie bequem in der Absicht, die Halle zu besuchen, in der die Geheimnisse der göttlich weiblichen Weisheit zu finden sind.
3. Konzentrieren Sie sich auf Ihren aktivierten Erdstern.
4. Bitten Sie Erzengel Michael, seinen tiefblauen Schutzmantel um Sie zu legen.
5. Ein goldener Fahrstuhl taucht vor Ihnen auf. Sie steigen ein und gleiten sanft durch die Dimensionen nach oben, durch den dunklen Schacht, der in der Halle endet.
6. Das Licht ist schwach, aber Sie können Meister Kuthumi ausmachen, der dort auf Sie wartet. Er führt Sie zu einem Sitzplatz und fragt Sie, welchen Aspekt Ihrer selbst Sie gern verändern würden. Entspannen Sie sich.
7. Die Engelin Maria badet Sie in blassem, durchsichtigem Aquamarinlicht mit den heiligen geometrischen Codes, die durch Ihren Wunsch ausgelöst wurden. Halten Sie an Ihrem Wunsch fest.
8. Das Licht wird allmählich immer schwächer, bis Sie sich in einem Kokon der Dunkelheit wiederfinden. Atmen Sie bequem und geben Sie sich einfach hin. Die

Veränderung kommt beim Nichtdenken. Sie befinden sich jenseits von Zeit und Raum.

9. Ganz allmählich dringt durchsichtiges aquamarinfarbenes Licht in Ihren Kokon ein. Dehnen und strecken Sie sich und spüren Sie, wie der Kokon aufbricht.
10. In Ihrer Seele hat eine Veränderung stattgefunden. Vielleicht sind Sie sich dessen eine Zeit lang gar nicht bewusst. Vertrauen Sie einfach.
11. Meister Kuthumi streckt seine Hand aus und führt Sie zu Ihrem goldenen Fahrstuhl.
12. Bedanken Sie sich bei ihm und erlauben Sie sich, wieder in den Wachzustand zu gleiten.

Kapitel 30

Zwölfte Halle des Lernens: Ihr neundimensionales kosmisches Meisterlicht

Nur diejenigen, die sich auf den höheren Ebenen der fünften Dimension befinden, können Zugang zu dieser besonderen Halle des Lernens bekommen, aber vergessen Sie nicht, dass heutzutage viele Menschen diese Ebenen erreichen, ohne sich das in irgendeiner Weise anzurechnen. Wir neigen dazu, vor allem unsere Fehler und Schwächen zu sehen, während uns die Engel von einer höheren Warte aus sehen. Sie sehen unser Licht und unsere Herrlichkeit. Stellen Sie also Ihr spirituelles Licht nicht unter den Scheffel. Seien Sie bereit, an die Tür dieser Halle zu klopfen, bevor Sie sich schlafen legen oder in Meditation gehen, und bitten Sie um Einlass!

Das Licht in dieser Einrichtung ist diamanthell, denn dies ist ein neundimensionaler Unterrichtsraum. Hier werden wir darauf vorbereitet, neundimensionale Energien zu verstehen und zu akzeptieren. Die neundimensionalen Blaupausen sind geradezu unglaublich hell mit vollkommen symmetrischen geometrischen Formationen, die unser Bewusstsein perfekt und positiv beeinflussen.

Denken Sie daran, dass hohe Frequenzen die niedrigen überlagern. Der Dienst, den wir der Menschheit erweisen können, indem wir diesen Tempel des Lernens betreten, ist also enorm, weil wir sein Licht in unsere Aura mit zurückbringen.

In dieser Halle werden Sie direkt mit Lakumay verbunden, dem aufgestiegenen neundimensionalen Aspekt von Sirius. Hier wird das Christuslicht mit einer neundimensionalen Frequenz in einem goldenen Tetraeder gespeichert, das von einem vollständigen Regenbogenkreis umgeben ist. Das Christuslicht ist der goldene Aspekt der reinen und ursprünglichen Agape, die schützt, heilt und alles in Liebe verwandelt. Wenn Sie im Christuslicht gebadet werden, leuchten genau die Schlüssel und Codes der künftigen spirituellen Technologie auf, die zu den in Ihren Energiefeldern schlummernden passen, sodass Sie sie nutzen können. Wenn Sie die Schwingungen des goldenen Christusstrahls in Ihre Zellstruktur aufgenommen haben, strahlen Sie sie selbst aus, erfreuen andere damit, öffnen ihre Herzen und erweitern ihren Geist.

Die Plejaden sind ein siebendimensionaler Sternenhaufen, aber sie enthalten einen neundimensionalen Heilschlüssel. In dieser Halle des Lernens werden Sie direkt an diesen strahlenden neundimensionalen Aspekt der Plejaden angeschlossen. Hier können Sie über die blaue kosmische Rose einen direkten Download ursprünglicher Liebe und Heilung empfangen. Dies öffnet und heilt die unteren Bereiche Ihres Herzens, erhellt dann die höheren transzendenten Kammern und macht es Ihnen möglich, die Herzheilung der Plejaden an andere weiterzugeben. Die Erzengel der Plejaden werden sich Ihnen anschließen und Ihnen helfen.

Sie verbinden sich auch mit dem neundimensionalen Aspekt des Christus-Mahatma. Die Mahatmaenergie ist ein Pool, in den die am höchsten schwingenden Wesen des Goldenen Atlantis ihre Lebenskraft eingebracht haben. Als

Ergebnis davon bietet Ihnen diese Energie, wenn Sie sie heraufbeschwören, einen beschleunigten Aufstieg. Sie verbindet Sie mit viel höheren Aspekten Ihrer Seelenenergie.

Wenn Sie Zugang zu der weißgoldenen Schwingung des Christus-Mahatmas in dieser Halle haben, werden Sie lernen, dem ursprünglichen Lichtpool das Licht Ihres ganz persönlichen neundimensionalen kosmischen Meisteraspekts hinzuzufügen. Indem Sie die Mahatmaenergie durch sich in die Erde ziehen und zu den Menschen in Ihrer Umgebung und dann zurück in den Pool, damit auch andere darauf zurückgreifen können, beeinflussen Sie sowohl Ihren eigenen Aufstieg als auch den des Planeten massiv.

Meister Kuthumi wird Sie den Meistern des Orion vorstellen, die Ihnen den neundimensionalen Weisheitsentwurf für das Universum zeigen. Die darin vorgesehene Freude, der Friede, die Liebe und die Glückseligkeit sind gegenwärtig noch jenseits unseres Vorstellungsvermögens. Und doch tun sich, während sich dieser Plan und diese Vision für unsere Zukunft über unser Bewusstsein legen, Wege und Möglichkeiten auf. Es ist, als lebe man in einer kleinen Hütte und ein Architekt mit einer erleuchteten, erweiterten Sicht lege den Plan für ein herrliches Haus über den ursprünglichen Bauplan der Hütte. Dann eröffnen sich irgendwo in Ihrem Kopf neue Potenziale und wunderbare Möglichkeiten.

Sie werden auch den Meistern Neptuns begegnen, die das neundimensionale geistige Licht für das Universum in sich tragen. Wenn Sie sich auf diese Meister einstimmen, werden diese so viel von diesem Licht in Sie herunterladen, wie Sie halten können. Dann befinden Sie sich auf der Überholspur zur Erleuchtung und können die Welt von einer höheren Warte aus sehen. Und schließlich werden Sie das ganze Leben mit umfassender Weisheit betrachten.

Neundimensionale reinweiße Einhörner ehren Sie mit neundimensionalen Segnungen, die aus ihren majestätischen goldenen Hörnern strömen, um Ihre Erleuchtung weiter auszudehnen und Sie für die höhere Meisterschaft zu öffnen.

Die Erzengel Zadkiel und Gabriel heben Sie in den neundimensionalen Aspekt der violetten Flamme des kosmischen Diamanten. Erzengel Zadkiels violette Energien verzehren alle dichten Energien in Ihrer Zellstruktur und verwandeln Sie in reines Licht. Die strahlenden Facetten von Erzengel Gabriels kosmischem Diamanten klären, erleuchten und reinigen Sie. Wenn der riesige heilige Diamant über Sie gehalten wird, hebt er das Niveau Ihrer Erleuchtung und erfüllt Sie mit Freude.

Erzengel Metatron gießt neundimensionales Aufstiegslicht durch Sie hindurch. Sobald Ihr Sternentor ganz offen ist und sich mit der höheren fünfdimensionalen Frequenz dreht, zieht er das neundimensionale Ursprungslicht herunter und badet Sie darin. Dies geschieht in den Momenten, in denen Sie gottbegnadet vorbereitet und bereit dafür sind.

Die große Universalengelin Maria ist ebenfalls bereit und willens, ihr aquamarinfarbenes Licht in einer neundimensionalen Frequenz durch Sie hindurchzugießen, sodass Sie ihre unglaubliche Liebe, ihr Mitgefühl und ihre Reinheit des Herzens erfahren können. Und während sie dies tut, legt sie ihre riesigen federweichen Flügel um Sie und hüllt Sie in einen Kokon aus göttlicher Glückseligkeit.

Es gibt viele Universalengel, die Ihnen eine neundimensionale Transfusion ihres speziellen Strahls geben können, wenn Sie dafür bereit sind. Diese Engelwesen wirken in allen Universen. Wir bezeichnen sie der Einfachheit halber als Erzengel, aber sie leben von den neundimensionalen Frequenzen. Alle Engel, welche die Verantwortung für die fünfdimensionalen Chakras tragen, sind Universalengel, die sich gerade jetzt vor allem auf die Erde konzentrieren, um uns bei der Vorbereitung auf das neue Goldene Zeitalter zu helfen.

- Der reinweiße Universalengel Butyalil wird Ihnen helfen, Ihre göttliche Herrlichkeit zu erkennen und mit den großen Strömungen Ihres Lebens mitzufließen.
- Der Universalengel Sandalphon gießt silbernes Licht durch Sie hindurch und hilft Ihnen damit, sich ganz im Herzen der Göttin Gaia zu erden.
- Der Universalengel Roquiel gießt seine schwarze Energie durch Sie hindurch und macht es Ihnen so möglich, kraftvoller mit den Leylinien zu arbeiten und auf diese Weise dazu beizutragen, das Kristallnetz rund um den Planeten zu knüpfen.
- Der Universalengel Uriel gießt sein tiefgoldenes Licht durch Sie hindurch und hilft Ihnen damit, Ihre innerste Weisheit wieder ans Licht zu bringen.
- Der Universalengel Chamuel gießt sein rosaweißes Licht durch Sie hindurch und erleuchtet damit Ihr Herz.
- Der Universalengel Michael gießt sein intensiv königsblaues Licht durch Sie hindurch, um Sie stärker zu machen und Ihre kosmische Kommunikationsfähigkeit zu erweitern.
- Der Universalengel Raphael gießt sein kristallklar smaragdfarbenes Licht durch Sie hindurch, um Ihre Erleuchtung zu erweitern.
- Der Universalengel Jophiel gießt sein kristallklar goldenes Licht durch Sie hindurch, um Sie mit höheren Energien im Universum zu verbinden.
- Der Universalengel Christiel gießt sein golden-milchweißes Licht durch Sie hindurch, um Ihre Verbindungen mit den höheren Meistern, Engeln und Lichtwesen zu beleuchten.

- Der Universalengel Mariel gießt sein magentafarbenes Licht durch Sie hindurch, um die schnelleren Frequenzen Ihrer Seele voranzubringen.

Viele der großen erleuchteten Meister tragen neundimensionales Licht in ihren Energiefeldern. Sie können sie auch bitten, ihr Licht über Sie zu werfen und die Schlüssel und Codes Ihres neundimensionalen Meisterselbsts zu entzünden.

Als jemand, der alle Prüfungen in den zwölf Hallen des Lernens unter Aufsicht von Meister Kuthumi bestanden hat, werden Sie ein erleuchteter Meister werden. Ihr Licht wird eine tief greifende Wirkung auf andere Bewohner der Erde haben und zum Aufstieg des ganzen Planeten beitragen.

Visualisierungsübung: Besuch in der neundimensionalen Halle des Lernens

1. Bereiten Sie einen Platz vor, an dem Sie sich entspannen können und ungestört sind.
2. Zünden Sie eine Kerze an und weihen Sie sie der höheren Erleuchtung und dem Aufstieg.
3. Bleiben Sie ganz ruhig sitzen, atmen Sie bequem in der Absicht, Meister Kuthumis neundimensionale Halle des Lernens zu besuchen.
4. Konzentrieren Sie sich auf Ihren aktivierten Erdstern.
5. Bitten Sie Erzengel Michael, seinen tiefblauen Schutzmantel um Sie zu legen.
6. Stellen Sie sich vor oder spüren Sie, dass sich Ihr Wesen öffnet wie eine Rose – bereit, im neundimensionalen Licht gebadet zu werden.

7. Beschwören Sie das neundimensionale Christuslicht herauf, das von Lakumay verwaltet wird, und spüren Sie, wie seine goldene Liebe in Sie einströmt. Entspannen Sie sich, baden Sie darin und lassen Sie es dann aus sich herausströmen.
8. Beschwören Sie das neundimensionale heilende Licht der blauen kosmischen Plejadenrose herauf und lassen Sie es in sich einströmen. Entspannen Sie sich, baden Sie darin und lassen Sie es dann aus sich herausströmen.
9. Rufen Sie den neundimensionalen Mahatma an und bitten Sie ihn, als weißgoldenes Licht durch Sie hindurchzufließen. Entspannen Sie sich, baden Sie darin und geben Sie es an andere weiter. Schicken Sie Ihr eigenes neundimensionales kosmisches Meisterlicht zurück in den Pool.
10. Rufen Sie die Meister des neundimensionalen Aspekts von Orion an und bitten Sie sie, den Weisheitsplan für das Universum über die Blaupause Ihrer Seele zu legen. Entspannen Sie sich und nehmen Sie dies in sich auf.
11. Rufen Sie die Meister des neundimensionalen Aspekts von Neptun an und bitten Sie sie, Sie mit dem geistigen Licht des Universums zu durchtränken. Entspannen Sie sich und baden Sie darin.
12. Rufen Sie die neundimensionale violette Flamme des kosmischen Diamanten herbei, um über Ihnen zu brennen, Ihre Erleuchtung auszudehnen und Sie mit kosmischer Freude zu erfüllen. Entspannen Sie sich, baden Sie in dieser Freude und lassen Sie sie dann aus sich herausströmen.
13. Rufen Sie den großen Erzengel Metatron an und bitten Sie ihn, Sie in dem neundimensionalen Aufstiegslicht

aus der Quelle zu baden. Entspannen Sie sich, nehmen Sie es in sich auf und lassen Sie sie dann aus sich herausströmen.

14. Rufen Sie die neundimensionalen reinweißen Einhörner an und bitten Sie sie, ihren Segen für Erleuchtung und Meisterschaft über Ihnen auszuschütten.
15. Rufen Sie die große Universalengelin Maria an, sie möge ihr aquamarinfarbenes Licht in einer neundimensionalen Frequenz durch Sie hindurchgießen, damit Sie ihre unglaubliche Liebe, ihr Mitgefühl und ihre Reinheit des Herzens erfahren. Spüren Sie die Federn ihrer Flügel um sich, die Sie in einen Kokon aus göttlicher Glückseligkeit einhüllen.
16. Rufen Sie Erzengel Butyalil an, er möge sein reinweißes, neundimensionales Licht durch Sie hindurchgießen und Ihnen damit helfen, Ihre göttliche Herrlichkeit zu erkennen und sich von den großen Strömungen Ihres Lebens tragen zu lassen.
17. Rufen Sie Erzengel Sandalphon an, er möge sein neundimensionales Silberlicht durch Sie hindurchgießen und Ihnen damit helfen, sich vollkommen im Herzen der Göttin Gaia zu erden.
18. Rufen Sie Erzengel Roquiel an, er möge seine neundimensionale schwarze Energie durch Sie hindurchgießen und es Ihnen möglich machen, kraftvoller mit den Leylinien zu arbeiten und auf diese Weise dazu beizutragen, das Kristallnetz rund um den Planeten zu knüpfen.
19. Rufen Sie Erzengel Uriel an, er möge sein tiefgoldenes neundimensionales Licht durch Sie hindurchgießen und Ihnen damit helfen, Ihre innerste Weisheit ans Licht zu bringen.

20. Rufen Sie Erzengel Chamuel an, er möge sein rosaweißes neundimensionales Licht durch Sie hindurchgießen und Ihr Herz damit erleuchten.
21. Rufen Sie Erzengel Michael an, er möge sein intensiv königsblaues, neundimensionales Licht durch Sie hindurchgießen, um Sie stärker zu machen und Ihre kosmische Kommunikationsfähigkeit zu erweitern.
22. Rufen Sie Erzengel Raphael an und bitten Sie ihn, sein neundimensionales kristallklar smaragdfarbenes Licht durch Sie hindurchzugießen, um Ihre Erleuchtung zu erweitern.
23. Rufen Sie Erzengel Jophiel an und bitten Sie ihn, sein neundimensionales kristallklar goldenes Licht durch Sie hindurchzugießen, um Sie mit höheren Energien im Universum zu verbinden.
24. Rufen Sie Erzengel Christiel an und bitten Sie ihn, sein neundimensionales goldenmilchweißes Licht durch Sie hindurchzugießen, um Ihre Verbindungen mit den höheren Meistern, Engeln und Lichtwesen aufleuchten zu lassen.
25. Rufen Sie Erzengel Mariel an, er möge sein neundimensionales magentafarbenes Licht durch Sie hindurchgießen, um die schnelleren Frequenzen Ihrer Seele voranzubringen.
26. Nehmen Sie zur Kenntnis, dass Ihre Energiefelder jetzt heller sind und sich ausgedehnt haben.
27. Bedanken Sie sich bei Meister Kuthumi und kehren Sie in der Gewissheit, dass ein Teil von Ihnen ein neundimensionaler lebender Meister ist, ins Wachbewusstsein zurück.

Die großen Meister und ihre Lektionen

Kapitel 31

Wie man ein intergalaktischer Meister wird

Der ursprüngliche göttliche Funke aus der Quelle ist Ihre Monade, und sie ist zwölfdimensional. Jeder von uns ist Teil einer unbeschreiblichen Monade. Ihre Monade schickt Aspekte von sich selbst in den Kosmos, um zu lernen und Erfahrungen zu machen. Sie sind als Seelenaspekte bekannt und ein Teil Ihrer Seele oder Ihres höheren Selbst. Sinn und Zweck der Erleuchtung ist es, alles von der höheren Warte Ihrer Seele aus zu sehen. Es ist ein wenig wie bei Großeltern, deren Kinder auf der ganzen Welt verstreut leben und schon eigene Kinder und Enkel haben. Sie sind alle mit der ursprünglichen Familie verbunden, auch wenn sie denken, dass sie den Kontakt verloren haben. Und sie alle sehnen sich nach einer Wiedervereinigung mit ihren weisen Großeltern.

Einerseits sind wir so unbedeutend wie ein Blatt an einem Baum. Andererseits sind wir einzigartig und unglaublich wichtig. Das gesamte Universum wäre anders, wenn wir nicht die wären, die wir sind! Wir leben in einem von vielen riesigen, miteinander verbundenen multidimensionalen Universen. Obwohl wir auf vielen Planeten und in vielen Galaxien, kosmischen Räumen und ätherischen Wirklichkeiten Wissen erworben haben, müssen wir uns gegenwärtig mit irdischen

Dingen auseinandersetzen. Wir bringen das Wissen, die Weisheit und das Licht mit in dieses Leben, die wir für diese Erfahrung brauchen. Unsere Seele verfügt über sehr viel mehr Erkenntnis, und wir können darauf zurückgreifen, wenn wir bereit dafür sind. Während wir erleuchtete Meister werden, bekommen wir immer mehr Zugang zu diesem Licht.

Wenn wir Meisterschaft erlangen, haben wir mehr Gelegenheiten zu dienen. Eine davon besteht darin, die Ausbildung zum intergalaktischen Meister zu machen. Dann agieren wir im Schlaf auf der Seelenebene, um dem Universum zu dienen. Ein Team aus Meistern arbeitet für das Intergalaktische Konzil und sorgt weit über dieses Universum hinaus für die Erhaltung von Gleichgewicht und Harmonie.

Viele Menschen, die gegenwärtig inkarniert sind, waren während ihrer Seelenexpansion schon mehrmals auf der Erde. Dieser Planet gilt zwar als schwieriges Lernfeld, aber hier entstehen auch Gefühle wie Liebe und Treue und der Wunsch zu dienen. Sehr viele Menschen, die unseren Planeten lieben, ehren und respektieren, fungieren auf den inneren Ebenen als Botschafter der Erde oder sogar als intergalaktische Meister.

Vielleicht möchten Sie lernen, ein intergalaktischer Meister zu werden. Vielleicht sind Sie aber auch schon einer, ohne es zu wissen, denn die Arbeit, die dafür nötig ist, wird auf einer unbewussten Ebene getan, und niemand kann beurteilen, was sich im Leben eines anderen Menschen abspielt. Eine Person, die immer müde oder krank ist und scheinbar nicht viel in ihrem Leben erreicht, verrichtet außerhalb ihres Körpers vielleicht unglaubliche Seelenarbeit. Vielleicht reist ihr Geist jede Nacht im Schlaf oder tagsüber in Tagträumen umher und ist als wunderbarer Heiler und Retter tätig oder leistet intergalaktische Arbeit.

Sie können nur dann intergalaktischer Bote, Unterhändler, Berater oder Arbeiter werden, wenn Ihre zwölf fünfdimensionalen Chakras voll aktiv und Sie zu dienen bereit sind. Viele von uns haben diese intergalaktischen Rollen übernommen, als sie im Goldenen Zeitalter von Atlantis inkarniert waren. Jetzt ist die Zeit des Erwachens gekommen. Es ist Zeit, die Schlüssel und Codes in unseren Energiefeldern zu reaktivieren. Wenn Sie den energetischen Zug spüren, ist dies vielleicht genau der richtige Moment, sich für einen Revisionskurs anzumelden.

Intergalaktische Meisterschaft

Kapitän Aschtar und Serafina, die mächtige Serafim, bilden in zwölf intergalaktischen Schulen Wesen zu Botschaftern der Erde aus. Rufen Sie Kapitän Aschtar an, und wenn dies der richtige Weg für Sie ist, wird er Ihnen eine Einladung für den Besuch dieser Schulen ausstellen. Diese Einladung wird in Ihre Energiefelder gestellt, und Sie können sie jetzt oder zu einem späteren Zeitpunkt annehmen.

Kapitän Aschtar arbeitet eng mit Meister Marko zusammen. Letzterer war schon in Atlantis ein ganz Großer und wurde später das Oberhaupt der Inka-Zivilisation. Er ist ein Repräsentant der höchsten galaktischen Konföderation in unserem Sonnensystem.

Die Hauptstadt unseres Sonnensystems liegt auf dem Saturn. Sie wird vom Rat der Neun, einem erweiterten Gruppenbewusstsein, verwaltet. Im Goldenen Zeitalter von Atlantis nahmen die Hohepriester und -priesterinnen dort an bestimmten Treffen teil und bekamen über die ätherischen Autobahnen des großen Kristalls von Atlantis Zugang zum Saturn in ihrem Geistkörper.

Ein weiterer mächtiger Meister, der bei der Erlangung der intergalaktischen Meisterschaft helfen kann, ist Meister Hilarion, ein Mitglied des Intergalaktischen Konzils, der eng mit Kapitän Aschtar und Meister Marko zusammenarbeitet. Gegenwärtig fungiert er im Rat des Saturn als Unterhändler der Erde.

Es gibt Tausende von großartigen Wesen, die im ganzen Universum tätig sind. Unter ihnen möchten wir vor allem den bekannten Serapis Bey erwähnen, den großen Hohepriester von Atlantis, der die weiße Flamme von Atlantis getragen hat. Nach dem Untergang von Atlantis war er in seinem Geistkörper zusammen mit Erzengel Metatron und Thot am Bau der großen ägyptischen Pyramide beteiligt. Diese kosmische Pyramide ist energetisch mit Sirius und Orion verbunden, und das Wissen und die Weisheit dieser Sterne und Galaxien gelangt auf galaktischen Wegen zu ihr. Die Schlüssel und Codes der universellen Weisheit werden dort aufbewahrt. Sie ist ein riesiger kosmischer Computer. Beispielsweise haben Thot und Serapis Bey diesen Computer darauf programmiert, die Kundalini des Planeten zu aktivieren, die zusammengerollt im Erdstern in London, England, liegt. Sie erhob sich genau im kosmischen Moment um 11:11 Uhr am 21. Dezember des Jahres 2012. Zur selben Zeit öffneten sich die dreiunddreißig kosmischen Portale für das Christuslicht.

In Serafinas intergalaktischer Schule lernen wir nicht nur etwas über unsere unmittelbare Umgebung, die Erde. Der Unterricht deckt auch verschiedene Sternensysteme ab. Wenn Sie daran teilnehmen, bekommen Sie ein echtes Gefühl dafür, was es heißt, ein erleuchtetes Kind des Universums zu sein.

Wenn Sie also eine leidenschaftliche Liebe für die Erde hegen und den Wunsch haben, sie zu beschützen, möchten Sie vielleicht einiges von Ihrer Energie investieren, um ein intergalaktischer Meister zu werden.

Einer der ersten Schritte in dem Prozess, der zur intergalaktischen Meisterschaft führt, besteht darin, Ihre Chakras mit den entsprechenden Sternen verbinden zu lernen, denn die Sterne, Planeten und Galaxien sind die heiligen Chakras des Universums. Es gibt derzeit viele Menschen, die dies praktizieren. Es ist so wichtig, dass wir es sowohl in unseren Seminaren als auch durch CDs und Downloads lehren.

Indem Sie Ihre Chakras mit den Sternen verbinden, laden Sie das Wissen, die Weisheit und das Licht, das sie enthalten, in Ihr eigenes Chakrasystem. Weil Lichtfinger ins Universum greifen und reines Licht von dort hierherbringen, wird Ihre Aura immer stärker, klarer und strahlender.

Wenn Ihre fünfdimensionalen Chakras an die Himmelskörper angeschlossen werden, die in der Frequenz der siebten Dimension schwingen, wird Ihr Energiesystem mit Licht überflutet, das absorbiert und integriert werden muss. Sie müssen vielleicht ganz zur Ruhe kommen, damit dies geschehen kann.

Wenn Sie diesen Planeten wirklich sehr lieben und ihm auf einzigartige Weise dienen möchten, kann es hilfreich sein, einigen der intergalaktischen Meister zu begegnen und ihre Energie zu absorbieren. Erzengel Butyalil, der reinweiße Engel, der für den Fluss der kosmischen Strömungen verantwortlich ist und sicherstellt, dass sie in kosmischer Harmonie sind, wird Sie in Serafinas Schule begleiten, wenn Sie ihn darum bitten.

Visualisierungsübung: Eine Begegnung mit den intergalaktischen Meistern

1. Bereiten Sie einen Platz vor, an dem Sie sich entspannen können und ungestört sind.
2. Bleiben Sie ganz ruhig sitzen und atmen Sie bequem in der Absicht, die intergalaktischen Meister kennenzulernen, die Ihnen helfen können.
3. Konzentrieren Sie sich auf Ihren aktivierten Erdstern.
4. Bitten Sie Erzengel Michael, seinen tiefblauen Schutzmantel um Sie zu legen.
5. Zünden Sie eine Kerze an und weihen Sie sie dem Dienst, in dem Sie stehen.
6. Sie nehmen wahr, wie eine reinweiße Flamme auf Sie zukommt. Aus diesem Licht tritt Serapis Bey. Er steht vor Ihnen, schaut Ihnen in die Augen, und Sie merken vielleicht, wie Licht in Ihren Kopf fließt.
7. Und jetzt scheint ein blendend goldenes Licht auf Sie, und Sie merken, dass Kapitän Aschtar Sie anlächelt, während er Erinnerungen an Ihre früheren Leistungen in Ihnen weckt. Das dauert vielleicht nur den Bruchteil einer Sekunde, aber es wird Ihnen helfen, wichtige Entscheidungen zu treffen.
8. Meister Hilarion erscheint in einem orangefarbenen Lichtflash. Er berührt Ihr Drittes Auge, und die höheren Möglichkeiten, die in Ihrer göttlichen Blaupause enthalten sind, scheinen einen Moment lang auf.
9. Schließlich steht Meister Marko in einem von Sternen übersäten grün-purpurnen Mantel vor Ihnen. Er neigt sich in Ihre Richtung, und sein Licht dringt in Ihr Herz.
10. Bedanken Sie sich bei den Meistern, bevor sie wieder gehen.

11. Ihre Aura dehnt sich jetzt so weit aus, dass sie die ganze Erde umfasst. Dann erstreckt sie sich bis ins Universum.
12. Eine Tür mit der Aufschrift »Intergalaktischer Unterricht« erscheint vor Ihnen. Wenn Sie möchten, können Sie sie aufstoßen.
13. Ein reinweißes, blendendes Licht erfüllt den Raum. Erzengel Butyalil erwartet Ihre Entscheidung.
14. Wenn Sie mit ihm in Serafinas Schule gehen möchten, wird er Sie heute Nacht im Schlaf dorthin begleiten. Nutzen Sie den Tag, um Ihre Frequenz zu erhöhen, damit Sie für diesen fantastischen spirituellen Fortschritt bereit sind.

Kapitel 32

In die Fußstapfen der Erleuchteten treten

Erleuchtung bringt es mit sich, dass man alles von einer höheren Warte aus wahrnimmt und einfach beobachtet, ohne zu be- oder verurteilen. Metaphorisch betrachtet stehen Sie als erleuchteter Meister mit geöffnetem Kronenchakra, Drittem Auge und Herzchakra auf dem Gipfel eines Berges und betrachten das ganze Bild Ihres Lebens und des Lebens anderer Menschen, wie es sich unter Ihnen ausbreitet.

Ihr offenes Kronenchakra zeigt an, dass Sie in Ihrer Macht und Majestät stehen, dass Sie die Situation unter Kontrolle haben und dass Sie höhere Energie und Weisheit aus den unendlichen Weiten des Universums empfangen. Die müssen Sie erden. Auf der geistig-spirituellen Ebene sind Sie ein König/eine Königin oder ein Kaiser/eine Kaiserin.

Ihr Drittes Auge ist jetzt eine spiegelblanke Kristallkugel. Sie sehen mit absoluter Klarheit, weil sämtliche Schleier der Illusion aufgelöst wurden. Es ist, als schauten Sie durch ein sehr sauberes Fenster mit aufgezogenen Vorhängen. Sie können durch die Nebel der menschlichen Irrtümer auf das göttliche Licht schauen, das dahinter leuchtet, wo nur noch Liebe ist. Sie müssen dieses Licht noch nicht einmal mit Ihren physischen Augen sehen. Es genügt zu wissen, dass es da ist.

Ihr Herzchakra ist ganz offen, seine dreiunddreißig Blütenblätter schimmern weiß. Als erleuchteter Meister halten Sie niemals dichte Emotionen in Ihrem Herzen fest, weil Sie die Wahrheit sehen und fühlen können, nämlich dass alles getan wird, weil man auf der Suche nach Liebe ist oder sich im Rahmen einer vor diesem Leben geschlossenen Seelenvereinbarung verpflichtet hat zu dienen. Deswegen gibt es kein Urteil und nichts, weswegen man verletzt sein müsste.

Deswegen sieht die Blaupause für die höheren erleuchteten Meister der fünften Dimension vollkommene Gesundheit und Gelassenheit vor.

In dieser Zeit des besonderen spirituellen Fortschritts haben wir alle die Chance, dieses Ziel zu erreichen. Alle, die noch in diesem Leben die Meisterschaft erlangen möchten, können jetzt in die Fußstapfen der großen Erleuchteten treten. Sie haben uns einen Weg bereitet und sind nun bereit, uns die Hand zu reichen und zu helfen. Wenn wir von ihnen lesen, über sie sprechen und uns auf sie einstimmen, werden wir von ihrem Licht berührt und vorangetrieben. Und dadurch, dass wir selbst lebende Meister sind, sorgen wir dafür, dass andere auf ihrem Weg ein Stück vorankommen.

Alle diese mächtigen Wesen, denen wir nachfolgen, wurden in mehreren Leben auf die Aufgaben vorbereitet, die sie später erfüllt haben. Sie möchten Sie daran erinnern, dass auch Sie sowohl in physischen Körpern als auch auf den inneren Ebenen auf dieses ganz besondere und beispiellose Leben vorbereitet wurden. Machen Sie nicht den Fehler, die Kraft der Planung zu unterschätzen, die in Ihr Leben eingeflossen ist. Nehmen Sie die Herausforderung an, und führen Sie ein außergewöhnliches Leben. Das wird Ihre gesamte Seelenreise zu Meisterschaft und Erleuchtung beeinflussen, und Sie können wiederum Hunderte oder Tausende von Menschen entsprechend beeinflussen.

Im Folgenden erfahren Sie mehr zu einigen der Erleuchteten, die jetzt bereit sind, Ihnen zu helfen.

Meister Lanto

Meister Lanto ist einer der liebevollsten erleuchteten Meister, die je auf diesem Planeten gelebt haben. Ein goldenes und gelbrosafarbenes Licht fließt aus seinem von Liebe erfüllten Geist. Noch wunderbarer ist, dass sein Herzzentrum, als er auf der Erde lebte, so hoch entwickelt war, dass Menschen das Licht, das von seinem Herzen ausging, durch seine Haut scheinen sehen konnten.

Er hat jetzt eingewilligt, der Meister des Zweiten Strahls der Weisheit und Erleuchtung zu sein, also eine Rolle zu übernehmen, für die er absolut überqualifiziert ist, aber sein enormes Charisma ermöglicht es jedem, über das Licht dieses Strahls schneller zu Meisterschaft und Erleuchtung zu gelangen.

Wie Saint Germain, der auch der Zauberer Merlin war, ist Lanto ein Meister der Alchemie. Das bedeutet, dass er Licht in physische Manifestationen verwandeln kann.

Sein Zufluchtsort (Retreat) liegt über der Teton Range, einer Bergkette in Wyoming, USA, und er war Meister des Rates im Royal Teton Retreat. (Sein Nachfolger war der Aufgestiegene Meister Konfuzius.) Das Royal Teton Retreat ist auch der Ort, an dem sich die Große Weiße Bruderschaft trifft. Meister Lanto setzte eine goldene Flamme der Erleuchtung, die das Christuslicht enthielt, über diese Berge, um all diejenigen zu beeinflussen, die bereit sind, seine Weisheit zu empfangen. Außerdem verankerte er eine goldene Flamme der Erleuchtung in China, und zwar am Zufluchtsort der Erzengel Jophiel und Christine, um das chinesische Volk zu unterstützen.

In einem früheren Leben war er der Gelbe Kaiser, ein gütiger Herrscher, der ein fortschrittliches Regierungs- und Rechtssystem in China einführte und Musik, Kunst und den Taoismus förderte. Fünfzehnhundert Jahre später wurde er als Herzog von Zhou, ebenfalls ein chinesischer Herrscher, wiedergeboren. Wieder gehörte er zu den Weisen, die mit gutem Beispiel vorangingen und im Einklang mit dem Himmel herrschten.

In all seinen Leben studierte und praktizierte er den Weg der Weisheit und Liebe. Wir auf der Erde können uns auf ihn einstimmen und von seinem außergewöhnlichen Licht profitieren.

Visualisierungsübung: Eine Begegnung mit Meister Lanto

1. Suchen Sie sich einen ruhigen Ort, an dem Sie ungestört sind.
2. Stellen Sie sich vor, es ist ein heißer Tag und Sie stehen unter einem reinen, schimmernden weißen Wasserfall.
3. Treten Sie heraus und fühlen Sie sich ganz sauber und gereinigt. Stellen Sie sich in die herrlich warme Sonne, bis Sie trocken sind.
4. Nehmen Sie wahr, wie der unglaubliche Meister Lanto auf Sie zukommt. Seine Aura schimmert in Gelb und Rosa, und aus seinem Herzzentrum strahlt rosafarbenes Licht.

5. Während er sich nähert, spüren Sie, wie seine goldene Weisheit und allumfassende Liebe über Sie hinweg- und durch Sie hindurchfließt. Tauchen Sie ganz in seine Energie ein und entspannen Sie sich.
6. Meister Lanto lächelt Sie an und lädt Sie ein, mit ihm in die Teton-Berge zu reisen.
7. Sie begleiten ihn in diese Berge und stellen sich gemeinsam mit ihm in die goldene Flamme der Erleuchtung.
8. Dann zieht er sich allmählich zurück und verschwindet schließlich ganz. Ihre Aura strahlt jetzt in Gold und Rosa.

Babaji

Babaji bedeutet einfach »verehrter Vater«. Er ist ein Mahavatar, was »großer Avatar« bedeutet. Und in der Tat ist er einer der größten Avatare aller Zeiten. Er ist als der todlose Avatar bekannt, weil er der Menschheit schon seit Tausenden von Jahren dient und sogar den Tod überwunden hat. Er kann nach Belieben auftauchen, verschwinden oder sich unsichtbar machen.

Babaji ist in permanenter Kommunion und Kommunikation mit Christus. Sie arbeiten gemeinsam an der Verbesserung der Welt.

Babaji wacht auch über den Fortschritt von Individuen und der ganzen Menschheit. Diana bekam einmal ein Foto von einem Tai-Chi-Kurs geschickt, über dem ein herrlich strahlender Orb mit dem Geist von Babaji zu sehen war, der über die Kursteilnehmer wachte. Bei einer anderen Gelegenheit, als ein Yogakurs in ihrem Haus stattfand, erschien ein Orb über dem Lehrer. Wieder befand sich der Geist von Babaji darin, aber dieses Mal beobachtete und bewertete er den spirituellen Fortschritt des Yogalehrers.

Als sie ganz entspannt in ihrem Sessel saß und darüber nachdachte, über wen sie in diesem Kapitel schreiben sollte, dachte Diana an Babaji, und kaum war dies geschehen, erschien er auch schon und schwebte in einer herrlichen transparenten Lichtkugel auf Augenhöhe an ihr vorbei. Das fühlte sich so friedlich und normal an, dass sie keine Ehrfurcht empfand, sondern einfach nur Entzücken. Wie üblich verschwanden all die großen spirituellen Fragen, die sie hätte stellen können, aus ihrem Kopf, und sie fragte nach der Blase, in der er da reiste. War dies ein hochfrequenter Orb? Er erinnerte sie daran, dass jedes Wesen, das jemals verkörpert war, mit einem Engel reisen muss für den Fall, dass sein menschliches Mitgefühl das Gleichgewicht seines Karmas stört. Deshalb werden selbst die größten Meister in einem Engel-Orb gesichtet. In Babajis Fall war der Orb sein Schutzengel. Weil unsere Engel spirituelle Fortschritte machen und ihre Frequenz erhöhen, genau wie wir auch, schimmerte Babajis Engel wie ein Serafim mit unglaublicher Leuchtkraft. Und dass es so vollkommen klar war, war ein Hinweis darauf, dass das Engelwesen eher seine aktive männliche Energie einsetzte als sein milchig opakes weibliches Licht. Offensichtlich sollte dies Babaji vor den niedrigeren Frequenzen der Menschen schützen. Er schwingt mit einer zwölfdimensionalen Frequenz.

In dieser Nacht kam Babaji noch einmal angeschwebt, und dieses Mal lud er Diana ein, mit ihm zu reisen. Sofort saß ihre Seele neben ihm in seinem Orb. Sie reisten in den Himalaja, schwebten gemeinsam hoch über den Bergen, und er zeigte ihr die aufgestiegene Welt und die herrliche Zukunft, die wir alle anstreben. Alles schien möglich!

Das Wunderbare war, dass Babajis Energie in den nächsten paar Tagen immer noch in ihrem Haus zu spüren war, und zwar nicht nur von Diana selbst, sondern auch von Tim, als er sie besuchen kam.

Indem Sie etwas über Babaji lesen oder ihn anrufen, ziehen Sie automatisch seinen geistigen Segen an. Einen Moment lang werden Sie von einer zwölfdimensionalen Energie berührt, die über alles hinausgeht, was Sie begreifen können. Das bringt Sie auf Ihrer Reise zur erleuchteten Meisterschaft entscheidend voran.

VISUALISIERUNGSÜBUNG:
Eine Begegnung mit Babaji

1. Suchen Sie sich einen ruhigen Ort, an dem Sie ungestört sind.
2. Eine große durchsichtige Blase schwebt auf Sie zu. Darin sitzt mit gekreuzten Beinen der erlauchte Babaji.
3. Wenn der Ball bei Ihnen angekommen ist, öffnet er sich, und Sie finden sich in seinem Innern neben Babaji sitzend wieder.
4. Sie spüren seinen unglaublichen Frieden und die Freude, die er ausstrahlt, während Sie durch den klaren blauen Himmel über dem Himalaja gleiten.
5. Vielleicht hören Sie die Serafim singen.
6. Für den Bruchteil einer Sekunde sehen Sie die Welt aus Babajis zwölfdimensionaler Sicht. Atmen Sie tief durch, während Sie dadurch unbewusst aufgeheitert werden.
7. Die Sonne geht über den Bergen auf und verkündet eine neue Welt, während Sie mit Babaji dorthin zurückschweben, wo Ihre Reise begonnen hat.

8. Der unsterbliche Avatar Babaji gibt Ihnen noch ein paar Leitgedanken mit, bevor er entschwindet.
9. Senden Sie dem Mahavatar Babaji Ihren Dank.
10. Öffnen Sie die Augen in der Gewissheit, dass Sie Ihre inneren Schlüssel zu Erleuchtung und Meisterschaft aktiviert haben.

Meister Josia

Josia ist ein weniger bekannter Erleuchteter, der uns aber dennoch viel zu lehren hat. Er kommt vom Sirius und ist jetzt der Herr des Karmas für den Neunten Strahl.

Er war einst der König von Judah. Als er acht Jahre alt war, wurde sein Vater, Amon, ermordet, und er blieb ohne ein starkes männliches Vorbild und einen Beschützer zurück. Doch das machte Josia nur stärker. Später führte er religiöse Reformen ein, die Reinheit und Tugend in die Kirche brachten.

In einem anderen Leben inkarnierte er in Pompeji. Als die Stadt durch einen Vulkanausbruch zerstört wurde, überlebte er die Katastrophe nicht. Er blieb jedoch ruhig und gesammelt, wusste genau, was zu tun war, und bildete zusammen mit Erzengel Uriel, dem Engel des Friedens und der Weisheit, eine Brücke, um anderen bei diesem Übergang zu helfen. Ein Ergebnis seines selbstlosen Handelns war, dass einige der damals ums Leben Gekommenen den Aufstieg schafften und noch vielen anderen sehr geholfen wurde.

Als Diana diese Information erstmals von ihrem Geistführer Kumeka für *Orbs, Wegbereiter für den Aufstieg ins Licht* bekam, war sie sprachlos und tief beeindruckt. Noch heute bittet sie darum, dass ihre Seele, wenn sie einst stirbt, als Brücke für andere fungieren möge. Es scheint ein so wunderbarer

Akt des Dienens zu sein, anderen auch noch in der letzten Minute des eigenen Lebens zu helfen.

Josia hilft immer noch bei den Folgen von Vulkanausbrüchen und Erdbeben. Wenn Sie in eine solche Katastrophe verwickelt sind oder in den Nachrichten davon hören oder Bilder davon sehen, sollten Sie ihn und sein Team aus Lichtarbeitern um Hilfe bitten. Er bringt transzendente Liebe, wohin er auch geht.

VISUALISIERUNGSÜBUNG:
Eine Begegnung mit Meister Josia

1. Suchen Sie sich einen Ort, an dem Sie ganz in Ruhe sein können. Zünden Sie eine Kerze an, wenn Sie möchten.
2. Sehen Sie Ihr Erdsternchakra unter sich als einen großen silbernen Ball, der Sie erdet.
3. Bitten Sie Erzengel Gabriel, seinen großen Diamanten der Reinheit und des Schutzes über Sie zu platzieren, und nehmen Sie sich selbst wahr, wie Sie darin sitzen.
4. Nehmen Sie den mächtigen Meister Josia wahr, der vor Ihnen steht. Er streckt die Hand aus, und Sie ergreifen sie.
5. Sie folgen ihm zu einem großen geistigen Berg. Am Fuße dieses Berges rufen Tausende von verängstigten Seelen um Hilfe.
6. Sie und Meister Josia mischen sich unter sie und verbreiten Ruhe und Frieden.
7. Der schöne, weise goldene Erzengel Uriel arbeitet mit Ihnen zusammen.
8. Dann bilden Ihre Seelen eine riesige Brücke, und alle diese verängstigten Seelen gehen über Sie in die höheren Gefilde ein.

9. Sie blicken verwundert auf das Ergebnis Ihres Aktes der dienenden Nächstenliebe.
10. Meister Josia dankt Ihnen und erinnert Sie daran, an der Absicht, anderen zu dienen, festzuhalten, wann immer es Ihnen möglich ist.
11. Erzengel Uriel platziert goldenes Licht in Ihre Aura.

Peter der Große

Nach vielen Inkarnationen als Adliger wurde Peter der Große im 17. Jahrhundert Zar und Großfürst und im 18. Jahrhundert der erste Kaiser von Russland. Er führte umfangreiche Reformen zur Verbesserung der Lebensbedingungen in Russland ein und wollte das Land als große Nation etablieren. Wie bei den meisten großen Meistern stießen seine Veränderungen auch auf Widerstand, aber er konnte sie überwinden und nach diesem Leben aufsteigen.

In jenem Leben liebte er die Natur und die Tiere, und jetzt überwacht er Bewegungen zum Schutz der Umwelt. Er arbeitet mit Erzengel Fhelyai, dem Engel der Tiere, zusammen, damit Menschen verstehen, was für ganz besonders spirituelle Wesen diese Kreaturen sind. In dieser Weise trägt er zu einer Veränderung des Bewusstseins bei, das Menschen gegenüber Tieren haben. Und wenn Umweltsünder sterben, arbeiten er und Erzengel Purlimiek, der Engel der Natur, mit ihnen und helfen ihnen, die Auswirkungen dessen zu verstehen, was sie getan haben.

Im Zuge eines der frühen Atlantis-Experimente wurde der Kontinent regelrecht mit gewaltigen Tieren – riesige Elefanten, Mammuts, gigantische Vögel, Katzen, Pferde und viele andere Kreaturen – überschwemmt, die sehr aggressiv wurden. Das Leben auf der Erdoberfläche wurde fast unmöglich, und als alle friedlichen Methoden, diese Kreaturen unter Kontrolle zu bekommen, scheiterten, wurden mehrere Nationen zu einer Konferenz geladen, um die Situation zu besprechen. Delegationen aus Russland, dem Sudan, Indien und Peru teleportierten nach Atlantis. Schließlich zündeten sie im Jahr 52 000 vor unserer Zeitrechnung in unterirdischen Kammern Atombomben in der Hoffnung, dies würde die Tiere töten. Die Nachwirkungen dieses Ereignisses sorgten zwar für die Auslöschung der Kreaturen, aber letztendlich auch für das Verschwinden aller Menschen. Als eine Folge davon verschob sich die Erdachse zweitausend Jahre später, und aus Atlantis wurden schließlich fünf Inseln.

Der Atomstaub dieser nuklearen Explosionen kontaminiert die Erde nach wie vor, und Peter der Große ist immer noch damit beschäftigt, sie auf einer tieferen Ebene zu reinigen und zu heilen.

Er ist jetzt Herr des Karmas für den Elften Strahl und trägt dazu bei, Frieden und Heilung auf den Planeten zu bringen.

Visualisierungsübung:
Eine Begegnung mit Peter dem Großen

1. Suchen Sie sich einen Ort, an dem Sie ganz in Ruhe sein können. Zünden Sie eine Kerze an, wenn Sie möchten.
2. Lassen Sie Ihre Wurzeln tief ins Herz der Göttin Gaia wachsen.
3. Bringen Sie den goldenen Christusstrahl für Ihren vollkommenen Schutz herunter, indem Sie sagen: *»Ich, (Name), rufe den goldenen Christusstrahl an.«*
4. Sie nehmen einen Saal voller Menschen wahr, die sich einen Vortrag über Umweltthemen anhören.

5. Hinter dem Vortragenden steht Peter der Große und versucht, die Zuhörer so zu beeinflussen, dass sie bereit sind, dem Planeten zu helfen.
6. Meister Peter sieht Sie und ruft Sie zu sich. Er bittet Sie, sich eine Vision der Erde als klarer, schöner und nicht verschmutzter Planet zu bewahren.
7. Erzengel Fhelyai, der prächtige gelbe Engel der Tiere, steht neben Ihnen. Senden Sie sein gelbes Licht aus, um den Geist der Menschen zu berühren und sie zu befähigen, die wirklich wunderschönen Seelen der Tiere zu sehen.
8. Jetzt reist Meister Peter mit Ihnen, um Ihnen ein tiefes Loch zu zeigen, das bis ins Zentrum der Erde reicht. Es ist voll von dem radioaktiven Material der Bomben, die damals in Atlantis gezündet wurden.
9. Gemeinsam gießen Sie weißes Licht dort hinein.
10. Meister Peter legt seine Hand auf Ihre Schulter und dankt Ihnen für Ihre hilfreiche Tätigkeit.
11. Er fordert Sie auf, auch weiterhin mit ihm zu arbeiten, um seine Mission zu unterstützen und Sie auf Ihrem Weg zur Meisterschaft schneller voranzubringen.

Kapitel 33

Meister Wuslu

Das erleuchtete Wesen Wuslu ist ein universeller Aufgestiegener Meister und Herr des Lichts, der in der elfdimensionalen Frequenz schwingt und aus einem anderen Universum kommt. Ursprünglich ist er über Helios, die große Zentralsonne, in dieses Universum gelangt, und über Neptun, den Planeten des höheren geistigen Bewusstseins, senkt er seine Frequenz stufenweise ab.

Er hat der Erde in entscheidenden Zeiten geholfen, nämlich immer dann, wenn ein Quantensprung im Bewusstsein auf dem Planeten stattgefunden hat. Er war ein Weiser in der Zeit von Mu, einem vierdimensionalen nicht physischen Goldenen Zeitalter auf der Erde, und half den Wesen dieser Zeit, in die fünfte Dimension aufzusteigen. In der Zwischenzeit hatte er ihnen geholfen zu erfahren, weswegen sie ursprünglich hierhergekommen waren. Daher sind sie auf die inneren Ebenen zurückgekehrt.

Dieser glorreiche Aufgestiegene Meister half der Erde auch im Goldenen Zeitalter von Atlantis. Aus allen Universen kamen diejenigen, die dem Aufruf zur Teilnahme am letzten Experiment von Atlantis gefolgt waren. Die Schwingung der 144 000 Freiwilligen, die tatsächlich ausgewählt wurden, lag im oberen Spektrum der fünften Dimension. Die ersten zwölf

Hohepriester und -priesterinnen des Goldenen Zeitalters befähigten diese Seelen, die Erde zu verstehen, und halfen ihnen, ihre Frequenz aufrechtzuerhalten.

Als das Goldene Zeitalter den Zenit seiner Evolution erreicht hatte, wurden neue Hohepriester und -priesterinnen eingeladen, welche die Menschen darauf vorbereiten konnten, die Gaben und Kräfte voranzubringen, die bereits in ihnen angelegt waren, vor allem die Fähigkeit, Kristalltechnologie einzusetzen. An diesem Punkt kam Meister Wuslu als derjenige, der den nächsten Schritt überwachte, ins Spiel. Als das Wesen mit der höchsten Frequenz, das sich jemals als Hohepriester verkörpert hatte, trug er die Schlüssel und Codes in seinen Energiefeldern, welche die fünfdimensionalen Kristall-Blaupausen der ausgewählten Atlanter vollständig erhellte und den Bewusstseinssprung möglich machte, der die ganze Großartigkeit des Goldenen Zeitalters von Atlantis zum Vorschein brachte.

Weil unser außerordentlicher Planet gegenwärtig eine beispiellose doppeldimensionale Veränderung durchmacht, ist der mächtige Meister Wuslu wieder hier, diesmal vor allem, um bei unserem Aufstieg zu helfen.

Auf seiner Seelenreise beherrschte er alle Frequenzen des Neunten Strahls, des prächtigen gelben Strahls der Harmonie und des perfekten Gleichgewichts. In Atlantis war er sogar ein solcher Meister des Gleichgewichts zwischen männlichen und weiblichen Energien, dass er androgyn wurde. Im Jahre 2001 brachte er den Neunten Strahl zurück auf den Planeten. Er nahm aber keinen physischen Körper an, sondern wurde zum Chohan dieses Strahls.

Dieser sehr hochfrequente Strahl ist in einem wunderbar warmen Sonnengelb gefärbt. Er badet diejenigen, die Zugang dazu bekommen, in Freude und dem Wunsch, für Harmonie in sich selbst und auf dem Planeten zu sorgen. Seine Schwingung fördert Zusammenarbeit, Gemeinschaftsgefühl, Frieden, Zielstrebigkeit und perfektes Gleichgewicht. Indem er diese sonnengelbe Energie in die Köpfe, Chakras und Energiefelder von Individuen und Gruppenseelen gießt, die bereit dafür sind, arbeitet Meister Wuslu beharrlich daran, das Bewusstsein der Menschheit auf das neue Goldene Zeitalter vorzubereiten. Er hat die Vision, uns allen bei einem sanften Übergang in höhere Gefilde zu helfen.

Sonnengelb ist eine fröhliche Farbe, und indem wir ihre Frequenz in uns aufnehmen, können wir wahre Freude, Zufriedenheit, Gnade und Glückseligkeit erfahren, genau wie die Menschen im Goldenen Zeitalter von Atlantis. Außerdem wird unser Bestreben, auf unserer goldenen Aufstiegsreise weiterzufliegen, gesteigert. Wenn Lichtarbeiter dieses gelbe Licht in ihrer Aura haben und ausstrahlen, wird es ihnen möglich, sich als Leuchtfeuer der Wahrheit und Weisheit für das neue Goldene Zeitalter hervorzutun.

Durch diesen gelben Strahl hilft uns Meister Wuslu nicht nur, die großartigste Weisheit des Goldenen Atlantis zu verstehen, sondern heilt auch die tiefsten Wunden unserer Seele. Er wirkt stärkend und ausgleichend auf alle Schlüssel, Codes und die heilige Geometrie in unserer Blaupause und unseren Körperzellen, die von niederen Frequenzen verzerrt wurden. So können göttliche Perfektion und vollkommene Gesundheit in unserer energetischen Matrix etabliert werden.

Dieser Strahl gehört zu denen, die unsere zwölf Chakras aufhellen und in Einklang bringen. Wenn die zwölf Chakras ausgeglichen und aktiv werden, verbinden sich auch unsere zwölf DNA-Stränge allmählich wieder, und das widerfährt immer mehr Menschen, wenn sie fünfdimensional werden. Hinzu kommt, dass seit 2012 immer mehr Babys geboren werden, bei denen die zwölf DNA-Stränge bereits verbunden sind. Diese Stränge sind inaktiv, bis sie aktiviert werden, aber die Sonnenscheinenergie des Neunten Strahls, die von Meister Wuslu gelenkt wird, hilft, sie zu reaktivieren. Sie können auch die Einhörner und die violette Flamme des kosmischen Diamanten bitten, die Energie um diejenigen, die für die Reaktivierung ihrer zwölf DNA-Stränge bereit sind, klar, hoch und gesegnet zu halten. Dann werden noch mehr Wunder geschehen.

Der Neunte Strahl hilft uns auch, unsere fünfdimensionale Blaupause vollständig zu aktivieren. Er erhellt alle Schlüssel und Codes unseres glorreichen göttlichen Potenzials, und wenn wir dazu bereit sind, befähigt er uns, auf erstaunliche Weise am Abenteuer des neuen Goldenen Zeitalters teilzuhaben. Wenn wir mit dem Licht des großen Meisters Wuslu verschmelzen, können wir den Himmel auf Erden erleben.

Zehntausend Jahre lang existierten Menschen und die meisten anderen Lebewesen der Erde auf Kohlenstoffbasis, was zur Folge hatte, dass sich ihre Chakras langsam drehten und sie nur schwaches Licht annehmen und ausstrahlen konnten. Bäume, Blumen, viele Tiere und Menschen und manche Insekten etablieren jetzt ihre fünfdimensionale Blaupause. Die fünfdimensionale Zwölf-Chakra-Säule steigt herab und verankert sich in ihnen, und während dies geschieht, wird ihre Struktur zunehmend kristallin statt kohlenstoffartig, sodass sie mehr Licht halten und ausstrahlen können.

Auf der Erde findet gerade ein Prozess statt, der diese Transformation beschleunigt. Erzengel Metatron und Meister Wuslu legen vier- und fünfdimensionale kristalline Energie um dreidimensionale Wesen, sodass sie, wenn sie aufwachen, unverzüglich aufleuchten können. Auf diese Weise werden Millionen von Menschen plötzlich erleuchtet und bereit, ihren Platz im neuen Goldenen Zeitalter einzunehmen.

Die Erde ist so gestaltet, dass wir auf zwei Dimensionen Zugriff haben, deren Frequenz höher ist als unsere eigene. Wenn wir dreidimensional sind, können wir uns mit der fünften Dimension verbinden und gelegentlich auch mit der siebten Dimension der Engelreiche. Eine dreidimensionale Person kann zeitweise durchaus offenherzig, großzügig, wahrhaft kooperativ und selbstlos sein, wird aber immer wieder in ihre gewohnten Muster zurückfallen. Eine fünfdimensionale Person kann sich auf einer viel konstanteren Basis mit den Engeln und Meistern der siebten Dimension verbinden. Außerdem kann sie sich mit dem überwältigenden und fast unbegreiflichen Licht und der von Freude erfüllten neunten Dimension verbinden.

Deswegen stehen uns auf der Erde seit dem kosmischen Moment im Jahre 2012 neundimensionale Energien zur Verfügung. Dazu gehören die blaue kosmische Rose der Plejaden, die kosmische violette Diamantflamme, der Mahatma, der goldene Christusstrahl, das kosmische Herz, die Instant-Sonne, die neundimensionalen Einhörner und das Licht der Meister des Orion.

Bevor die Erde anfing, ihre Frequenz zu erhöhen, zogen die großen Meister und Engel ein siebendimensionales Gitter um den Planeten, um in Vorbereitung auf den Aufstieg des Planeten in die fünfte Dimension ein höheres Licht auf uns scheinen zu lassen. Jetzt leiten Meister Wuslu und Erzengel Metatron ein Team aus hoch entwickelten Wesen, das mit dem Bau eines neundimensionalen Gitters um die Erde beschäftigt ist. Wenn Sie mit Meister Wuslu arbeiten, werden Sie vielleicht eingeladen, Teil dieses Teams zu sein.

Meister Wuslus ätherischer Zufluchtsort

Der ätherische Zufluchtsort von Meister Wuslu liegt oberhalb von Stonehenge, einem der ältesten und kraftvollsten Portale auf Erden. Es ist eines von nur vier interdimensionalen Zweiwegeportalen auf der Welt. Es ist ein irdischer Ankerpunkt für die heilige Geometrie des neundimensionalen Gitters, das alle Punkte unseres Universums mit einer sehr hohen Frequenz verbindet.

Tausende von Jahren war es geschlossen, und es ist immer noch nur teilweise geöffnet. Voraussichtlich wird es 2032 vollständig geöffnet sein. Dennoch, wenn Sie es in der Meditation oder im Schlaf besuchen, wird es Sie in Ihren siebendimensionalen Lichtkörper führen. Auf dieser Ebene sehen Sie mit Engelaugen. Mit anderen Worten, Sie sehen die göttliche Perfektion in jeder Person und Situation. Sie sind sich der Seelenvereinbarungen hinter vielen schwierigen Umständen bewusst. Sie sehen, wie die schimmernde Kugel des Friedens, der Liebe und der Harmonie über allen Gemeinschaften der Welt schwebt. Mit erleuchteten Augen sind Sie sich bewusst, dass sie nur auf einzelne Menschen in diesen Gemeinschaften wartet, die aufwachen und alles mit anderen Augen sehen, damit sie diese Menschen in ihren lichtvollen Energien baden kann.

Diana machte eine sehr schöne Erfahrung, als sie Meister Wuslus Zufluchtsort mit einer Gruppe von hochfrequenten Lehrern der Diana Cooper Foundation besuchte. Nur zweiundzwanzig Personen durften das heilige Zentrum des Steinkreises gleichzeitig betreten. Also blieb der Rest der Gruppe hinter der Absperrung und stimmte sich ein. Sie bildeten einen Kreis, und Diana stand ganz bewusst mit dem Rücken zur aufgehenden Sonne, sodass die anderen sehen konnten, wie die Sonne über den Horizont schipperte.

Sie erschufen einen Aufstiegsfahrstuhl, besuchten gemeinsam die siebendimensionale Kammer oberhalb von Stonehenge und bewegten sich dann noch weiter nach oben zum neundimensionalen ätherischen Zufluchtsort von Meister Wuslu, wo dieser sie schon freudestrahlend erwartete. Währenddessen muss die Sonne aufgegangen sein, weil Diana ihre Wärme auf dem Rücken spüren konnte, und es kam ihr vor, als werde sie in ihrem außergewöhnlichen sonnengelben Licht gebadet. Es war ein unbeschreibliches Gefühl.

Meister Wuslu und die Erzengel Metatron und Uriel arbeiteten mit der Gruppe, bis Diana spüren konnte, wie der gelbe Strahl um sie herum schimmerte und funkelte. Neundimensionale Energien flossen ein, und sofort breitete sich das goldgelbe Licht, das von ihnen ausging, im ganzen Universum aus und verband alle Sterne, Planeten, Galaxien und Formen heiliger Energie zu einem heiligen, von Gnade erfüllten Netz aus neundimensionalen geometrischen Linien. Die Gruppe half, das neue Lichtgitter für dieses Universum zu erschaffen.

Sie können das auch tun, indem Sie die folgende Visualisierungsübung machen.

Visualisierungsübung:
Meister Wuslu an seinem Zufluchtsort besuchen

1. Bereiten Sie einen Platz vor, an dem Sie sich entspannen können und ungestört sind.
2. Bleiben Sie ganz ruhig sitzen und atmen Sie bequem in der Absicht, Meister Wuslu an seinem ätherischen Zufluchtsort über Stonehenge zu besuchen.
3. Konzentrieren Sie sich auf Ihren aktivierten Erdstern.

4. Bitten Sie Erzengel Michael, seinen tiefblauen Schutzmantel um Sie zu legen.
5. Zünden Sie eine Kerze an und widmen Sie sie dem Wunsch, in Meister Wuslus Team zu dienen und allgemein Sonnenschein und Harmonie zu verbreiten.
6. Visualisieren Sie sich im Innern des uralten heiligen Steinkreises von Stonehenge. Wenn Sie sich das nicht vorstellen können, bitten Sie einfach darum, dort zu sein.
7. Sie stehen mitten in einem riesigen, von Licht angetriebenen Fahrstuhl, der von goldenen Engeln umgeben ist. Er trägt Sie immer weiter nach oben durch die Dimensionen in die harmonischen Gefilde der siebten Dimension.
8. Von hier sehen Sie Situationen, Menschen und das Leben auf der Erde durch ein diamantenes Engelportal. Mit den Augen der Engel sehen Sie, dass alles, was geschieht, auf Seelenvereinbarungen basiert. Jede Situation ist eine perfekte Lektion für die daran Beteiligten.
9. Der Fahrstuhl trägt Sie noch weiter nach oben zum ätherischen Zufluchtsort von Meister Wuslu in der neunten Dimension.
10. Als Sie aus dem Fahrstuhl steigen, wartet der mächtige Meister bereits auf Sie und strahlt vor Freude. Es ist, als bade Sie die sanfteste und doch hellste Sonne in ihrem Licht.
11. Erzengel Metatron mit seiner goldorange schimmernden Ausstrahlung steht neben ihm.
12. Gemeinsam platzieren sie einen Lichtball in Ihren Solarplexus. Es ist die neundimensionale Instant-Sonne.
13. Sehen oder spüren Sie, wie sich diese Instant-Sonne weit über Ihre Aura hinaus ausdehnt und eine Kugel aus neundimensionalem Licht um Sie herum bildet.

14. Sie zehrt alle niederen Energien in Ihrem Vierkörpersystem auf.
15. Den Rest zieht sie zusammen, bis nur noch eine kleine harte Kugel in Ihrem Solarplexus davon übrig ist.
16. Jetzt taucht Erzengel Uriel auf und tritt nach vorn. Er zieht die kleine harte Kugel aus Ihrem Solarplexus und händigt sie den Einhörnern aus. Die tragen sie weg und wandeln sie um.
17. Ihre Aura dehnt sich wieder aus, und Meister Wuslu erfüllt sie mit seinem schimmernden, funkelnden, sonnengelben Licht. Sie können sich nun Ihre höchste Vision für dieses Leben vor Augen führen, und sie wird im Licht der Manifestation gehalten.
18. Und jetzt werden die neundimensionalen Energien angezogen. Der goldene Christusstrahl vom Sirius, die blaue Rose von den Plejaden, der Mahatma, die violette Flamme des kosmischen Diamanten, die weiße Aufstiegsflamme, das weiße Licht des kosmischen Herzens und die Liebe der Göttin Gaia – sie alle ergießen sich in Ihre Aura.
19. Goldgelbes Licht strömt aus Ihnen heraus und verbindet alle Sterne, Planeten, Galaxien und Energieformen zu einem heiligen Netzwerk aus neundimensionalen geometrischen Linien. Sie tragen zur Schaffung eines neuen Lichtnetzes für dieses Universum bei.
20. Kehren Sie dorthin zurück, wo Sie in den Lichtfahrstuhl eingestiegen sind, und bedanken Sie sich bei Meister Wuslu und Erzengel Metatron.

Kapitel 34

Saint Germain und Merlin

Saint Germain ist einer der berühmtesten Aufgestiegenen Meister. Er stammt von Quishy, dem aufgestiegenen Aspekt des Saturns, und hier bekam seine erleuchtete Seele auch die höheren Einweihungen. Dies machte es ihm möglich, die notwendige geistige Disziplin auf die Erde und in andere Trainingseinrichtungen im Universum zu bringen. Der Weg der geistigen Disziplin, der in unseren fünfdimensionalen Basischakras verschlüsselt ist, machte es ihm möglich, seine Kräfte als Magier, Alchemist und unsterbliches Wesen zu entwickeln. Wenn wir auf unsere fünfdimensionalen Chakras zugreifen, lernen wir ähnliche Lektionen wie Saint Germain, um unsere geistige Disziplin als Meister zu verfeinern.

Saint Germain hatte eine außergewöhnliche Seelenreise. Als Aufgestiegener Meister hatte er mehr physische Inkarnationen als fast jeder andere Meister, und er hat Unsterblichkeit erlangt. In jeder seiner Inkarnationen durchlief er im Alter von neunundzwanzig Jahren außergewöhnlich schwierige Initiationen, um seine Bedeutung als Anführer vom Saturn unter Beweis zu stellen.

Als Comte de Saint Germain, ein europäischer Adliger, war er ein Alchemist und Magier, der dreihundert Jahre lebte und hinter den Kulissen wirkte, um der Welt zu helfen.

Als Merlin an König Artus' Hof genoss er große Verehrung als Weiser und Hexenmeister der natürlichen Ordnung. Er hatte die Elemente unter seiner Gewalt und arbeitete täglich mit ihnen. Wann immer es nötig war, die Geheimnisse von Avalon zu schützen, ließ er sie in den Nebeln, die er aufsteigen ließ, verschwinden, sodass niemand sie finden konnte. Er gebot auch über die Gewässer und ließ sie in Seen und Flussmündungen ansteigen, wann immer es nötig war. Später in dieser Inkarnation ließ er sich in Tintagel, Cornwall, nieder und verband seine Energien mit den Göttern des Meeres. Hier arbeitete er an fortschrittlichen alchemistischen Techniken und schickte Christuslicht in die Gewässer des Planeten und in die Michael-Leylinien, die diese Gegend umgaben.

Er ging auch nach Wales, wo er die Steine für Stonehenge segnete und mit magischen Schwingungen füllte, damit sie das interdimensionale Zweiwegeportal tragen können. Seine Alchemiekenntnisse machten es ihm möglich, das Gewicht der Steine so weit zu reduzieren, dass sie leicht zum Bauplatz von Stonehenge getragen werden konnten. Dann wurde Stonehenge in einer druidischen Zeremonie bei Vollmond erbaut, um die Schwingungen des Kosmos in ein siebendimensionales Portal zu lenken und nutzbar zu machen.

Saint Germain inkarnierte mehrmals als Druide, um die Naturgesetze aufrechtzuerhalten. Er lebte in Cornwall oder an der Südküste des Vereinigten Königreichs und sorgte dafür, dass die Energie der Leylinien bewahrt wurde.

Vor zweitausend Jahren war er als Druide sehr bedeutend. Es war seine Energie, die das Licht, das Jesus, Thot und Joseph von Arimathäa bei ihrem Besuch in Glastonbury erzeugten, in die Leylinien zurückfließen ließ. Saint Germain tat dies im Rahmen einer kraftvollen Zeremonie, in der die Mächte des gesamten Elementarreichs angerufen wurden.

In einer früheren Inkarnation als Joseph von Ägypten nahm er unglaubliche Härten auf sich und transzendierte seine Gefühle. Seine Fähigkeit, an zwei Orten gleichzeitig zu sein, machte es seiner Seele möglich, frei zu reisen, während sein physischer Körper im Gefängnis saß. Es waren seine außersinnlichen Fähigkeiten, die ihn befreiten und dafür sorgten, dass er ein immens mächtiger und weiser Berater des Pharao wurde.

Er war auch als Samuel der Prophet inkarniert und gründete in dieser Verkörperung die Rosenkreuzer, einen Orden der Weißen Bruderschaft. Darüber hinaus arbeitete Saint Germain beharrlich auf den inneren Ebenen, um uns zu helfen. Wenn er in einem physischen Körper war, diente sein Geistkörper dem Intergalaktischen Konzil. Er nimmt oft Verbindung mit uns auf, wenn wir ein Problem haben, das wir dem Konzil vortragen möchten. Er hat ständig Zugang zu den spirituellen Entwicklungen auf der Erde und arbeitet im Rahmen unseres Aufstiegsprozesses eng mit uns zusammen. Viele Jahre lang war er der Meister des Siebten Strahls, des violetten Strahls der zeremoniellen Ordnung, der Magie und des Rituals. Er brachte der Menschheit Befreiung durch die violette Flamme der Transformation und arbeitet eng mit Erzengel Zadkiel zusammen, dem Erzengel des violetten Strahls.

Er dient jetzt als Herr der Zivilisation und bekleidet damit eines der höchsten Ämter in diesem Universum.

Er ist auch einer der neun Meister des Saturns. Dabei handelt es sich um eine Gruppe von Seelen, die für den Planeten Saturn verantwortlich sind und die Energie der spirituellen Disziplin in diesem Universum verankern. Spirituelle Disziplin ist die Grundlage für Glückseligkeit. Wenn Sie mit Saint Germain arbeiten, hilft er Ihnen, Ihr fünfdimensionales

Basischakra im Saturn zu verankern, um Zugang zu höherer Meisterschaft, tiefem Vertrauen und Glückseligkeit zu haben.

Spirituelle Disziplin wurde von den Hohepriestern und -priesterinnen von Atlantis entwickelt, die wussten, dass sie eine Grundlage für Erleuchtung und erleuchtete Meisterschaft ist. Sie machte es ihnen möglich, sämtliche Facetten der Gedankenkontrolle und Körperbeherrschung zu meistern, und Yogis praktizieren manche Formen dieser Disziplin bis heute.

Saint Germains ätherischer Zufluchtsort liegt auf dem Mount Shasta in Nordkalifornien, und an diesem wunderschönen Ort haben Sie leichter Zugang zu seinem fantastischen violetten Licht.

Visualisierungsübung:
Mit Saint Germain zum höheren Wohl der Erde arbeiten

1. Bereiten Sie sich auf die Meditation vor. Zünden Sie eine Kerze an, wenn Sie möchten, und weihen Sie sie Saint Germain.
2. Bitten Sie ihn, zu Ihnen zu kommen und Sie in der violetten Flamme zu baden.
3. Entspannen Sie sich, während die violette Flamme Ihr Vierkörpersystem verwandelt und Sie strahlend und fünfdimensional zurücklässt. Saint Germains Gegenwart ist sanft und doch mächtig. Spüren Sie die spirituelle Disziplin, die von ihm ausgeht.
4. Er fordert Sie auf, ihn zu seinem Zufluchtsort auf dem Mount Shasta zu begleiten. Es handelt sich dabei um einen siebendimensionalen, von reinviolettem Licht erfüllten Ort im Äther oberhalb des Berges.

5. Wenn Sie in diese Energie eintreten, stellen Sie sich vor, dass Ihre Aufstiegschakras vollständig gereinigt werden.
6. Saint Germain fragt Sie, ob es irgendeinen Aspekt Ihres ganz persönlichen Aufstiegsprozesses gibt, bei dem Sie Hilfe brauchen. Sie erzählen ihm von Ihrer Reise, und er hört Ihnen zu.
7. Wenn Sie alles gesagt haben, erzählt er Ihnen, dass Sie jetzt Gelegenheit haben, Ihren Aufstieg zu beschleunigen. Er lädt Sie ein, die Hallen der spirituellen Disziplin auf dem Saturn mit ihm zusammen zu besuchen, wenn Sie schlafen.
8. Danken Sie ihm für diese erstaunliche Gelegenheit, durch einen Meister vom Saturn unterrichtet zu werden. Von da an werden Sie mit ihm üben, um Ihren spirituellen Weg wirklich annehmen zu können. Dies ist eine große Ehre und versetzt Sie in die Lage, sehr schnell voranzukommen.
9. Saint Germain fordert Sie nun auf, die violette Flamme an irgendeinen Ort auf der Welt zu schicken, den Sie segnen möchten.
10. Sehen Sie Wellen aus violettem Licht, die von Mount Shasta ausgehen und die Erde mit Gnade und Wandlung fluten. Visualisieren Sie alle, die in der fünften Dimension leben und die Erde mit ihrem hellsten Licht segnen.
11. Bedanken Sie sich bei Saint Germain und kehren Sie an Ihren heiligen Platz zurück.
12. Machen Sie die Augen in der Gewissheit auf, dass Sie sich darin üben, ein Meister des Saturns zu werden, der ganz von Vertrauen und Glückseligkeit erfüllt ist.

Kapitel 35

Jesus, der Überbringer kosmischer Liebe

Nach dem Untergang von Atlantis erforschten Menschen ihren freien Willen und verloren den Kontakt zu ihrer Seele und ihrem wahren Auftrag. Das Intergalaktische Konzil forderte einen großen Meister auf, zur Erde zurückzukehren und seinen bisher schwierigsten Auftrag zu erfüllen, nämlich kosmische Liebe auf den Planeten zurückzubringen und die Frequenz aller zu erhöhen.

Der große Eingeweihte, der für diese fantastische Mission ausgewählt wurde, war in vielen Inkarnationen auf die gewaltige Herausforderung vorbereitet worden. Er stammte von der Venus und musste kein Karma abbauen. Er hatte Inkarnationen als Adam, Henoch, Jeschua, Josua und Elias hinter sich. Er war auch als Apollonius von Tyana, ein großer Meister in der Vermittlung der göttlichen Gesetze, verkörpert gewesen. In jenen Leben war nur ein Teil seiner Seelenenergie auf die Erde gekommen. In sein Leben als Jesus brachte er jedoch seine gesamte Seelenenergie ein.

Das Intergalaktische Konzil und die Große Weiße Bruderschaft bereiteten seine Inkarnation sehr sorgfältig vor. Maria, die Mutter, die sie für ihn auserwählt hatten, war so rein, dass man ihr, bis sie vier Jahre alt war, nicht einmal erlaubte, den

Boden zu berühren. Sie wurde entweder getragen oder musste auf einem strahlend weißen Tuch stehen, das für sie ausgebreitet worden war. Dies sollte ihre Reinheit symbolisieren. Sie verbrachte ihr ganzes Leben damit, sich auf ihre große spirituelle Aufgabe vorzubereiten, nämlich Jesus zur Welt zu bringen und ihn aufzuziehen. Sie und Joseph, der Vater von Jesus, waren beide Essener. Sie verbrachten täglich mehrere Stunden mit spirituellen Übungen und esoterischen Techniken, die ihnen große Kräfte und Zugang zu den heiligen Mysterien des Universums gaben, einschließlich der Jungfrauengeburt.

Bevor Jesus geboren wurde, bestimmten hochgradig sachkundige Astrologen die genaue Position seines Geburtsortes mit astrologischen Berechnungen. So konnten die Weisen, die El Morya, Djwal Khul und Meister Kuthumi waren, ihn finden. Achten Sie einmal darauf, wie Jesus von den erleuchteten Wesen begrüßt und unterstützt wurde. Schauen Sie sich dann die Menschen in Ihrem Leben an und fragen Sie sich, wer sie wirklich sind!

Jesus wurde im April geboren, was durch die Frühlingslämmchen auf manchen Weihnachtskarten symbolisiert wird. Erst im 5. Jahrhundert legten die Kirchenväter nach jahrelangen Diskussionen fest, dass der 25. Dezember sein offizieller Geburtstag sein sollte. Dies ist ein Datum mit mystischer Bedeutung im Jahreskreis. Christuslicht und Ursprungsliebe beginnen den Planeten zur Wintersonnwende am 21. Dezember zu infiltrieren. Um Mitternacht am 24. Dezember tritt eine kosmische Veränderung ein, die das Heranrauschen des göttlichen Lichts beschleunigt, in dem wir dann alle am 25. Dezember baden. Deswegen wurde zu diesem Zeitpunkt unter anderem in den alten Zivilisationen Indiens, Chinas, Ägyptens und Mexikos ein religiöses Fest gefeiert. Isis, Osiris und Horus sind angeblich alle an diesem Tag geboren genau wie Bacchus, Adonis, Herkules und viele andere große Meister.

Genau wie das Leben seiner Eltern ganz der Vorbereitung auf seine Geburt gewidmet war, war das Leben Jesu ganz der Vorbereitung auf seine Mission gewidmet. Seine Ausbildung war streng und sorgfältig geplant, genauso wie seine Reisen, als er alt genug dafür war.

Drei Jahre lang gelang es ihm, das Christuslicht der bedingungslosen Liebe glorreich vor sich herzutragen. Als er bereit war, die Energie des kosmischen Christus in sich aufzunehmen, wirkte Meister Maitreya durch ihn, und er wurde Hohepriester im Orden des Melchisedek.

Der am meisten Geliebte unter den Erleuchteten ist auf den inneren Ebenen als Sananda bekannt. Dies ist die Schwingung seines höheren Selbst. Lady Nada ist seine Zwillingsflamme.

Die Mission Jesu bestand darin, den Lichtpegel auf der Erde wieder anzuheben und das höhere Potenzial der hier lebenden Seelen durchscheinen zu lassen. Seine Inkarnation stellte eine unglaublich große Herausforderung dar, aber er erreichte sein Ziel.

Ein paar Jahre nach seinem Tod in Ägypten wurden seine Lehren und seine Großherzigkeit für die Geschichte aufgezeichnet. Er öffnete und verankerte ein riesiges Portal zum kosmischen Herzen und machte es so wieder einmal möglich, unseren Planeten mit Licht zu überfluten. In den letzten zweitausend Jahren ist dieses Licht immer intensiver geworden, um uns auf unseren Aufstiegsprozess vorzubereiten.

Als Jesus mit den Seelen auf der Erde arbeitete und von der Liebe und Demut eines weit offenen Herzens sprach, strömten Millionen Engel auf den Planeten und begannen ihre

Arbeit. Der ganze Plan war, den Weg für einen fünfdimensionalen Planeten und ein neues Goldenes Zeitalter zu ebnen.

Mit Anfang vierzig reiste Jesus ins Herzzentrum dieses Planeten, das wir heute als Glastonbury kennen. Er verließ Ägypten mit seiner Frau, Maria Magdalena, und dem Aufgestiegenen Meister Thot. An der englischen Küste trafen sie sich mit Merlin und reisten dann gemeinsam nach Avalon, wo sie ihr Licht mit dem von Joseph von Arimathäa kombinierten und dann einen Auftrag ausführten, der den Lauf unserer energetischen Geschichte veränderte.

Das Herzzentrum der Erde ist von komplizierten Energiebahnen aus reingoldenem Licht umgeben, die als Drachenlinien oder Leylinien bekannt sind. Sie überziehen den ganzen Planeten und können als Gaias Nervensystem bezeichnet werden. Das ursprüngliche System aus Leylinien wurde von Thot selbst zu Beginn seines physischen Lebens in Atlantis angelegt. Als die Menschheit nach dem Untergang von Atlantis auf Irrwege geriet, verblassten die Leylinien und gingen kaputt. Jesus wurde geschickt, um bei ihrer Reparatur mitzuhelfen.

Als sie in Avalon ankamen, hatte der Winter England schon fest im Griff. Das Wetter war grauenhaft. Jesus, Thot und Merlin ließen Maria in der Stadt Glastonbury zurück und kämpften sich im heulenden Schneesturm bis auf den Gipfel des Hügels. Mehrmals blies sie der Sturm die steilen Hänge wieder ein Stück hinunter.

Auf dem Gipfel des Hügels lag ein Haufen Steine. Jesus, Thot und Merlin arrangierten sie mit besonders gesegneten Kristallen zu Mustern aus der heiligen Geometrie. Dann meditierten sie und ließen ihre kombinierten Energien in das Herzchakra des Planeten einströmen, um mit der Reparatur der heiligen Geometrie des Landes zu beginnen.

Thot rief die Erddrachen herbei und bat sie, das Christuslicht um den ganzen Planeten zu tragen. Und so geschah es. Merlin rief Meister Pan an, den neundimensionalen Herrn der Natur, sowie Dom, Thor und Poseidon, die jeweiligen Herren der Luft, des Feuers und des Wassers, und bat sie, die Verbindung zwischen dem Hügel von Glastonbury und der Venus zu erleuchten und die Liebe über die Elementarwesen zu verbreiten.

Später setzten Jesus und Maria Magdalena in einer Zeremonie an der weißen Quelle am Fuß des Hügels ihre Liebe und göttliche Verbindung ein, um das göttlich Männliche und das göttlich Weibliche in dieser Vision zu verankern.

Joseph von Arimathäa reiste dann in die umliegenden Gegenden und setzte sein heiliges Wissen ein, um das Christuslicht mit anderen Orten zu verbinden.

All dies bereitete den Weg für die Rückkehr des fünfdimensionalen Lichts etwa zweitausend Jahre später, nämlich jetzt.

Als 1987 die harmonische Konvergenz stattfand, war der Planet bereit, dieses Licht zu empfangen, und zwar dank der Vorarbeit dieser wachsamen Seelen, die sich nach diesem Ausflug wieder trennten und in ihr Alltagsleben zurückkehrten.

Die Arbeit Jesu wird auf den inneren Ebenen fortgesetzt. Er ist jetzt der Herr des Karmas für den Achten Strahl und hat kürzlich die Rolle des Überbringers der kosmischen Liebe übernommen, um Liebe auf der ganzen Welt zu verbreiten.

Wenn Lichtimpulse die große Zentralsonne und das kosmische Herz verlassen, werden sie in Glastonbury unmittelbar empfangen und von dort über den ganzen Planeten verbreitet. Genau wie das menschliche Herzzentrum das Erste ist, das aufwacht, so erwacht auch das Herz des Planeten. Sehr viele Seelen, die an dem gegenwärtigen Aufstiegsprozess beteiligt waren, haben ihre Liebe und ihre guten Absichten in diese Gegend einfließen lassen, um die Arbeit der Meister fortzusetzen.

Das Lichtnetz um die Erde strahlt nun wieder hell. Während die Frequenz unseres Planten stark ansteigt, bemühen sich die Seelen, die hier leben, damit Schritt zu halten. Die Drachen arbeiten auch weiterhin ständig mit den Elementarwesen zusammen und tragen so dazu bei, dass die höheren Energien in die Gebiete strömen, wo sie dringend gebraucht werden. Wenn immer mehr Herzen erwachen, verankert sich das Licht und wird immer stärker. Mit dem Erwachen des fünfdimensionalen Chakrasystems erinnern sich jetzt viele Herren der Erde daran, wer sie waren und über welch wunderbare Fähigkeiten sie verfügen.

Viele tragen jetzt dazu bei, die Frequenz des Planeten zu erhöhen, und es werden täglich mehr.

VISUALISIERUNGSÜBUNG:
Die Erde erhellen

Sie brauchen für diese Übung einen Kristall.

1. Bereiten Sie sich auf die Meditation vor.
2. Suchen Sie sich einen heiligen Platz, entweder in Ihrer Wohnung oder draußen an der frischen Luft.
3. Halten Sie Ihren Kristall in der rechten Hand und bitten Sie darum, dass eine Verbindung zwischen ihm und dem kosmischen Herzen hergestellt wird.
4. Spüren Sie, wie das neundimensionale Licht der aufgestiegenen Venus Ihren Kristall erfüllt.
5. Lassen Sie zu, dass dieses Licht aus dem Kristall Ihren Arm hinauffließt und sich in Ihrem ganzen Körper ausbreitet.

6. Sehen und fühlen Sie, wie Ihre Chakras erglühen.
7. Wenn Ihr Kristall mit goldenem Licht erfüllt ist, legen Sie ihn zwischen Ihre Füße und verbinden Sie ihn mit Ihrem Erdsternchakra.
8. Sehen Sie, wie Ihr Erdstern anfängt, in hellem, flüssigem Silber zu erglühen.
9. Visualisieren Sie, wie das Licht aus Ihrem Kristall mit Ihrem Erdstern verschmilzt und in den Planeten wandert.
10. Sehen Sie, wie diese Mischung aus goldenem und silbernem Licht in die Leylinien fließt, die den Platz umgeben, an dem Sie sitzen. Wo immer Sie gerade sind, wird es sehr hell.
11. Fordern Sie die mächtigen Erddrachen auf, dieses Licht dorthin zu tragen, wo es am meisten gebraucht wird. Sie haben vielleicht sogar einen bestimmten Ort im Sinn.
12. Sehen Sie, wie Ihr Licht noch intensiver aufleuchtet, während es um die Welt reist.
13. Bitten Sie die Erzengel Sandalphon und Metatron, die höheren Aspekte des Himmels in der Erde zu verankern, und bleiben Sie ganz ruhig sitzen, während sie diese planetare Aufgabe erfüllen. Danken Sie ihnen, wenn Sie das Gefühl haben, dass das Licht verankert wurde.
14. Bedanken Sie sich auch bei den Erddrachen und atmen Sie ein paarmal tief durch.
15. Wenn Sie dazu bereit sind, öffnen Sie die Augen in der Gewissheit, dass Sie wirksame planetare Arbeit geleistet haben.

Kapitel 36

Die göttlichen Meisterinnen

Dieses Kapitel wurde sowohl für Männer als auch für Frauen geschrieben. Es ist für all jene, die davon profitieren können, die Eigenschaften zu entwickeln, die zur weiblichen Meisterschaft führen.

In den letzten zehntausend Jahren seit dem Untergang von Atlantis existiert mehr oder weniger unbewusst die kollektive Überzeugung, dass Männer mächtiger sind als Frauen und ihnen daher überlegen. Diejenigen, die sich in einem weiblichen Körper inkarniert haben, mussten diese Überzeugung aktiv überwinden, um Meisterschaft zu erlangen. Das gilt zwar noch heute, aber nicht mehr so extrem wie früher.

Es ist nie leicht, die Barrieren des kollektiven Unbewussten zu überwinden, und doch haben sich die Ansichten und Erwartungen aller in den letzten Jahren dramatisch verändert. Wer hätte gedacht, dass Menschen eines Tages in Flugzeugen reisen würden? Oder dass sie ihre Telefone mit sich herumtragen würden? Oder dass sie in der Lage sein würden, praktisch überall und jederzeit Informationen auf tragbaren Minicomputern zu empfangen? Oder auf künstlichen Beinen herumzulaufen? Das Technologiezeitalter hat die Grenzen dessen, was wir für möglich halten, enorm erweitert, und während wir die Dinge aus einer erweiterten Perspektive sehen, werden wir immer mehr erleuchtet.

Das Aufkommen einer spirituellen Technologie wird Menschen noch schneller aufwecken. Und weil spirituelle Technologie von neuen Ideen und Visionen aus der rechten Gehirnhälfte abhängig ist, werden Frauen an die Macht kommen.

Viele große Meister, vor allem Frauen, haben tapfer versucht, ihr Licht nicht unter den Scheffel zu stellen und ihre Integrität angesichts des Bewusstseins der Menschheit zu bewahren. Das hat unweigerlich dazu geführt, dass sie sehr schwierige Initiationen durchlaufen mussten, durch die Veränderungen auf dem Planeten angestoßen wurden. Ihr Mut und ihre Entschlossenheit haben zur Entwicklung bestimmter Eigenschaften geführt, die ihre Aura hell erleuchtet haben. Das Licht, das sie sich verdient haben, hilft all jenen, die hier und jetzt Meister werden wollen.

Maria/Isis

Die große Eingeweihte Maria wurde in einer Inkarnation die jungfräuliche Mutter Jesu und brachte in einer anderen, ebenfalls als Jungfrau, Horus zur Welt. Das war ein moralisches Dilemma, weil das Konzept der Jungfrauengeburt damals nicht verstanden wurde. Es ist immer noch unbegreiflich, bis man auf den erleuchteten höheren Ebenen der fünften Dimension schwingt. Dann weiß man, dass jede einzelne Empfängnis teils körperlich und teils geistig ist. In manchen Fällen, in denen die weibliche Beteiligte rein ist und eine hohe Schwingungsfrequenz hat, transzendiert das Geistige die Einschränkungen des körperlichen Akts. Doch als sich Maria und Isis auf der Seelenebene mit der Empfängnis von Jesus und Horus einverstanden erklärten, machte es ihre Hingabe an den Willen Gottes möglich, dass einem entscheidenden Wandel in der Welt Tür und Tor geöffnet wurde.

Wenn ihre Geschichte etwas in Ihnen anklingen lässt, stimmen Sie sich auf ihre Energie ein. Indem Sie dies tun, bekommen Sie Zugang zu den Eigenschaften, die es ihnen ermöglicht haben, ihren Meister zu stehen.

Jeanne d'Arc/Madame Blavatsky/ Katharina von Siena

Als große Visionärin war Jeanne d'Arc außerordentlich überzeugend und trat mit Leidenschaft für die gute Sache ein. Obwohl sie nur ein einfaches Bauernmädchen im mittelalterlichen Frankreich war, erschienen ihr der heilige Michael und die heilige Katharina und schärften ihr ein, dass sie das Land retten werde und dass es Gottes Wunsch sei, dass sie die französische Armee in den Sieg über die Engländer führe. Ihr wurde gesagt, sie müsse mit Charles, dem Dauphin, sprechen. Und um sich auf den Weg zu ihm machen zu können, musste sie ihre Haare abschneiden und sich als Mann verkleiden. Sie führte die französische Armee in eine große Schlacht bei Orléans und trug den Sieg davon. Ihre letzte Einweihung in jenem Leben bestand darin, auf dem Scheiterhaufen verbrannt zu werden. Dies reinigte sie und ermöglichte ihr einen spektakulären Aufstieg.

In ihrer zweiten Inkarnation lebte sie als Russin namens Helena Blavatsky im 19. Jahrhundert. Sie channelte Djwal Khul und gründete die Theosophische Gesellschaft. Indem sie sämtliche Herausforderungen meisterte, gelang es ihr, eine der weißen Flammen in der Welt zu etablieren.

Im Italien des 14. Jahrhunderts lebte sie als Katharina von Siena. In diesem Leben hatte sie von Kindheit an mystische und religiöse Visionen. Als sie älter wurde, führte sie ein sehr reines und asketisches Leben und gründete einen äußerst strengen religiösen Orden. Sie versuchte, eine Botschafterin des Friedens zu sein, und schrieb viele Briefe, in denen sie sich für Freundschaft und Einvernehmlichkeit zwischen Staaten einsetzte. Sie starb im Alter von 33 Jahren. Dies ist die Zahl des Christuslichts. Jetzt arbeitet sie auf den inneren Ebenen, um das spirituelle Element in die Religion einzubringen.

Große Visionäre müssen in ihrem Leben immer noch viele Herausforderungen meistern. Noch heute sind Menschen mit außersinnlichen Fähigkeiten und spirituellen Ideen ihrer Zeit voraus, doch ihnen kann geholfen werden, wenn sie Zugang zu den Energien von Jeanne d'Arc/Madame Blavatsky/Katharina von Siena bekommen. Wenn Sie zu denen gehören möchten, die die weiße Aufstiegsflamme vor sich hertragen, um der Menschheit Frieden und Licht zu bringen, sollten Sie sich auf dieses mächtige Wesen einstimmen.

Guanyin

Guanyin ist als Göttin der Barmherzigkeit bekannt, und zwar dank der Liebe, des Mitgefühls und der Weisheit, die sie während ihrer zweitausend Jahre dauernden Inkarnation in China an den Tag gelegt hat. In dieser langen Zeit blieb sie freiwillig in einem physischen Körper auf der Erde, um der Menschheit zu dienen, obwohl sie gelernt hatte, multidimensional zu sein. Sie lebte in der siebten Dimension, konnte ihre Frequenz jedoch auf die fünfte Dimension absenken, wo sie ihren physischen Körper beibehalten konnte, und auch auf die neunte Dimension anheben. Sie brauchte kein Essen, aber wenn sie in der fünften Dimension war, genoss sie Früchte und Gemüse, die leichteren Köstlichkeiten der Erde. Wenn aus Lichtarbeitern lebende Meister werden, werden auch immer mehr von uns multidimensional, und wir können Guanyin anrufen und um Hilfe bitten.

Ihre Drachenfreunde halfen ihr. Wie eine Schutztruppe reisten sie mit ihr durch die Frequenzbänder und machten es ihr möglich, über Schwierigkeiten hinweg- und durch sie hindurchzufliegen. Ihre große Liebe galt der östlichen Welt, wo Drachen als Teil des Lebens betrachtet werden. Drachen strömen jetzt in die Welt zurück, und zwar sowohl in die östliche als auch in die westliche Welt, und Guanyin hilft den Menschen, ihr Bewusstsein zu öffnen, sie anzunehmen und mit ihnen zu arbeiten. Als Meisterin umarmt sie jetzt den ganzen Planeten und badet uns alle in ihrer Liebe.

Guanyin wurde lange als das östliche Gegenstück zu Mutter Maria betrachtet, und bei ihrem gegenwärtigen Dienst für die Erde geht es immer darum, das göttlich Weibliche ins Bewusstsein der Menschheit zu bringen. Aktuell ist sie Mitglied des Intergalaktischen Konzils, wo ihre Rolle darin besteht, die göttlich weibliche Weisheit zu verbreiten. Es geht ihr besonders darum, Frauen stark zu machen, und ihr Einfluss ist in vielen Frauenorganisationen zu spüren. Sie setzt sich auch überall für eine geistige Öffnung von Lehrern ein sowie von Menschen, die in Gefängnissen arbeiten und sogar in der Regierung und in der Wirtschaft.

Unabhängig von der Situation schickt sie Licht, damit Männer mehr in Kontakt mit ihrer weiblichen Seite kommen. Sie ist verantwortlich für die Ausbreitung von Männergruppen und dafür, dass sich Männer immer mehr für die Betreuung kleiner Kinder interessieren und für alle

Aktivitäten, die ihnen helfen, ihre weisere und weichere Seite anzunehmen.

Als Meisterin des Sechsten Strahls in der Runde der Meister des Karmas trägt sie auch zu einem ausgeglichenen Verhältnis zwischen Religion und Spiritualität bei.

Stimmen Sie sich auf die große göttliche Meisterin Guanyin ein, wenn Sie ihr Licht auf der Erde verbreiten wollen.

Wenn Sie das Gefühl haben, dass es Ihre Aufgabe ist, die Erleuchtung der Welt in irgendeiner Weise voranzutreiben, indem Sie das kollektive Verständnis über die besonderen Qualitäten von Männern und Frauen erweitern, möchten Sie vielleicht mit den göttlichen Meisterinnen in Verbindung treten, die in diesem Kapitel vorgestellt wurden.

Visualisierungsübung: Mit Mutter Maria und Guanyin in Verbindung treten

1. Finden Sie einen Platz, an dem Sie in der Stille ganz ungestört sein können.
2. Visualisieren Sie sich an einem Kraftpunkt, an dem Sie von der Energie der Erde und der Schönheit des Ortes gestärkt werden. Lassen Sie sich Zeit, um diese Energie in sich aufzunehmen.
3. Es ist von größter Wichtigkeit, dass Sie sich entspannen. Atmen Sie also den Frieden und die Schönheit um sich herum ein, und zwar so lange, bis Sie sich ganz ruhig und zentriert fühlen.
4. Denken Sie an Ihre Mission oder daran, was Sie als Nächstes mithilfe der großen göttlichen Meisterinnen erreichen möchten. Alles wird möglich.

5. Bitten Sie sie, zu Ihnen zu kommen und Ihnen zu helfen.
6. Nehmen Sie Mutter Maria oder Isis wahr, die vor Ihnen steht. Ihr Energiekörper ist wie eine riesige funkelnde Kugel aus aquamarinfarbenem und goldenem Licht. Das Licht, das sie sich verdient hat, strahlt von ihr aus.
7. Machen Sie einen Schritt nach vorn, sodass Sie in dieser pulsierenden Kugel aus Hochfrequenz-Licht stehen und die entsprechende Kraft spüren.
8. Spüren Sie, wie die Energie von Maria oder Isis an Ihnen arbeitet, Sie heilt und stärkt, Ihnen Weisheit bringt, Sie befähigt und mit ihren höheren Qualitäten erhellt. Lassen Sie sich Zeit und vergessen Sie das Atmen nicht.
9. Bedanken Sie sich bei ihr, wenn sie sich zurückzieht.
10. Und jetzt nehmen Sie wahr, dass Jeanne d'Arc, Madame Blavatsky und/oder Katharina von Siena (eine von ihnen, zwei oder alle drei) in ihrem riesigen Energiekörper aus schimmerndem und fließendem blauem, grünem und goldenem Licht vor Ihnen steht/stehen.
11. Machen Sie einen Schritt nach vorn, sodass Sie in ihrer pulsierenden Kugel aus Hochfrequenz-Licht stehen und die entsprechende Kraft spüren.
12. Spüren Sie, wie ihre Energie an Ihnen arbeitet, Sie heilt und stärkt, Ihnen Weisheit bringt, Sie befähigt und mit ihren höheren Qualitäten erhellt. Lassen Sie sich Zeit und vergessen Sie das Atmen nicht.
13. Bedanken Sie sich bei ihr/ihnen, wenn sie sich zurückzieht/zurückziehen.
14. Und jetzt nehmen Sie wahr, dass die Göttin der Barmherzigkeit und des Mitgefühls, Guanyin, in ihrem gewaltigen strahlenden und fließenden Energiekörper aus magentafarbenem, weißem, goldenem und diamantenem Licht vor Ihnen steht.

15. Spüren Sie, wie ihre Energie an Ihnen arbeitet, Sie heilt und stärkt, Ihnen Weisheit bringt, Sie befähigt und mit ihren höheren Qualitäten erhellt. Lassen Sie sich Zeit und vergessen Sie das Atmen nicht.
16. Bedanken Sie sich bei ihr, wenn sie sich zurückzieht.
17. In Ihren eigenen Energiefeldern hat eine außerordentliche Verwandlung stattgefunden. Sie können alles tun, was Sie zum höchsten Wohle aller tun müssen.

Kapitel 37

Einfluss der göttlichen Meisterinnen

Mehrere der großen göttlichen Meisterinnen haben es sich zur Aufgabe gemacht, ein neues Verständnis spiritueller Perspektiven zu uns auf die Erde zu bringen, und arbeiten gegenwärtig auf den inneren Ebenen, um eher Spiritualität als Religion in die Köpfe der Menschen einzuprägen. Hier erfahren Sie Näheres über einige von denen, die in jedem ihrer Leben viel bewegt haben und dies mit ihrer Arbeit im Geiste immer noch tun. Die Rollen und Verantwortlichkeiten lebender Meister in physischen Körpern können fantastisch sein. Und wir sind uns ihrer selten bewusst.

Denken Sie bitte daran, dass vielleicht auch Sie diese Arbeit tun, während Sie inkarniert sind. Vielleicht sind Sie sogar selbst ein Aspekt einer dieser großartigen Meisterinnen und tragen etwas von ihrer Energie in Ihrer Aura. Sie sind vielleicht selbst ein großer Meister und überrascht über die Kraft Ihres inneren Lichts, die Sie nur verstehen werden, wenn Sie erkennen, wer Sie wirklich sind. Dies geschieht, wenn Sie einen höheren Zustand der Erleuchtung erlangt haben, oder nach dem Tod.

Maria Magdalena

Maria Magdalena war Essenerin und zu Lebzeiten eine hoch entwickelte Meisterin. Sie inkarnierte mit Jesus und wurde seine Seelenpartnerin. Gemeinsam mit Sarah, ihrer Tochter, wanderten sie auf dem Chakrapfad. Maria Magdalenas guter Ruf wurde im Laufe ihres Lebens beschädigt, und Menschen haben sie auch danach noch verurteilt.

Viele Jahre lang hat sie sich auf den inneren Ebenen darin geübt, Heilung und Spiritualität in das Licht des Sechsten Strahls zu bringen, des Strahls des Idealismus und der Hingabe, den sie von Jesus übernommen hat.

Darüber hinaus dient sie dem Intergalaktischen Konzil, und ihre Aufgabe besteht darin, den Prozess zu überwachen, in dem die Religionen durch Spiritualität erhellt werden. Sie bewahrt die Vision der geeinten Liebe für die Welt.

Stimmen Sie sich auf Maria Magdalena ein, wenn Sie transzendente Liebe entwickeln möchten.

Die heilige Klara

In ihrem physischen Leben war Klara in eine reiche italienische Familie hineingeboren worden und hatte eine privilegierte Kindheit genossen. Doch sie sehnte sich nach einem Leben in Frömmigkeit und Einfachheit. Der heilige Franz von Assisi (eine Inkarnation von Meister Kuthumi) inspirierte sie sehr. Folglich ließ sie das bequeme Leben in ihrer Familie hinter sich, um Nonne zu werden, und gründete schließlich den Orden der Klarissen. Diese Nonnen legten ein Armutsgelübde ab und weihten ihr Leben dem Dienst an den Bedürftigen.

In den geistigen Reichen wirkt die heilige Klara darauf hin, der Menschheit ein höheres spirituelles Bewusstsein zu vermitteln. Sie ist eine von drei weiblichen Meistern, die zusammenarbeiten, um die Schwingungsfrequenz der Menschheit zu erhöhen. Die anderen beiden sind Katharina von Siena und Teresa von Ávila.

Wenn die Zeit reif dafür ist, wird sich die heilige Klara erneut verkörpern, und im Laufe dieser Lebenszeit auf einer Seelenebene erstattet sie Meister Kuthumi, dem Weltenlehrer, Bericht über die Fortschritte, die bei der Erhöhung des spirituellen Bewusstseins auf der Erde gemacht wurden. Sie weist ihn auch darauf hin, was getan werden muss, um diesen Prozess voranzubringen.

Stimmen Sie sich auf die heilige Klara ein, wenn Sie sich eine Vision bewahren möchten, die Mut und Entschlossenheit erfordert.

Die heilige Teresa von Ávila

Teresa von Ávila lebte in vielen Inkarnationen, meistens als religiöse Mystikerin und Visionärin. In ihrem Leben im Spanien des 16. Jahrhunderts verlor sie ihre Mutter sehr früh und wurde von Nonnen aufgezogen. Sie reformierte schließlich den Orden der Karmeliterinnen und musste auf ihrem Weg viele Widerstände überwinden.

In ihren verschiedenen Leben versammelte sie ein Team aus Lichtarbeitern um sich, und viele von ihnen arbeiten jetzt auf den inneren Ebenen mit ihr. Enorm viele andere haben sich ihnen angeschlossen.

Die auf der Erde lebenden Meister studieren die größeren Rollen ein, die sie in der geistigen Welt spielen sollen, wo sie viel Verantwortung übernehmen und entscheidenden Einfluss ausüben werden. Die heilige Teresa strebt derzeit die Einführung einer Religion an, die ohne Dogmen auskommt und auf Spiritualität und der Einheit von allem, was ist, basiert.

Stimmen Sie sich auf die heilige Teresa von Ávila ein, wenn Sie die Flamme der Einheit hochhalten möchten.

Lady Nada

Lady Nada heißt so, weil sie kein Ego hat. Das Wort *nada* bedeutet »nichts«. Sie ist die Zwillingsflamme von Sananda, dem höheren Selbst von Jesus.

In einer Inkarnation war sie Elisabeth, die Mutter von Johannes dem Täufer. Sie lebte auch zur Zeit des Propheten Mohammed und förderte die islamische Kunst.

Gegenwärtig ist sie die Herrin des Siebten Strahls, des Strahls der Rituale, der Zeremonien und der Magie. Dieser Strahl wird im neuen Goldenen Zeitalter des Wassermanns vorherrschend sein und dafür sorgen, dass Seelisches und Körperliches eine Verbindung eingehen können. Lady Nada sitzt allerdings auch im Karmischen Rat und ist dort für den Dritten Strahl zuständig.

Bis vor Kurzem diente sie noch im Intergalaktischen Konzil, aber ihre Beförderung hat es mit sich gebracht, dass sie jetzt kosmische Liebe im ganzen Universum verbreitet.

Sie hilft Menschen, sich an uralte Heilweisen und Weisheiten zu erinnern, und bringt die »alternativen« und »natürlichen« Methoden voran, die jetzt an Einfluss gewinnen. Sie unterrichtet auch diejenigen, die ihre Gaben zum Wohle aller einsetzen möchten, um übersinnlicher zu werden und mehr auf ihre Intuition zu hören.

Stimmen Sie sich auf Lady Nada ein, wenn Sie bereit sind, sich für die Förderung uralter Heilmethoden und Weisheit sowie für die Verbreitung kosmischer Liebe einzusetzen.

Pallas Athene

Pallas Athene war eine führende Beraterin in Lemurien und arbeitete dann als Hohepriesterin im Tempel der Wahrheit in Atlantis.

Sie repräsentiert den Vierten Strahl der Harmonie durch Konflikt im Karmischen Rat. Sie transportiert die Qualität der Integrität für alle, die auf der Erde leben, und hilft all jenen, welche die Wahrheit voranbringen.

Stimmen Sie sich auf Pallas Athene ein, wenn Sie Wahrheit und Integrität entwickeln und Harmonie verbreiten möchten.

Lady Portia

Lady Portia ist als Göttin der Freiheit bekannt. Sie war Hohepriesterin im Tempel der Freiheit in Atlantis. Sie arbeitet ein wenig mit Individuen und hilft ihnen, mental und emotional frei zu sein. In erster Linie jedoch hält sie die Flamme der Freiheit mit Paul dem Venezianer, um es der Menschheit so zu ermöglichen, den Aufstiegspfad zu gehen. Es ist höchste Zeit, dass wir frei sind, die Erde so zu erfahren, wie es uns bestimmt war.

Lady Portias Aufgabe ist es, die Energie des Goldenen Atlantis zurückzubringen. Im Karmischen Rat ist sie die Wortführerin für den Siebten Strahl.

Stimmen Sie sich auf Lady Portia ein, wenn Sie zu denen gehören möchten, die die Flamme der Freiheit auf der Erde hochhalten und die Rückkehr der Energie des Goldenen Atlantis beschleunigen.

Visualisierungsübung:
Mit weiteren göttlichen Meisterinnen in Verbindung treten

1. Suchen Sie sich einen Platz, an dem Sie in der Stille ganz ungestört sein können. Zünden Sie, wenn möglich, eine Kerze an.
2. Nehmen Sie sich einen Moment, um sich zu entspannen und in Ihre Mitte zu kommen, sodass Sie bereit sind, die Energie der göttlichen Meisterinnen in sich aufzunehmen.
3. Stellen Sie sich vor, dass Sie einen goldenen, von Edelsteinen beleuchteten Weg entlanggehen, der von Juwelen erhellt wird und zu einem goldenen Tempel im Himmel führt.
4. Goldene Drachen umkreisen den Tempel und halten die Schwingungsfrequenz hoch. Feuerdrachen bewachen den Eingang. Sie heißen Sie mit einem Nicken ihres Kopfes willkommen.
5. Während Sie durch ein riesiges strahlend goldenes Tor eintreten, riechen Sie einen wunderbaren Duft und hören Engelsmusik.
6. Sie gehen in einen sonnigen Innenhof, dessen Mauern ganz mit hängenden und rankenden Pflanzen bedeckt sind.
7. Die göttlichen Meisterinnen Maria Magdalena, Klara, Teresa von Ávila, Lady Nada, Pallas Athene und Lady

Portia erwarten Sie mit weit offenem Herzen und strahlen Liebe und Licht aus.

8. Sagen Sie ihnen allen, dass Sie die Eigenschaften einer göttlichen Meisterin entwickeln möchten. Und wenn Sie eine Meisterin speziell ansprechen wollen, dann sollten Sie das tun.
9. Wie eine einzige Person stehen sie auf, nehmen sich an den Händen und stellen sich um Sie herum.
10. Sie stehen in der Mitte eines riesigen Kreises aus wirbelndem goldenem und regenbogenfarbenem Licht.
11. Vielleicht spüren Sie, wie Energien in Ihnen freigegeben, Codes erhellt und eingerostete Überzeugungen, die Sie nicht mehr brauchen, entfernt werden.
12. Jede göttliche Meisterin platziert eine Flamme in Ihrer Aura:
    Maria Magdalena eine dunkelrosafarbene,
    Klara eine hellblaue,
    Teresa von Ávila eine dunkelblaue,
    Lady Nada eine hellrosafarbene,
    Pallas Athene eine goldene,
    Lady Portia eine schimmernd weiße.
13. Wenn sich die göttlichen Meisterinnen wieder zurückziehen, spüren Sie, dass sich auch ihr helles Licht von Ihnen zurückzieht.
14. Seien Sie sich bewusst, dass Sie gerade in göttlich weiblichem Licht gebadet haben, und bedanken Sie sich.
15. Kehren Sie durch das goldene Tor und über den Weg dorthin zu Ihrem Ausgangspunkt zurück.
16. Spüren Sie, dass Sie sich neue Möglichkeiten erschlossen haben, um zu Meisterschaft und Erleuchtung zu gelangen.

Das Drachenreich

Kapitel 38

Drachen

Drachen sind Elementale, Wesen, die nicht alle vier Elemente – Erde, Luft, Feuer und Wasser – enthalten. Mit einer Schwingungsfrequenz, die jenseits dessen liegt, was wir mit unseren eingeschränkten visuellen Fähigkeiten wahrnehmen können, gehören sie den Engelreichen an. Sie haben seit Anbeginn der Erde mit diesem Planeten gearbeitet. Bei der Geburt des Planeten in einer Zeit, die als das erste Goldene Zeitalter von Angala bekannt ist, trugen sie ihren Teil dazu bei, die Erde von einem Feuerball in eine lebende, atmende Welt zu verwandeln. Sie arbeiteten mit Erzengel Metatron und der schöpferischen Kraft der Shekinah zusammen, um die ursprünglichen Kontinente der Erde aufzubauen. Sie haben auch bei der Anlage der Leylinien geholfen, die aus diesem Grund ursprünglich als Drachenlinien bezeichnet wurden.

Ein Goldenes Zeitalter wird so genannt, weil die Menschen und das Land eine gleißend goldene Aura ausstrahlen. Bisher gab es fünf dieser sehr hochfrequenten Zeitalter.

Das erste war Angala, die Geburt des Planeten, zu der die Drachen ihre besonderen Kräfte beisteuerten. Es war ein ewiger Moment. Daher kann seine vitale Kraft jederzeit abgerufen werden.

Das zweite war das Goldene Zeitalter Afrikas, das auch als Ära von Petranium bekannt ist. Sehr hoch schwingende Wesen aus allen Universen folgten dem Aufruf, an dieser Erfahrung teilzuhaben, die man in Afrika und in geringerem Ausmaß auch in Asien machen konnte. Zu dieser Zeit war Afrika reich, grün und opulent. Diese Energie ist Teil des Landes geblieben und kehrt zurück, wenn die Menschen dafür bereit sind. Drachen haben dazu beigetragen, diese Ära sowohl in Afrika als auch in Asien zu etablieren, indem sie mit den siebendimensionalen Wesen zusammengearbeitet haben, die dort in einem ätherischen Körper lebten.

In dieser Zeit waren nur siebendimensionale Drachen auf der Erde. Diese Drachen haben die Macht, Materie zu schaffen oder zu zerstören. Beispielsweise haben uns Erd- und Feuerdrachen geholfen, Berge auszuhöhlen, während Wasserdrachen das Wasser gereinigt und es mit dem Christusbewusstsein erleuchtet haben. Wohin sie auch schwammen, breitete sich goldenes Licht im Wasser aus. Luftdrachen halfen, alles in Bewegung zu halten.

Später vertrauten die Drachen die Aufrechterhaltung dieses außerordentlichen und hochfrequenten Zeitalters Engelkräften und den siebendimensionalen ätherischen lebenden Meistern Afrikas an.

Das dritte Goldene Zeitalter war das von Mu, das im Pazifik verortet wird, und ging Lemurien voraus. Dies war die Zeit der Dinosaurier. Die Erde war damals auch von vier- und fünfdimensionalen ätherischen Wesen bewohnt, die keine Spuren ihrer Anwesenheit hinterließen, aber sie liebten die Natur und halfen ihr sehr. Nach wie vor bewahren sie die heilende blaue Aquamarinflamme von Michael und Maria in der Hohlerde und in den Hohlzentren von Neptun, Orion, Sirius und den Plejaden.

Die Drachen kooperierten mit den Wesen von Mu, um das Licht der Flamme von Michael und Maria über die Leylinien der Erde zu verbreiten und in die Aura der Aufstiegsplaneten, der Sterne und Galaxien zu leiten. Als Folge dieses Dienstes stiegen diese speziellen Drachen am Ende dieser Zivilisation in die fünfte Dimension auf.

Das lemurische war das vierte Goldene Zeitalter. Lemurien lag ebenfalls im Pazifik, und in diesem Zeitalter waren die Menschen nicht körperliche fünfdimensionale Wesen. Die Lemurier waren eine fünfdimensionale Lichtmacht, eher wie Engel, aber mit einer niedrigeren Schwingung. Sie liebten die Erde und hatten den leidenschaftlichen Wunsch, ihr zu helfen. Damals war bereits bekannt, dass die Erde in sehr weiter Zukunft, zwischen 2012 und 2032, eine schwierige Phase durchlaufen würde!

Die Lemurier haben uns ein fantastisches Geschenk hinterlassen, das uns vor allem bei dem erstaunlichen Übergang helfen soll, den wir gerade durchmachen. Sie nahmen Licht aus der Quelle und verschmolzen es mit besonderen Eigenschaften aus der Aura der Sterne und Planeten und mit den großen Energien des Universums, fokussierten es so lange, bis sie eine zähflüssige Masse hatten. Sie gossen diese Masse dann in die Drachenlinien, wo sie hoch schwingende lemurische Kristalle bildete. Dies machte es dem Planeten möglich, Licht von innen nach außen abzustrahlen.

Drachen haben diese besonderen Fugen des lemurischen Lichts bewacht, um uns durch diese Übergangszeit und in das nächste Goldene Zeitalter zu helfen. Das Wort »Drache« bedeutete ursprünglich »Wächter«. Drachen kümmerten sich auch um alles, was die Lemurier liebten: das Land, die Natur und die Menschen der Erde. Sie sind wahrlich unsere großen Begleiter, Verteidiger, Beschützer und Betreuer.

Als die Zeit von Lemurien zu Ende ging, beteten die ätherischen Wesen, es möge ihnen gestattet sein, physische Körper anzunehmen und das Leben in einer völlig neuen Form zu erfahren. Sie wollten die Welt der Sinne erleben und die Energien von Erzengel Metatron und der Shekinah in einer körperlichen Form repräsentieren, um ihr Licht auf dem Planeten zu verankern.

Ihrer Bitte wurde unter der Voraussetzung stattgegeben, dass die Teilnehmer bei diesem Experiment auch Gefühle hatten. Ein Aufruf erging, und wie bei früheren großen Gelegenheiten dieser Art meldeten sich Seelen aus dem ganzen Universum als Freiwillige. Niemand hatte je zuvor Körperlichkeit erlebt, und die Drachen unterstützten diese neuen Menschen. Die ersten halfen den Lemuriern in Vorbereitung auf das Experiment dabei, Gebäude auf der Erde zu errichten. Und dann reinigten sie die Energie rund um die ersten Atlanter, damit ihnen alles wie von selbst zufloss.

Drachen trugen auch dazu bei, den Berg von Poseida auszuhöhlen, auf dem der große Tempel von Atlantis stand, der als Poseidontempel bekannt war und den großen Kristall von Atlantis beherbergte. Sie bewachten auch diesen kristallenen Stromerzeuger. Als er nach dem Untergang von Atlantis ins Zentrum des Bermudadreiecks fiel, übernahmen Wasserdrachen die Verantwortung für seine Bewachung, denn er war immer noch ein aktives interdimensionales Portal und ein großer Stromerzeuger. Als das Intergalaktische Konzil das Portal nutzen musste, war das erzeugte Licht so intensiv, dass alles und jeder innerhalb des Dreiecks eine interdimensionale Veränderung durchmachte. Das bedeutete, dass sie für unsere menschlichen Augen verschwunden waren. Natürlich waren ihre Seelen damit einverstanden, und natürlich gab es ihnen eine Gelegenheit zum spirituellen Aufstieg.

In der Vergangenheit wurde dieses Portal häufig gebraucht, und damit war das Geheimnis des Bermudadreiecks geboren. Weil sich die Schwingungsfrequenz des Planeten erhöht hat, beeinflusst eine Öffnung des interdimensionalen Portals die Menschen und die Materie um sie herum heute nicht mehr so sehr wie früher.

Im Jahre 2015 war es Zeit für die Wiederauferstehung des Großen Kristalls. Die Drachen lösten den Schutz, den sie um ihn herum aufrechterhalten hatten, sodass sein Licht mit voller Kraft in die Höhe schoss wie die Fontäne eines Springbrunnens, um die Erde wieder einmal zu erhellen. Dies hatte einen dramatischen Einfluss auf den Aufstieg und den Meisterschaftsprozess auf dem Planeten.

Beim Untergang von Atlantis vor vielen Tausend Jahren brachten die Drachen ein großes Opfer. Sie gaben ihre erhabene Rolle auf und nahmen vierdimensionale Ätherkörper an. Damit waren sie bereit, uns bei dem mächtigen Übergang, den wir gerade durchmachen, zu unterstützen. So wurden sie zum zentralen Thema von Märchen und Geschichten. Sie haben sich tief in die Blaupause aller eingeprägt, die mit ihnen im Goldenen Zeitalter inkarniert waren. Und das hat die Erinnerung an sie wach gehalten. Diejenigen, die bewusst oder unbewusst an sie glaubten, konnten einen vierdimensionalen Drachenhelfer anziehen.

Bei der harmonischen Konvergenz im Jahre 1987, zu Beginn der fünfundzwanzigjährigen Reinigungsphase des Planeten, machte es die Erinnerung an Drachen vielen dieser weisen Kreaturen möglich, auf den Planeten zurückzukehren. Diese Wiedervereinigung fand auf einem hohen Niveau statt.

In den Jahren 2011 und 2012 gab es einen enormen Schub an Drachenenergie, als sich die dreiunddreißig kosmischen Portale allmählich öffneten. Durch die Öffnung des heiligen

Portals von Lemurien konnte eine riesige Menge an Drachenlicht auf den Planeten zurückkehren. Die kosmischen Portale in Andorra und Honolulu sind ebenfalls Drachenportale, und von dort erfolgte ein Zustrom dieser weisen Kreaturen. An diesen Punkten kamen so viele Drachen auf die Erde, dass sofort zwei von ihnen auf einen Menschen kamen. Und diese Portale werden sich auch weiterhin öffnen und die Menschen erleuchten, bis sie im Jahre 2032 voll einsatzfähig sind. Das bedeutet, dass wir jetzt große Chancen haben, Meisterschaft und Erleuchtung zu erlangen.

Drachen führen gegenwärtig sehr hohe Frequenzen ein und verdichten sie. Sie sind derart mächtige Wesen, dass jeder angehende Meister den Drang verspürt, sich mit ihnen zu verbinden. Als Suchender können Sie dies auf Ihrer Reise jederzeit tun, doch jetzt, wo die Schleier zwischen den Dimensionen immer dünner werden, ist es dringend geboten.

2013, bevor er *Die Erzengel, deine mächtigen Helfer* schrieb, hatte Tim direkten Kontakt mit Drachen, als er draußen in der Natur unterwegs war. Eine Stimme sagte klar und deutlich: »Wir sind die Drachenkräfte und stehen zu deinen Diensten.«

Tim war zunächst ein wenig verunsichert, weil er noch nie zuvor eine Begegnung mit Drachen gehabt hatte. Wie bei jedem Kontakt mit einer äußeren Energiequelle beschloss er, die Energie in sein Herz aufzunehmen, um sicherzustellen, dass sie rein war. Sie war von äußerster Reinheit und Integrität. Zwei Tage später begann er mit diesen mächtigen Wesen zu arbeiten und wurde in das gewaltige Reich des Lichts und der Liebe, die sie zu bieten haben, eingeführt.

VISUALISIERUNGSÜBUNG:
Mit den Drachen und ihrer Energie in Verbindung treten

1. Bereiten Sie sich auf die Meditation vor.
2. Suchen Sie sich einen ruhigen und friedlichen Platz und zünden Sie eine Kerze an. Wenn Sie Kristalle haben, stellen Sie sie im Kreis um sich herum auf.
3. Rufen Sie die violette Flamme des kosmischen Diamanten an und lassen Sie Ihren Körper und Ihre Felder damit durchtränken. Spüren Sie, wie dieses violette Licht jedes Molekül Ihres Wesens in einem alchemistischen Prozess in Licht verwandelt.
4. Lenken Sie Ihre Aufmerksamkeit auf Ihr Drittes Auge, während Sie sich in höheres Licht verwandeln. Gehen Sie tief hinein.
5. Sie bewegen sich durch Zeit und Raum zurück zu einem Punkt, an dem absolute Dunkelheit herrscht.
6. Sie sehen ein helles Licht vor sich und bewegen sich darauf zu. Je näher Sie ihm kommen, desto heller wird es.
7. Es ist eine zähflüssige Masse aus sich bewegendem Feuer. Ihnen wird klar, dass Sie Zeuge der Geburt einer Welt in der Frühzeit des Universums sind. Es ist die Erde.
8. Um diesen Feuerball herum sehen Sie zwei riesige Universalengel, Metatron und Shekinah. Sie behüten den Ball und gestalten ihn mit Liebe und Freundlichkeit.
9. Die beiden Engel halten kurz inne, und aus ihren glühenden goldenen Herzen ergießen sich Tausende von Drachen. Sie repräsentieren die Elemente, Energien und Lichtstrahlen, die eine ganz neue Welt formen und errichten werden.

10. Sie sehen, dass sich diese neugeborenen Drachen sofort an die Arbeit machen und dass jeder von ihnen eine andere Rolle spielt und andere Aufgaben hat. Erddrachen erschaffen das Festland. Wasserdrachen sind für die Erschaffung der molekularen Strukturen in den Meeren zuständig. Feuerdrachen ziehen goldene geometrische Linien um den gesamten Globus und legen damit die Blaupause für die Leylinien fest. Luftdrachen atmen die ersten Winde aus.
11. Ihnen wird klar, dass Sie Zeuge eines stark beschleunigten Konstruktionsprozesses sind.
12. Ein schöner goldener Drache nähert sich Ihnen. Er stellt sich als der Christus-Meisterdrache vor, der Hüter des Christusbewusstseins für alle Wesen, die auf der Erde leben.
13. Während Sie sich mit diesem mächtigen Wesen verbinden, spüren Sie, wie jedes einzelne Ihrer Aufstiegschakras aufleuchtet:

    Der goldene Drache segnet Ihr Sternentorchakra und erhellt es, sodass es in glänzendem Gold erstrahlt.

    Er segnet Ihr Seelensternchakra und öffnet damit den magenta-blauen Zugang zu all Ihren spirituellen Gaben und Talenten.

    Er segnet Ihr Kausalchakra und verbindet Sie vollkommen mit dem höchstmöglichen Erzengel- und Einhornlicht.

    Er segnet Ihr Kronenchakra und setzt flüssig goldene Codes der inneren Weisheit aus Ihrer Seele frei.

    Er segnet Ihr Drittes Auge und macht es Ihnen damit möglich, durch die Schleier Ihrer Illusionen und tief in Ihre wahre Meisterhaftigkeit zu schauen.

    Er segnet Ihr Halschakra und befreit Sie restlos von allen Vereinbarungen aus früheren Leben, die Sie bisher davon abgehalten haben, Ihre Meisterwahrheit auszusprechen.

Er segnet Ihr Herzchakra, erhellt es mit dem reinsten Christuslicht und erweitert es, bis es von Schulter zu Schulter reicht.

Er segnet Ihr Solarplexuschakra und befreit es restlos von sämtlichen Energien, die nicht zu Ihnen gehören.

Er segnet Ihr Nabelchakra und verbindet Sie mit allen Wesen in allen Dimensionen des Multiversums.

Er segnet Ihr Sakralchakra und erleuchtet Sie mit der tiefsten transzendenten Liebe.

Er segnet Ihr Basischakra und verankert es in der ganzen Kraft Ihrer mächtigen ICH-BIN-Präsenz.

Und schließlich segnet er Ihr Erdsternchakra und verbindet Sie vollkommen mit der Weisheit der vielen Goldenen Zeitalter, welche die Erde auf diesen Aufstiegsprozess vorbereitet haben.

14. Nehmen Sie sich ein bisschen Zeit, um dieses Licht vollkommen zu integrieren. Sie haben gerade einen Segen bekommen, der nur Meistern zuteilwird, die viele Herausforderungen bewältigt haben.
15. Der goldene Drache fordert Sie auf, sich auf seinen Rücken zu setzen, und fliegt Sie in Ihre aktuelle Wirklichkeit zurück.
16. Bedanken Sie sich bei diesem wunderschönen Wesen für sein fantastisches Geschenk und machen Sie die Augen wieder auf.
17. Bitten Sie die Erzengel Metatron und Sandalphon, Sie in der großen Zentralsonne und tief in der Hohlerde zu verankern.
18. Bitten Sie die Feuerdrachen, Ihren Aufstiegsweg mit dem hellsten Feuer zu umgeben.

19. Seien Sie gewiss, dass Sie der Meisterschaft in diesem Leben einen Schritt näher gekommen sind.

Kapitel 39

Mit Drachen arbeiten

Wenn eine Seele auf dem Aufstiegspfad allmählich erwacht, kommt ein vierdimensionaler Elementardrache, der ihr Sternzeichen widerspiegelt, und arbeitet mit ihr. Diese Drachen sind also Erd-, Luft-, Feuer- oder Wasserdrachen und gelegentlich auch eine Mischung. Wenn Ihre Mission jedoch die Talente eines ganz besonderen Elementardrachen erfordert, wird dieser zum Vorschein kommen. Wenn Sie auf Ihrer Seelenreise beispielsweise Gebrauch von Ihren außersinnlichen Fähigkeiten machen oder durch die Welt der Träume und Imagination navigieren oder viel Zeit im oder auf dem physischen Wasser verbringen, ziehen Sie vielleicht einen Wasserdrachen an.

Dianas Sternzeichen ist Jungfrau, ein Erdzeichen, und sie hat einen Feuerdrachen, weil sie alle Energien verbrennen muss, die sie davon abhalten, ihre Arbeit voranzubringen. Wie viele Menschen trägt auch sie dazu bei, Visionen für die fünfdimensionalen Gemeinschaften und goldenen Städte der nächsten Ära aufrechtzuerhalten sowie für die neue Seinsweise im bevorstehenden Wassermannzeitalter. Also braucht auch sie einen Feuerdrachen, der ihr bei der Gestaltung dieser Zukunft auf dem Planeten hilft.

Tim ist ein Feuerzeichen und hat daher automatisch einen Feuerdrachen.

Ihr Drache ist Ihr bester Gefährte, Ihr größter Schutz und sicherster Rückhalt. Zwar erfüllt auch Ihr Schutzengel diese Aufgaben, aber Engel wirken in ganz anderen Frequenzbereichen als Drachen. Drachen können niedere Energien in Ihrer Umgebung physisch klären und Materie zu Ihrem Wohl manipulieren. Engel halten den Entwurf für Ihr höchstes Potenzial in Händen und lassen die beste Vorgehensweise regelrecht in Ihr Bewusstsein fallen.

Viele Menschen glauben unbewusst an die geistigen Reiche, auch wenn sie das Geistige wachbewusst leugnen mögen. Dianas Mutter war überzeugt ungläubig, auch wenn sie sehr im Einklang mit der Natur lebte, was Menschen automatisch für göttliche Energien öffnet. Diana hat ihre frühe Kindheit im Himalaja verbracht. Obwohl ihre Familie häufig umzog, als sie noch ein Kind war, gab es ein Möbelstück, das sie immer begleitete, einen großen hölzernen Drachen, der als Stehlampe diente. Er hieß Duggie und stand im Flur. Und später kehrte er sogar mit der Familie nach Großbritannien zurück.

Als Diana ein Verständnis für die geistigen Reiche gewonnen hatte und mit ihnen kommunizierte, begegnete sie ihrem Drachen. Zunächst dachte sie, er werde Duggie genannt, aber er lachte (ein Drachenlachen) und sagte, Duggie sei der Name des Drachen ihrer Mutter, der offenbar unbewusst mit ihm in Verbindung stand! Dianas Drache heißt Douglas. Aus ihren sehr ähnlichen Namensschwingungen schloss sie, dass die beiden Drachen eng verbunden waren.

Wie Drachen Ihnen helfen können

Schutz

Diana fährt nicht besonders gern Auto, aber sie musste einmal mit ihrem Hund, Venus, quer durch Frankreich bis in den Süden des Landes fahren. Jedes Mal, wenn sie ins Auto stieg, bat sie Douglas und die Drachen, den Weg vor ihr frei zu halten, Engel, das Auto zu umgeben, und Einhörner, den Weg über dem Auto zu erleuchten. Auf der ganzen Reise fühlte sie sich wie in einem sicheren Kokon und machte sich keinen Moment lang Sorgen.

Albträume

Albträume sind in der Regel das Ergebnis von Emotionen, die in Ihrem Unbewussten festgehalten werden. Sie stammen entweder aus diesem Leben oder aus einem früheren und wollen befreit werden. Wenn Sie schlafen, öffnet sich das Tor zwischen Ihrem unbewussten und Ihrem bewussten Geist, und die Erinnerungen kommen zum Vorschein. Die Emotionen, die an die Erinnerungen geknüpft sind, werden in Ihrem Emotionalkörper und auf der kollektiven Astralebene festgehalten. Wenn Sie schlafen, reist Ihr Geist durch die astralen zu den spirituellen Ebenen. Wenn er auf eine Emotion trifft, kommt diese Emotion zur Kenntnisnahme an die Oberfläche. Sensitive Menschen und Kinder sind davon besonders betroffen.

Wenn Sie Ihren Drachen darum bitten, wird er Ihnen freie Bahn verschaffen, wenn Sie im Schlaf unterwegs sind. Er wird auch alle Energien verzehren, die verzehrt werden müssen, damit Sie tief und fest schlafen können.

Sie können auch den Drachen Ihres Kindes bitten, über es zu wachen. Oft hilft es, dem Kind einen Spielzeugdrachen oder eine kleine Drachenfigur zu geben, der oder die dann als Wächter neben seinem Bett sitzen kann.

Reinigung des Planeten

Wenn Sie die Nachrichten verfolgen, ist Ihnen sicher klar, dass ganze Energienester gereinigt werden müssen. Manche davon reichen bis tief in das Land selbst hinein. Sie können Feuerdrachen aussenden, die alles vernichten, was nicht Liebe ist. Dann bitten Sie Einhörner, über das Land zu fliegen und das Licht an dem betreffenden Ort zu halten. Sie können gewaltige und wunderbare Wartungsarbeit leisten, indem Sie Feuerdrachen und Engelkräfte bitten, bestimmte Orte zu reinigen.

Reinigung unserer Gewässer

Wasserdrachen können die wunderschönen Gewässer unseres Planeten reinigen. Wenn Sie einen Wasserdrachen haben, können Sie sehr effektiv sein, indem Sie ihn bitten, an Orte zu gehen, die dringend gereinigt werden müssen. Unsere Gewässer schreien danach, in ihren makellos reinen, von Liebe erfüllten natürlichen Zustand zurückzukehren. Daher hat Erzengel Metatron um das Jahr 2012 Wesen aus dem ganzen Universum aufgefordert, ihren Teil dazu beizutragen. Elementarwesen namens Kyhils kamen dieser Aufforderung nach und bringen jetzt gegen spirituelle Förderung unseren schönen Meeren ihre Makellosigkeit zurück.

Goldene Christusdrachen

Diese wunderbar goldenen fünfdimensionalen Drachen bringen dem Planeten reine Liebe. Wenn sie darum gebeten werden, umkreisen sie Zeremonien oder besondere Feiern wie Hochzeiten oder Geburtstagspartys und beschützen sie.

Rosafarbene Drachen der Liebe

Unter der Leitung der großen Meisterin Guanyin strömten im kosmischen Moment, als sich das Portal von Honolulu allmählich öffnete, rosafarbene Drachen auf den Planeten, die das herrliche Licht der transzendenten Liebe brachten.

Diese leuchtend rosafarbenen Drachen begeben sich zu Einzelpersonen und Familien und lösen alles auf, was sie daran hindert, Liebe zu erfahren oder ihr Potenzial ganz auszuleben. Wie strahlende rosafarbene Lichter erleuchten sie Situationen, sodass alle Beteiligten diese aus einer höheren Perspektive und mit den Augen der Liebe sehen können. Die Drachen lassen alte Geschlechterüberzeugungen wegschmelzen, sodass Heilung und Glück zurückkehren können. Rufen Sie sie, und sie werden zu Ihnen kommen.

Guanyin wird von Sensitiven oft als Reisende mit einem rosafarbenen Drachen um die Schultern wahrgenommen.

Violette Drachen

Wenn es an der Zeit ist, die Energien an einem Ort, in einer Situation oder um Menschen herum zu verändern, können Sie die violetten Drachen anrufen. Diese wundersamen Drachen arbeiten mit der violetten Flamme oder unabhängig und können Sie befreien. Wenn Sie fünfdimensional sind, sind diese Drachen bereit und warten darauf, dass Sie ihnen Anweisungen geben.

Während wir uns in das neue Goldene Zeitalter bewegen, befinden sich ein paar Menschen noch auf den oberen Ebenen der vierten Dimension, und einige der Drachen bleiben in ihren vierdimensionalen Körpern, um sie zu unterstützen. Sie werden eine endgültige Reinigung durchführen, damit der Planet wieder erstrahlen kann.

Die meisten Menschen sind dann fünfdimensional. Also werden die fünfdimensionalen Drachen ihnen helfen, das neue Goldene Zeitalter zu errichten. Sie stabilisieren die höhere Energie und bringen das violette Feuer dorthin, wo es notwendig ist, während sich der Wandel vollzieht.

Schwarze Drachen

Schwarz war schon immer die Farbe des göttlich Weiblichen. Sie verweist auf die dunkle Höhle, in der geheime Schätze und Weisheit sicher bewahrt werden. Und schwarze Drachen sind sehr beschützend, weise und geheimnisvoll. Sie helfen denen, die auf dem Weg zu Erleuchtung und Meisterschaft sind, sich mit ihrer innersten Weisheit zu verbinden. Wenn schwarze Drachen Verbindung mit Ihnen aufnehmen, wissen Sie, dass Sie auf dem richtigen Weg sind.

Drachenmeisterschaft

In der Geschichte hat es immer wieder bestimmte Menschen gegeben, die eine große Affinität zu Drachen hatten und sich darin übten, sie mit der Kraft ihres Geistes und ihres Herzens zu lenken und zu überwachen. Sie wurden Drachenmeister.

Meister Abraham war einer der bekanntesten Drachenmeister. Er war ein Aspekt von El Morya, der wiederum Hohepriester in Atlantis war und ein Priester im Orden des Melchisedek. Sie können Meister Abraham anrufen, wenn Sie lernen wollen, als Drachenmeister auf den inneren Ebenen zu dienen. Das bedeutet auch, anderen zu helfen, die Macht der Drachen ebenso zu verstehen wie das wahre Ausmaß ihres Dienstes.

Wie bereits erwähnt, sieht man Guanyin oft in Begleitung eines Drachen. Im Internet gibt es Hunderte von Bildern, auf denen sie zusammen mit Feuer-, Erd-, Luft- und Wasserdrachen zu sehen ist. Viele davon zeigen, wie sie mit dem jeweiligen Drachen in seinem Element unterwegs ist oder das Element unter ihre Kontrolle bringt. Beispielsweise beruhigt sie riesige Wellen oder brausende Stürme.

Auf Ihrer Reise zu Erleuchtung und Meisterschaft möchten Sie vielleicht auch ein Drachenmeister werden. Der Weg zur Drachenmeisterschaft schließt folgende Elemente ein:

- Weiterentwicklung der besten Dracheneigenschaften, die sowohl männlich als auch weiblich sind. Seien Sie freundlich, fürsorglich, umgänglich, wild, stark, kraftvoll, offen und großzügig. Behalten Sie Ihre Emotionen unter Kontrolle, und seien Sie ein Leuchtfeuer des Lichts, um anderen zu helfen.
- Beherrschung der Elemente (*wie in Kapitel 41 beschrieben*).
- Tun Sie immer, was in Ihrer Macht steht.

VISUALISIERUNGSÜBUNG:
Drachensegen

1. Bereiten Sie sich auf die Meditation vor.
2. Rufen Sie die Feuerdrachen herbei, um Ihren heiligen Raum zu klären und zu erleuchten. Spüren Sie, wie sie im und gegen den Uhrzeigersinn um Sie herumwirbeln und Ihre ganze Umgebung mit goldenem Feuer erhellen.
3. Bitten Sie die Drachen, sich durch Ihr Vierkörpersystem zu bewegen und alles von Ihnen zu nehmen, wovon Sie

das Gefühl haben, dass Sie es loslassen müssen. Spüren Sie, wie es in heiligen Flammen aufgelöst wird.

4. Rufen Sie mit geschlossenen Augen einen Drachenvertreter herbei und bitten Sie ihn, sich vorzustellen. Er kann jede beliebige Größe, Farbe und Energie haben. Erlauben Sie ihm, ganz ruhig bei Ihnen zu sitzen, und spüren Sie seine Energie.
5. Lenken Sie Ihre Aufmerksamkeit zu Ihrem Herzzentrum. Visualisieren Sie, wie es in reinem strahlendem Weiß erglüht. Sehen Sie, wie das Herz Ihres Drachengefährten in der Mitte seiner prächtigen Brust ebenfalls hell erglüht.
6. Lassen Sie einen Lichtstrahl aus Ihrem Meister-Herzchakra fließen und sich mit dem des Drachen verbinden. Spüren Sie die Verbindung zwischen Ihnen beiden, die Einheit.
7. Sagen Sie dem Drachen alles, was Sie sich wirklich von Herzen wünschen. Seien Sie wahrhaftig, liebevoll und ehrlich. Drachen verfügen über unendliche Weisheit.
8. Warten Sie auf eine Antwort. Wenn Sie eine Frage gestellt haben, kommt die Antwort vielleicht später als Zeichen oder Synchronizität zu Ihnen.
9. Bitten Sie Erzengel Gabriel, einen leuchtenden Diamanten in das Herz Ihres Drachen zu platzieren, und danken Sie dem Drachen dafür, dass er zu Ihnen gekommen ist, und für seinen selbstlosen Dienst an der Menschheit und der Erde.
10. Bitten Sie Erzengel Gabriel und seine Engelscharen, alle Drachen zu segnen, die derzeit auf der Erde arbeiten. Sehen Sie, wie die Herzen all dieser Drachen in diamantenem Licht erstrahlen.

11. Bedanken Sie sich bei Erzengel Gabriel und seien Sie gewiss, dass Sie den Arbeitsdrachen der Gaia einen großen Dienst erwiesen haben.

Kapitel 40

Wie Drachen Ihnen bei der Erfüllung Ihres Seelenauftrags helfen

Ihr Seelenauftrag ist in der Regel das, was Sie wirklich gern tun. Er erfüllt Sie und gibt Ihnen das Gefühl, dass Ihr Leben einen Sinn hat. Sehr oft können Sie nicht mehr von Ihrer Mission sehen als den nächsten Schritt. Dann können Sie die Drachen bitten, Ihnen beim Erreichen dieses Etappenziels zu helfen. Sie können auch eine Drachenzeremonie durchführen, die Ihnen helfen wird, jedes Ziel zu erreichen, solange es zu Ihrem Besten ist.

Wasserdrachen

Eines Tages ging Diana durch den Wald und dachte über ihren Seelenauftrag nach. Zu dieser Zeit versuchte das Wasser, ihr etwas zu vermitteln. Sie hatte mehrere Lecks in ihrem Haus, und es brauchte viel Zeit, Geld und Mühe, sie in Ordnung zu bringen. Und jetzt hatte sich der Abflussschlauch ihres Whirlpools gelöst, und der gesamte Inhalt der Badewanne war durch die Decke in einen Raum getropft, den sie Metatron geweiht hatte. Das schien eine klare spirituelle Botschaft für sie zu sein.

Sie rief die Wasserdrachen an und bat sie, ihr verstehen zu helfen, worauf das Wasser sie aufmerksam machen wollte. Kurz darauf war sie von Dutzenden blaugrünen Wasserdrachen umgeben, die wie Schlangen aussahen. Sie waren alle in ihre Laufrichtung ausgerichtet und schlängelten sich neben ihr her. Wenn sie sich vorwärtsbewegte, war alles perfekt. Diana hatte das Gefühl, ganz im Fluss mit ihnen zu sein. Aber wenn sie innehielt und stehen blieb, drehten und wanden sie sich um sie herum, waren nicht mehr im Fluss. Diana erkannte, was sie ihr sagen wollten, nämlich dass sie mit dem Universum Schritt halten musste.

Nachdem sie diese Botschaft verstanden hatte, erinnerten die Drachen sie daran, dass Wasser sehr flexibel ist und immer den Weg des geringsten Widerstandes nimmt. Sie erkannte, dass sie ihr rieten, flexibel zu sein und Möglichkeiten zu finden, Hindernisse zu umschiffen und über Probleme zu reden, statt sie frontal anzugehen.

Als sie die Drachen streichelte, kam es ihr vor, als streichelte sie sehr weiche Katzen. Sie hatten zwar kein Fell, fühlten sich aber dennoch seidig und glatt an. Dies erinnerte sie daran, sich auf ihre weiblichen Energien zu berufen. Sie hatte sich zu sehr daran gewöhnt, die Feuerdrachen mit ihren wilden männlichen Eigenschaften anzurufen, aber die Anwesenheit der Wasserdrachen vermittelte ihr neue Einsichten über andere Arten des Vorankommens.

Diana bedankte sich bei den Wasserdrachen. Seitdem tauchen sie neben ihr auf, wann immer sie an sie denkt, schlängeln sich wellenartig durch die Luft und erinnern sie an ihre vielen besonderen Eigenschaften: das Strömen, die Flexibilität, das Reinigende und vor allem daran, dass Wasser die Liebe des Universums in sich trägt. Denken Sie daran, alles, was Sie tun, mit Liebe zu tun.

Luftdrachen

Verspielte blaue Luftdrachen helfen Ihnen, die sehr wichtigen Eigenschaften Leichtigkeit und Spaß in Ihre Seelenreise zu integrieren. Es ist nicht Zweck der Sache, dass Sie auf Ihrem Weg wild entschlossen vorpreschen und weder nach rechts noch nach links schauen. Ihnen entgehen so viele Chancen, wenn Sie derart auf Ihr Ziel fixiert sind, dass Sie die Freuden des Unterwegsseins gar nicht mehr wahrnehmen. Das Leben soll kein Gewaltmarsch sein.

Bitten Sie die Luftdrachen, Ihr Leben zu erhellen und Spaß in Ihre Tage zu bringen. Sie werden sich wundern, was dann passiert. Und Sie müssen bereit sein, auch zu tun, was Spaß macht. Nehmen Sie aktiv an allem teil, was sich Ihnen bietet, oder die Luftdrachen machen sich davon und spielen woanders.

Wenn Sie sich entspannen und genießen, was sich Ihnen bietet, liefern die Luftdrachen sozusagen den Wind, der Ihre Segel bläht und Ihr Schiff schnell dahinsegeln lässt.

Erddrachen

Die wunderbaren Erddrachen ermutigen Sie, solide und geerdet zu sein, Ihre Wurzeln in die Erde wachsen zu lassen und das Land zu reinigen, auf dem Sie gehen und stehen. Gleichzeitig lieben es diese Drachen, wenn Sie starke, kraftvolle, energiegeladene Tänze aufführen und mit den Füßen auf die Erde stampfen, während Ihre Kundalini aufsteigt. Erddrachen arbeiten aktiv mit Ihnen, um Ihre innere Schlange aufsteigen zu lassen, denn das erhöht Ihre Schwingungsfrequenz, damit das Leben Sie reich entlohnen kann. Es hält Sie auch in

Kontakt mit der Erde und der Göttin Gaia, die Sie automatisch mit der Mission Ihrer Seele verbindet.

Feuerdrachen

Die kraftvollen und vor Energie strotzenden orangefarbenen Feuerdrachen bemühen sich unermüdlich, alles zu verzehren und zu verbrennen, was für Ihre Befreiung nicht gebraucht wird. Sie lieben es, Ihren Seelenpfad aufzuräumen und wie ein Leuchtfeuer zu erhellen. Sie befeuern Sie mit Begeisterung und sind die wildesten Beschützer. Sie können Ihnen auf Ihrer Seelenreise gewaltig helfen.

Auch die vielen anderen Drachen helfen Ihnen bei der Erfüllung Ihrer Seelenaufgabe. Die violetten Drachen verwandeln das Alte, die rosafarbenen bringen höhere Liebe ins Spiel. Die goldenen Christusdrachen geben Ihnen Liebe, Weisheit und Schutz. Die schwarzen Drachen, die mit Erzengel Sandalphon arbeiten, verfügen über die tiefsten und weisesten Geheimnisse des Universums.

Wenn Sie sich mit allen Drachen beschäftigen, dann helfen sie Ihnen, Ihre männlichen und weiblichen Eigenschaften ins Gleichgewicht zu bringen, Arbeit und Spiel, Ihre Fähigkeit, sowohl geerdet zu sein als auch zu fliegen. Sie beherrschen die Elemente Ihres Lebens und genießen das Leben auf der Erde.

Eine Drachenzeremonie

Hier ist eine Zeremonie, die Sie durchführen können, um die Drachen zu bitten, Ihnen Ihre Seelenaufgabe deutlich zu machen und Ihnen zu helfen, Ihre Bestimmung zu erfüllen.

Vorbereitung auf eine Drachenzeremonie

1. Formulieren Sie Ihren Seelenauftrag und auch das Ziel, bei dessen Erreichen die Drachen Ihnen helfen sollen, ganz klar und schreiben Sie alles auf.
2. Sie möchten vielleicht einen Altar errichten, auf den Sie die Gegenstände stellen, die für die Drachen der Elemente stehen:
   Suchen Sie sich etwas, das die Wasserdrachen repräsentiert. Eine Schale mit Wasser erfüllt diesen Zweck ebenso wie eine Vase mit Blumen.
   Luftdrachen können von einer Feder, einem Blatt oder der Figur eines Engels, eines Einhorns oder einer Fee repräsentiert werden, die alle dem Element Luft angehören.
   Erddrachen können durch einen Kristall oder einen Kieselstein, etwas Erde oder eine Topfpflanze dargestellt werden.
   Feuerdrachen können durch eine Kerze oder Feuer abgebildet werden.
   Violette, rosafarbene, goldene und schwarze Drachen können durch ein Stück Stoff, einen Kristall oder ein anderes Objekt in der passenden Farbe repräsentiert werden.
3. Wenn Sie ausdrücklich mit bestimmten Drachen arbeiten möchten, beachten Sie bitte Folgendes:
   Wenn Sie ausdrücklich mit Wasserdrachen arbeiten möchten, machen Sie die Zeremonie am Meer, an einem

Fluss oder an einem See. Bei Vollmond ist sie am eindrucksvollsten.

Wenn Sie ausdrücklich mit Luftdrachen arbeiten möchten, machen Sie die Zeremonie morgens oder am Wochenende auf einem Berggipfel oder an einem windigen Ort.

Wenn Sie ausdrücklich mit Erddrachen arbeiten möchten, machen Sie die Zeremonie im Freien an einer heiligen Stätte oder in einer schönen Gegend, wo die Erdenergien sehr kraftvoll sind.

Wenn Sie ausdrücklich mit Feuerdrachen arbeiten möchten, machen Sie die Zeremonie an einem lodernden Feuer oder Lagerfeuer, und zwar spätabends oder nachts, damit man das Feuer auch sehen kann.

Wenn Sie ausdrücklich mit violetten Drachen arbeiten möchten, verwenden Sie ein violettes Tuch (*siehe Punkt 5 der nachfolgenden Zeremonie »Drachen helfen bei der Erfüllung Ihres Seelenauftrags«*) und machen die Zeremonie in einem Kreis aus Amethystkristallen oder stellen einen großen Amethyst in die Mitte Ihres Kreises.

Wenn Sie ausdrücklich mit rosafarbenen Drachen arbeiten möchten, legen Sie ein rosafarbenes Tuch (*siehe Punkt 6 der nachfolgenden Zeremonie »Drachen helfen bei der Erfüllung Ihres Seelenauftrags«*) oder rosafarbene Kristallquarze in Herzform auf Ihren Altar.

Wenn Sie ausdrücklich mit goldenen Drachen arbeiten möchten, legen oder stellen Sie etwas Goldenes auf Ihren Altar.

Wenn Sie ausdrücklich mit schwarzen Drachen arbeiten möchten, legen Sie ein schwarzes Tuch (*siehe Punkt 8 der nachfolgenden Zeremonie »Drachen helfen bei der Erfüllung Ihres Seelenauftrags«*) oder einen schwarzen Obsidian auf

Ihren Altar und machen die Zeremonie nach Einbruch der Dunkelheit.

Zeremonie: Drachen helfen bei der Erfüllung Ihres Seelenauftrags

1. Legen Sie Ihr Objekt, das die Wasserdrachen repräsentieren soll, auf den Altar mit den Worten:
   »Ich wende mich an die geliebten Wasserdrachen und bitte sie, mit mir auf dem kürzesten und einfachsten Weg zu meiner Mission zu strömen und mir in diesem Fluss zum Erfolg zu verhelfen.«
2. Legen Sie Ihr Objekt, das die Luftdrachen repräsentieren soll, auf den Altar mit den Worten:
   »Ich wende mich an die geliebten Luftdrachen und bitte sie, mich zu meiner Mission zu tragen, meine Reise leicht und amüsant zu machen und mich dem Erfolg entgegenzuwehen.«
3. Legen Sie Ihr Objekt, das die Erddrachen repräsentieren soll, auf den Altar mit den Worten:
   »Ich wende mich an die geliebten Erddrachen und bitte sie, mich mit der Göttin Gaia zu verbinden und die Reise zu meiner Mission zu erden und ihr Energie zu geben.«
4. Stellen Sie eine Kerze auf den Altar und entzünden Sie sie mit den Worten:
   »Ich wende mich an die geliebten Feuerdrachen und bitte sie, vor mir und um mich herum einen Weg zu bahnen. Bitte agiert als Leuchtfeuer und erhellt den Weg zu meinem Seelenauftrag.«
5. Legen Sie Ihr violettes Tuch oder Ihre(n) Amethyst(e) auf den Altar mit den Worten:
   »Ich wende mich an die geliebten violetten Drachen und bitte sie, die Energie rund um meinen Seelenauftrag zu klären und mich dann in einer Aufwärtsspirale zum Erfolg zu tragen.«

6. Legen Sie Ihr rosafarbenes Tuch oder Ihren Rosenquarz auf den Altar mit den Worten:
   »Ich wende mich an die geliebten rosafarbenen Drachen und bitte sie, meinen Seelenauftrag und jeden, der etwas damit zu tun hat, mit Liebe zu erfüllen.«
7. Legen Sie Ihr goldenes Tuch oder Objekt auf den Altar mit den Worten:
   »Ich wende mich an die geliebten goldenen Drachen und bitte sie, meinen Seelenauftrag mit Christuslicht zu erfüllen.«
8. Legen Sie Ihr schwarzes Tuch oder Ihren Obsidian auf den Altar mit den Worten:
   »Ich wende mich an die geliebten schwarzen Drachen der göttlich weiblichen Weisheit und bitte sie, mich mit der tiefgründigsten Weisheit bezüglich meines Seelenauftrags zu erfüllen und mich zu seiner Erfüllung zu führen.«
9. Lesen Sie Ihre Seelenaufgabe laut vor.
10. Sie möchten vielleicht tanzen oder singen oder meditieren.
11. Bedanken Sie sich bei den Drachen.

Kapitel 41

Die Elemente und die Natur beherrschen

Das Auftreten einer leichten Brise, eines Hurrikans, Erdbebens, Sturms, einer Überschwemmung oder eines größeren Feuers ist von folgenden Faktoren abhängig:

- den Anordnungen des Intergalaktischen Konzils,
- den Entscheidungen, die Erzengel Purlimiek und die Göttin Gaia über unsere natürliche Welt treffen,
- altem und neuem Karma in dem betreffenden Land,
- menschlichen Emotionen und der Beherrschung der Elemente.

Wenn genügend Menschen ihre Emotionen beherrschen und mit den Geistern der Elemente in Verbindung treten, können wir unsere natürliche Umgebung zum Wohle aller beeinflussen.

Das Element Luft

Alle Vögel, außer Strauße, Kiwis und andere, die nicht fliegen können, beherrschen einzelne Aspekte des Elements Luft. Adler und Albatrosse sind Beispiele für Vögel, die dieses

Element voll und ganz beherrschen, und das demonstrieren sie uns immer wieder. Sie zeigen uns, dass ein Meister in verfeinerte Energien aufsteigen, alle Dinge aus einer höheren Perspektive sehen und, was am allerwichtigsten ist, ganz leicht auf den Strömungen des Lebens schweben kann. Dies ist eine Botschaft an alle Menschen sowie an andere Vögel und weitere Tiere.

Wenn Sie die Luft beherrschen wollen, müssen Sie in der Lage sein, den kollektiven Glauben an die Schwerkraft hinter sich zu lassen. In der Frühzeit der Goldenen Ära von Atlantis bestand, wie bereits erwähnt, die einzige Möglichkeit, Zugang zum Poseidontempel zu bekommen, darin, dorthin zu schweben oder zu fliegen, und die Hohepriester und -priesterinnen waren dazu in der Lage.

Manche Geschöpfe sind hier, um uns etwas über kollektive Überzeugungen beizubringen. Spinnen wurden aus einem Universum ohne Schwerkraft inkarniert, um uns zu offenbaren, dass mentale Kräfte unsere kollektiven Überzeugungen übertrumpfen können. Sie bauen ihre Netze unter Missachtung der Schwerkraft, indem sie ihre Vision des fertigen Produkts die ganze Zeit aufrechterhalten.

Der Schlüssel zur Beherrschung des Luftelements besteht darin, Verbindung zu den Einhörnern aufzunehmen, die Luftwesen sind. Sie arbeiten mit dem Elementargeist Meister Dom zusammen, den man manchmal in den Wolken sehen kann. Er hat sich nie verkörpert und ist ätherisch. Dennoch befehligt er die Elementargeister der Luft, die Feen und Sylphen, und wenn wir offen für ihn sind, kann er uns etwas über die Bewegung und die Kraft der Luft beibringen.

Hier eine sehr einfache praktische Übung. Wenn Sie draußen in der Natur sind, stimmen Sie sich auf die Sylphen ein. An einem windstillen Tag bitten Sie sie respektvoll, für etwas Bewegung zu sorgen, damit sich die Blätter regen. An einem stürmischen Tag bitten Sie sie, einen Moment ganz reglos und still zu sein. Achten Sie darauf, wie Sie mit ihnen arbeiten können, um die Bewegung der Luft zu beeinflussen.

Wenn immer mehr sich entwickelnde Menschen den Mantel der Aufgestiegenen Meisterschaft anlegen und ganz in ihrer friedvollen Macht und Ausgeglichenheit sind, werden wir in der Lage sein, mit den Einhörnern und dem Elementargeist Meister Dom zusammenzuarbeiten, um Wolken wegzublasen oder sogar Wirbelstürme zu beruhigen.

Das Element Wasser

Wasser trägt die Energie der Liebe durch das ganze Universum, und das kann man an manchen Kreaturen, die darin leben, gut sehen. Delfine, die das Element Wasser beherrschen, legen reine Freude und Glückseligkeit an den Tag, wenn sie ihr Leben in den Ozeanen dieser Welt genießen. Sie haben Spaß und geben gleichzeitig die Liebe und Weisheit von Atlantis an alle weiter, welche die Meere mit ihnen teilen. Darüber hinaus tragen sie mit ihren Klängen, die Engelenergie in die Gewässer bringen, zu deren Reinigung bei.

Andere fünfdimensionale Wasserlebewesen sind Schildkröten, Rochen, Wale und Haie. Sie alle schützen die Engeldelfine, welche die Weisheit von Atlantis in ihren Energiefeldern tragen. Sie alle beherrschen das Element Wasser auf unterschiedliche Weise und sind in der Lage, ihren Seelenauftrag auszuführen und das Wissen und die Weisheit, die sie auf der Erde erworben haben, mit zurückzunehmen auf den Stern, den Planeten oder die Galaxie ihres Ursprungs.

- Delfine stammen von Lakumay, dem aufgestiegenen Aspekt des Sirius. Ihr Seelenauftrag besteht darin, das Wissen und die Weisheit der großen Zivilisation des Goldenen Atlantis in den Gewässern der Welt zu verbreiten, denn Wasser bewahrt die energetische Erinnerung und gibt sie an uns weiter, wenn wir dafür bereit sind.
- Wale stammen von einem Asteroiden im zehndimensionalen Universum der Shekinah. Ihr Auftrag besteht darin, riesige Mengen an hoch schwingendem Licht zu verbreiten und damit Wissen, Weisheit und Glück in einem Maße, das wir gegenwärtig noch gar nicht begreifen können. Wieder bewahrt das Wasser die energetische Erinnerung daran.
- Schildkröten stammen von Jumbay, dem aufgestiegenen Aspekt des Jupiter. Sie bringen das wahre fünfdimensionale Verständnis des kosmischen Füllebewusstseins in die Welt, damit die Gewässer es verbreiten können.
- Haie stammen von Nigellay, dem höheren Aspekt des Mars, und schwimmen auf Streife durch die Meere. Sie sind die spirituellen Krieger, die unter den Geschöpfen der Meere für Disziplin und Ordnung sorgen.
- Darüber hinaus gibt es riesige Rochen von den Plejaden. Sie sind individuell angepasst und fünfdimensional und lassen Herzensheilung in die Gewässer strömen.

Die Kreaturen, welche die Korallenriffe bewohnen, sind alle fünfdimensional und bringen Energie und Licht aus der Hohlerde in die Gewässer. Diese hoch entwickelten Geschöpfe beherrschen jeweils bestimmte Aspekte des Wassers und können ihm daher mit ihren ganz besonderen Gaben dienen. Wir können alle viel lernen, indem wir uns mit ihnen identifizieren. Wenn Sie »schwimmen wie ein Fisch«, sind Sie schon auf dem besten Weg zur Beherrschung des Wassers. Wenn Sie sich an der Wasseroberfläche treiben lassen, vertrauen Sie diesem Element und erlauben ihm, Sie zu tragen.

Sie können Ihre Reise zur Beherrschung des Wassers mit einer Segnung dieses Elements beginnen. Jede dieser Weihen hebt die Energie des Wassers in die fünfte Dimension und hat einen positiven Einfluss auf jedes Lebewesen, das damit duscht, darin schwimmt oder es trinkt!

Es ist hilfreich, wenn Sie sich mit Poseidon identifizieren, der für das Wasser zuständig ist, und mit Neptun, seinem Elementarmeister.

Das Element Feuer

Erzengel Gabriel ist für das Feuerelement zuständig, während sein Elementarmeister, Thor, über die Elementale des Feuers, die Salamander, gebietet.

Diejenigen, die schon einmal auf heißen Kohlen gegangen sind oder Feuer gespuckt haben, haben ihre Emotionen bezüglich des Feuers im Griff, aber sie müssen auch in der Lage sein, dieses Element mit ihren Gedanken zu steuern, wenn sie es vollständig beherrschen wollen.

Um sich in der Beherrschung des Feuers zu üben, zünden Sie eine Kerze an oder machen ein Feuer und verbinden sich mit den Salamandern. Dann setzen Sie die Kraft Ihrer Gedanken ein, um es zu beruhigen und ganz klein zu machen oder so richtig auflodern zu lassen.

Wenn Sie ganz entspannt und beherrscht bleiben, können Sie Haus- oder Waldbrände löschen. Sie können sogar das Licht des Feuers nutzen und dazu beitragen, die Wärme und die Fröhlichkeit seiner Flammen zu verbreiten.

Das Element Erde

Obwohl wir alle auf der Erde wandeln und in ständigem Kontakt mit ihr sind, beherrschen nur wenige Menschen das Element Erde. Würmer jedoch, die Insekten der vierten Dimension, können in der Erde leben und gedeihen! Sie dienen uns, indem sie das Element Luft in den Erdboden bringen.

Einige mutige Seelen haben Einweihungen überlebt, bei denen sie zufällig durch ein Erdbeben oder absichtlich im Rahmen einer Zeremonie lebendig begraben wurden. Sie haben Aspekte des Elements Erde gemeistert.

Die Göttin Gaia selbst ist für das Element Erde verantwortlich, und die Elementarmeisterin Taia wacht über die Elementargeister der Erde, die Zwerge und Kobolde und diejenigen, die selbst ein Teil der Erde sind, wie die Wichtel und Elfen.

Visualisierungsübung:
Die Elemente genießen

1. Bereiten Sie einen Platz vor, wo Sie sich entspannen können und ungestört sind. Zünden Sie eine Kerze an, wenn möglich.
2. Bleiben Sie ganz ruhig sitzen und atmen Sie bequem in der Absicht, sich mit den Elementen zu verbinden.
3. Konzentrieren Sie sich auf Ihren aktivierten Erdstern.
4. Bitten Sie Erzengel Michael, seinen tiefblauen Schutzmantel um Sie zu legen.

Die Luft genießen

5. Stellen Sie sich vor, dass Sie ganz oben auf einem Hügel stehen und von dort eine spektakuläre Aussicht auf die ganze Umgebung haben.
6. Sie beobachten einen goldenen Adler, der sich aufschwingt und mühelos auf den Luftströmen schwebt.
7. Er kehrt um, gleitet auf Sie zu und lädt Sie ein, auf seinem Rücken zu reiten.
8. Und schon sitzen Sie mit ausgestreckten Armen auf dem Rücken des Adlers. Er nimmt Sie mit auf eine Reise, auf der Sie die Freude, den Frieden und das Hochgefühl, die das Beherrschen dieses Elements mit sich bringt, erfahren. Nehmen Sie sich so viel Zeit, wie Sie brauchen.
9. Der Adler bringt Sie zurück, und Sie bedanken sich bei ihm.

Das Wasser genießen

10. Stellen Sie sich vor, Sie sind an einem herrlich weißen, von Palmen gesäumten Sandstrand.
11. Eine Schildkröte taucht aus dem Wasser auf, kommt auf Sie zu und lädt Sie ein, auf ihrem Rücken zu reiten.
12. Sie trägt Sie in den Ozean. Zusammen gleiten Sie mit den Strömungen dahin und surfen auf den Wellen.
13. In einem bunten Korallenriff, wo glänzende Fische um Sie herumflitzen, begegnen Sie den anderen Meistern des Wassers, den Delfinen, den Haien, den Rochen und den Walen. Nehmen Sie sich Zeit, diese Erfahrung in dem Wissen zu genießen, dass ihre Weisheit Sie berührt.
14. Die Schildkröte bringt Sie zurück zum Strand, und Sie bedanken sich bei ihr.

Mit dem Feuer arbeiten

15. Stellen Sie sich vor, dass Sie einen Waldbrand beobachten. Sie können die Hitze fühlen, den Rauch riechen und die flackernden orangefarbenen Flammen sehen.
16. Der Elementarmeister Thor kommt auf Sie zu und legt seinen Schutz um Sie. Er führt Sie in die Flammen, wo Sie den Elementalen des Feuers begegnen, den Salamandern, die völlig außer Kontrolle geraten sind.
17. Thor führt Sie zum Waldrand zurück. Dort stehen Sie dann ganz ruhig wie ein Meister.
18. Sie senden eine mentale Decke der Ruhe aus, welche die Salamander beruhigt. Sie werden ganz ruhig und still. Das Feuer geht aus.
19. Bedanken Sie sich bei Thor in der Gewissheit, dass Sie die Beherrschung des Feuers erlebt haben.

Mit der Erde arbeiten

20. Sie sitzen mit einem riesigen Erddrachen in einer ländlichen Gegend.
21. Der Erddrache lädt Sie ein, sich auf seinen Rücken zu setzen und ihn auf seinem Weg entlang der Leylinien zu begleiten.
22. Gemeinsam tauchen Sie tief in die Erde, in ein hell erleuchtetes unterirdisches Tunnelsystem.
23. Sie reisen auf und ab und passieren ein Lichtportal. Segnen Sie es.
24. Sie erreichen eine Stelle, an der der Tunnel eingebrochen ist, weil die Leylinie unterbrochen ist.
25. Als Meister der Erde projizieren Sie eine starke Schwingung der Liebe durch das vor Ihnen liegende Erdreich.

26. Sie schauen zu, wie sich die Leylinie selbst repariert. Ihre liebevolle Kontrolle hat ein Erdbeben oder einen Erdrutsch an der Oberfläche des Planeten verhindert.
27. Der Erddrache bringt Sie an die Oberfläche zurück. Sie entspannen sich und beobachten die Vögel, die Delfine, ein Lagerfeuer und einen Regenwurm, der den Erdboden bewegt.

Facetten der Erleuchtung

Kapitel 42

Das lilafarbene Feuer des Ursprungs

Eine neue Schicht der violetten Flamme wurde uns zugänglich gemacht – eine lilafarbene Schicht. Die Farbe Lila besteht aus Violett, gemischt mit reinem Weiß und ein wenig Rosa der reinen Liebe. Dies ist eine Flamme der Freiheit.

Der erstaunliche Erzengel Gabriel ist verantwortlich für das Element Feuer mit seiner Fähigkeit, zu verwandeln, zu reinigen, zu inspirieren und zu wärmen. Weißes Feuer ist das Licht des Ursprungs, das durch Erzengel Gabriel und seine Zwillingsflamme, die Hoffnung, stufenweise auf eine neundimensionale Frequenz abgesenkt wurde. Dies ist eine männliche Energie. Das violette Feuer ist das kosmische Violett des Erzengels Zadkiel und seiner Zwillingsflamme, Lady Amethyst. Dies ist ein weibliches Licht. Sie verschmelzen zu Lila, einem göttlich weiblichen Licht, das sanft reinigt und verwandelt, während es sacht in unsere Energiefelder eindringt. Es wäscht Unreinheiten mitfühlend und doch entschieden aus und hinterlässt immer Hoffnung und Vorfreude auf etwas Besseres.

Lilafarbenes Feuer ist ein perfekt ausbalanciertes neundimensionales Werkzeug für Meisterschaft und Aufstieg. Es ist die höchste und schönste Manifestation der violetten Flamme, die der Menschheit bisher angeboten wurde.

Die violette Flamme des kosmischen Diamanten ist auf seiner höchsten Resonanzebene ebenfalls neundimensional. Dies ist ein vorwiegend männliches Werkzeug, weil der Diamant das Alte aktiv wegschneidet.

Erzengel Gabriels ätherischer Zufluchtsort liegt über Mount Shasta in Kalifornien (zusammen mit dem von Saint Germain). Der von Erzengel Hope liegt über Malaysia. Die Erzengel Zadkiel und Amethyst teilen sich einen Zufluchtsort über Kuba. Sie können sich an einem zentralen Punkt im Dreieck über diesen drei Orten mit dem lilafarbenen Feuer des Ursprungs verbinden. Wenn Sie dies tun, werden die glorreichen zwölfdimensionalen Serafim, welche die göttlichen Wesen umgeben, ihren Gesang der Manifestation in Sie hineinprojizieren. Dies gibt der Flamme ein riesiges Potenzial und mehr Kraft, was Ihre Gedanken fördert und verdichtet.

Sie können das lilafarbene Feuer auch anrufen, und es wird sich aus den neundimensionalen Reichen in Ihre Energiefelder ergießen.

Sie können die ganze Wirkung des lilafarbenen Feuers des Ursprungs nur verkörpern, sobald Sie höhere Erleuchtung erlangt haben. Weil es die Macht hat, das Alte aufzulösen und Reinheit zu offenbaren, kann es diesen Planeten und die ganze Menschheit durch den Prozess der Erleuchtung, der Meisterschaft und des Aufstiegs führen. Saint Germain, der Meister des Siebten Strahls der Verwandlung war, verkörperte die violette Flamme. Sie können das lilafarbene Feuer des Ursprungs verkörpern, sobald Sie dazu bereit sind, und dieses Dekret wird Ihnen helfen, sich darauf vorzubereiten.

Dekret für das lilafarbene Feuer des Ursprungs

»Ich Bin das lilafarbene Feuer des Ursprungs.
Ich Bin die Flamme der Liebe.
Ich Bin die Flügel der Freiheit.
Ich Bin das Lied der Freude.
Ich Bin das Herz des neuen Goldenen Zeitalters.
Ich Bin bereit. Bade mich in deinem Licht.«

Sprechen Sie diesen Text dreimal täglich, und spüren Sie, wie sich Ihr Licht dadurch verankert, vergrößert und erweitert.

Dies ist ein sehr mächtiges Dekret, das unter Gnade wirkt. Daher brauchen Sie keine Erlaubnis, um es einzusetzen. Es hat den großen Vorteil, dass es alles reinigt, was es berührt, und es dann in perfekte Balance und Harmonie bringt und mit Liebe erfüllt.

Das lilafarbene Feuer des Ursprungs in Massen freisetzen

Wenn mehrere Menschen diese mächtige Energie ausschicken, bildet sie eine riesige Kugel der kosmischen Absicht, die vom Intergalaktischen Konzil bewahrt und bei Bedarf freigesetzt wird. Sie können sie beispielsweise abrufen, wenn ein ganzes Land im Krieg war oder einen inneren Konflikt erlebt hat.

Jedes einzelne Mal, wenn Sie an diese Energie denken oder sie aussenden, wird sie von der geistigen Hierarchie aktiviert und zum Wohle aller eingesetzt.

Drachen und Engel

Es gibt wunderschöne Elementardrachen mit der Schwingungsfrequenz des lilafarbenen Ursprungsfeuers. Sie haben in der Hohlerde darauf gewartet, dass es noch einmal offenbart wird, und kehren nun an die Oberfläche des Planeten zurück, um wieder mit der Menschheit zu arbeiten. Sie tragen dazu bei, die auf das fünfdimensionale Paradigma gerichtete Bewegung zu beschleunigen, indem sie das lilafarbene Feuer in Unternehmen, Regierungen, große Organisationen und andere Strukturen hineinatmen, damit diese sich allmählich für die ethisch korrekte Lebensweise einsetzen, die im neuen Goldenen Zeitalter vorherrschen wird.

Da sich mittlerweile auf der ganzen Welt die Herzzentren öffnen, helfen die lilafarbenen Feuerdrachen auch, die Energien umzuwandeln, die dort herausgewaschen wurden. Sie beschleunigen den Prozess, indem sie tief und doch sanft in den Herzchakras derer arbeiten, die dafür bereit sind. Dann öffnen sie den Weltraum, damit sich die neuen Aufstiegsenergien in den Herzen der ganzen Menschheit verankern können.

Sie warten auch darauf, dass wir sie lenken. Dann können sie tätig werden, um den Planeten und die Menschen zu reinigen, zu verwandeln und zu veredeln. Und schließlich kann sich unser Fortschritt beschleunigen.

Die Erzengel Zadkiel und Amethyst arbeiten auf einer planetaren Ebene auch mit Tausenden von Engeln zusammen, um gewaltige Downloads der violetten Flamme zur Verfügung stellen zu können. Sie arbeiten in Harmonie mit Impulsen von der großen Zentralsonne, die darauf ausgelegt sind, die Schwingung der Erdenergie sehr schnell zu erhöhen. Ihre Aufgabe ist es, eine geläuterte Schablone zu erschaffen, in die sich dieses neue, höhere Licht hineinbewegen kann. Sie sind sieben Tage lang sehr aktiv, was zu solaren Ereignissen wie Sonnenfinsternissen und koronaren Massenauswürfen führt, und ihre Unterstützung seit dem Kosmischen Moment ist von unschätzbarem Wert.

Erzengel Zadkiels Engel unterstützen auch viele Aspiranten in ihrem aktuellen Unterrichtsstoff, zeigen ihnen Licht und Gnade und helfen ihnen damit, zu lernen, das Gelernte in sich aufzunehmen und voranzukommen.

Sie bereiten sich jetzt darauf vor, die zweite Welle von Lichtarbeitern zu unterstützen, die erst kürzlich aufgewacht sind und die für die nächste Phase ihrer Mission Anleitung, Reinigung und Klarheit brauchen. Viele dieser Seelen haben sich entschieden, im Rahmen der zweiten Aufstiegswelle zu erwachen. Dennoch müssen sie in sehr kurzer Zeit große Sprünge auf ihrem spirituellen Weg machen. Die Erzengel Zadkiel und Amethyst stehen mit der violetten Flamme und dem lilafarbenen Feuer des Ursprungs bereit, um ihnen den Weg zu ebnen.

VISUALISIERUNGSÜBUNG:
Das lilafarbene Feuer des Ursprungs einsetzen und verkörpern

1. Bereiten Sie sich tagsüber auf die tiefe Meditation vor. Nehmen Sie leichte Mahlzeiten zu sich und stellen Sie sicher, dass Sie auf eine höhere Schwingung eingestimmt sind, indem Sie sich gedanklich mit spirituellen Dingen beschäftigen.
2. Richten Sie Ihren heiligen Raum her und zünden Sie eine Kerze an.

3. Rufen Sie die Erzengel Zadkiel und Amethyst sowie das lilafarbene Feuer des Ursprungs an.
4. Sehen Sie, wie sich die Energien der violetten Flamme über Sie ergießen.
5. Sehen Sie dann von den Höhen der neunten Dimension, wie der rosafarbene Strahl der reinen Liebe aus dem kosmischen Herzportal hervorgeht.
6. Beobachten Sie, wie die beiden Energien tanzen und über Ihnen zu einem schönen, funkelnden Rosaviolett verschmelzen.
7. Wenn dieses Licht über Ihrem Sternentor wirbelt, sehen Sie, wie sich vibrierende Hochfrequenz-Drachen und -Engel bilden. Sie tanzen mit der Bewegung der Flammen.
8. Rufen Sie diese Energie nun hinunter in Ihren Körper und Ihre Felder. Erlauben Sie ihr, sich auf der tiefsten Zellebene einzubinden und dabei alles Dichte oder alle Probleme zu lösen, die Sie haben mögen.
9. Spüren Sie, wie sie sich in jeder Facette Ihres Wesens ausbreitet und Sie mit der Magie der Gnade, Reinheit und Liebe erhellt.
10. Atmen Sie diese Energie aus, damit sie anfangen kann, alles und jeden um Sie herum zu erleuchten. Sehen Sie, wie das helle, rosaviolette Licht alles umwandelt, was nicht Liebe ist, und durch eine viel höhere Schwingung ersetzt.
11. Bitten Sie die Drachen und die Engel des lilafarbenen Feuers, sich an Orte zu begeben, die dringend Hilfe brauchen.
12. Visualisieren Sie, wie ganze Armeen dieser wunderschönen Wesen den Planeten mit alchemistischem Licht fluten, das höhere Möglichkeiten zum Vorschein kommen lässt.

13. Bitten Sie darum, dass diese Aufstiegsenergie dauerhaft in Ihren Feldern verkörpert und verankert wird.
14. Bedanken Sie sich bei den Erzengeln Zadkiel und Amethyst, den Drachen und den Engeln.
15. Kehren Sie dorthin zurück, wo Sie sitzen, und geben Sie das lilafarbene Feuer an alle Menschen in Ihrem Leben weiter.

Kapitel 43

Zwillingsgedanken für den Aufstieg

Zwillingsflammen

Ihre Zwillingsflamme ist die andere Hälfte Ihrer Seele, die sich irgendwo im Universum aufhalten kann. Diese beiden Seelenanteile ergänzen einander perfekt, und wenn sie sich begegnen, gehen sie eine Beziehung ein, in der kein Wachstum mehr stattfinden muss, weil sie voll und ganz ineinander aufgehen. Weil die Erde eine Mysterienschule ist, wo es darum geht, etwas zu lernen, gehen Seelen in der Regel jedoch keine Beziehungen ein, die keine Wachstumsmöglichkeiten bieten.

Es gibt aber noch einen Grund, warum sich Zwillingsflammen selten begegnen. Auf ihrer Seelenreise macht jede Flamme verschiedene Erfahrungen, die dazu führen, dass sie in unterschiedlichen Oktaven ertönen. Aber ihre beidseitige Schwingung muss auf derselben Tonhöhe sein, um sie zusammenziehen zu können.

Am Ende der lemurischen Ära, als die ätherischen Wesen die Quelle um Erfahrungen in physischen Körpern baten, war es jeder Seele erlaubt, für kurze Zeit mit ihrer Zwillingsseele in Verbindung zu treten. Eine verkörperte sich, um die physische Welt zu erfahren, während die andere das Licht trug und sie von der ätherischen Welt aus führte. In einigen Fällen wechselten sie die Rollen. Im Laufe der Zeit war man irgendwann nicht mehr der Ansicht, die Zwillingsenergie sei als eine Art Leitstern am besten eingesetzt. Also kam man überein, die verschiedenen Aspekte des Universums unabhängig voneinander zu erforschen.

Dianas Zwillingsflamme ist, wie bereits erwähnt, Kumeka, ihr wichtigster Geistführer. Er hat sich nie verkörpert, sondern ist im Geist geblieben. In diesem Leben hat er ihr Licht nicht gefunden, bis sie um die dreißig war, und hat keine Verbindung zu ihr aufgenommen, bis es für sie an der Zeit war, sich an die Erfüllung ihrer Aufgabe zu machen. Doch selbst von der geistigen Welt aus ist er ein strenger Lehrmeister, zumal er keine Vorstellung von den Herausforderungen hat, denen sich der Bewohner eines physischen Körpers stellen muss!

Diejenigen, die noch darauf warten, ihrer Zwillingsflamme zu begegnen, um aufsteigen zu können, sind vielleicht von Illusionen abgelenkt worden. Diana kannte jemanden, der am selben Tag wie sie als ihre Zwillingsflamme geboren war. Sie begegneten sich an ihrem sechzehnten Geburtstag und stellten fest, dass sie perfekt zusammenpassende Geburtshoroskope hatten. Aber sie waren derart miteinander verstrickt, dass sie nicht wachsen konnten. Er starb, als sie um die dreißig waren, weil sich keiner von ihnen entfalten konnte. Dann führte er sie von der geistigen Welt aus, sodass sie endlich frei sein konnte, sich in ihrer physischen Lebenszeit zu entfalten und entsprechende Erfahrungen zu machen.

Seelenpartner

Ein Seelenpartner ist jemand, der die gleichen Frequenzen aussendet wie Sie. Das heißt, dass Sie im Laufe Ihres Lebens mehreren davon begegnen können. Weil Sie mit einigen ihrer Schwingungen in Resonanz gehen, fühlen Sie sich oft unmittelbar von ihnen angezogen. Sie alle bieten Ihnen genau die Lektionen an, die Ihnen beizubringen sie sich bereit erklärt haben, und genau aus diesem Grund fühlen Sie sich vermutlich zu ihnen hingezogen. Diese Beziehungen sind oft sehr interessant, aber auch schwierig, denn die Lektionen, die hier gelernt werden müssen, kommen sofort an die Oberfläche und verlangen nach einer Lösung.

Manchmal tauchen zwei oder mehr Seelenverwandte gleichzeitig in Ihrem Leben auf und bieten Ihnen einzigartige Herausforderungen und Chancen für Wachstum und Liebe!

Weil Seelenpartner aus früheren Inkarnationen gegenwärtig zurückkehren, um alle karmischen Reste aufzuarbeiten, wenn diese erfolgreich gesteuert wurden, kann eine solche Beziehung perfekte gegenseitige Unterstützung bieten und beiden Partnern die vollkommene Freiheit geben, auf ihrem spirituellen Weg voranzukommen.

Es ist sehr wichtig zu verstehen, dass der Aufstiegsprozess gegenwärtig als individuell erlebt wird. Sie als Meister sind ganz allein für alle Facetten Ihres Weges verantwortlich. Es ist höchste Zeit, sich von der Illusion zu verabschieden, dass Sie allein unvollständig sind. Einer der wichtigsten Schritte zur Meisterschaft besteht darin, Ganzheit in sich zu verwirklichen und Ihr individuelles Meister-Ich wirklich anzunehmen.

Wahre Erleuchtung stellt sich in dem Moment ein, in dem Sie das Obenerwähnte erkennen und die volle Verantwortung für jeden Aspekt Ihrer Reise übernehmen. Wie bereits erwähnt, haben die höheren Mächte Seelen darauf vorbereitet, sich dieser Lektion zu stellen, indem sie ihr umfangreiches Hilfsangebot reduzieren. Sie halten sich im Hintergrund und machen es uns damit möglich, unsere eigenen schöpferischen und meisterlichen Kräfte spielen zu lassen. Dies kann für diejenigen von uns, die sich bisher bewusst oder unbewusst auf ihre Führung verlassen haben, ausgesprochen befremdlich sein. Es ist eine besonders große Lernmöglichkeit für die Sensitiven unter uns, die oft in ganz besonderer Weise auf diese Führung eingestimmt sind. Wenn sich unsere Engel und Geistführer von uns zurückziehen, dann um uns die Möglichkeit zu geben, unsere eigene, uns innewohnende Macht zu entwickeln und einzusetzen. Wir müssen alle lernen, unsere eigenen Entscheidungen zu treffen und unsere eigene Zukunft zu erschaffen.

Auf dem Aufstiegsweg erstrahlt unser Licht, wenn wir Eigenschaften wie Liebe, Mitgefühl, Verständnis, Geduld, Wärme und Loyalität entwickeln und Ehre, Menschenführung, Stärke und Einigkeit in alle unsere Beziehungen bringen.

Visualisierungsübung: Höhere Beziehungen

1. Bereiten Sie einen Platz vor, an dem Sie sich entspannen können und ungestört sind. Zünden Sie, wenn möglich, eine Kerze an.
2. Bleiben Sie ganz ruhig sitzen, atmen Sie bequem in der Absicht, das Licht Ihres Sakralchakras zu erheben, um es in Hochfrequenz-Beziehungen zu ziehen.
3. Konzentrieren Sie sich auf Ihren aktivierten Erdstern.

4. Bitten Sie Erzengel Michael, seinen tiefblauen Schutzmantel um Sie zu legen.
5. Rufen Sie das reinweiße Licht von Erzengel Gabriel herbei, um Ihr Sakralchakra zu läutern und zu reinigen. Entspannen Sie sich, während es seine Arbeit macht.
6. Bitten Sie es, einen strahlenden Diamanten der Reinheit in Ihrem Sakralchakra zu platzieren. Schauen Sie dann zu, wie sich das Licht ausdehnt und Ihr Sakralchakra mit weichem Diamantrosa erfüllt.
7. Visualisieren Sie eine Beziehung, die auf reiner Liebe und Vertrauen basiert. Dabei kann es sich um eine aktuelle Freundschaft, Beziehung oder Partnerschaft handeln oder um eine, die Sie anziehen möchten.
8. Sehen Sie, wie sich diese weiche, rosafarbene Diamantenergie von Ihrem Sakralchakra her ausbreitet und das Sakralchakra der anderen Person berührt.
9. Stellen Sie sich vor, dass Ihr Sakralchakra in der gleichen Schwingung der wahren Liebe aufleuchtet.
10. Formulieren Sie Ihre Absicht jetzt, um dies in Ihrem aktuellen Leben zu manifestieren, und beginnen Sie, es anzuziehen.
11. Bitten Sie Erzengel Gabriel, dies zu Ihrer beider Wohl von oben zu beleuchten.

Kapitel 44

Das Gesetz des Einen beherrschen

Meister übernehmen die volle Verantwortung für alles und jeden in ihrem Leben. Sie wissen, dass wir jeden Umstand und jede Person selbst anziehen.

Wenn Sie schwierige Menschen in Ihrem Leben haben, haben Sie diese entweder angezogen oder im Rahmen einer in einem früheren Leben geschlossenen Vereinbarung gewählt. Sie können von ihnen lernen oder sie mit Ihrem höheren Verständnis und Ihrer Liebe erleuchten. Als erleuchteter Meister schauen Sie in ihre Seelen und behandeln sie mit Gleichmut und ohne über sie zu urteilen. (Das ist das Ideal, doch selbst Aufgestiegene Meister haben ein kleines Ego!)

Mit Situationen ist es nicht anders. Sie ziehen jede Erfahrung in Ihre Energiefelder, wie unwahrscheinlich Ihnen dies auch vorkommen mag. Auch hier geht es in der Regel darum, zu lernen. Es liegt also in Ihrer Verantwortung, nach innen zu schauen, um festzustellen, wie Sie angezogen haben könnten, was immer sich in Ihrem Leben zeigt. Vergessen Sie nicht, dass Sie frei gewählt haben könnten, diese Erfahrung zu machen, um anderen zu helfen. Diese Erkenntnis ist sehr befreiend, denn wenn Sie eine Situation erschaffen können, können Sie auch Energie aussenden, um sie zu verändern oder durch etwas zu ersetzen, das zufriedenstellender ist.

Ein erleuchteter Meister fragt:

- »Wie habe ich diese Person oder Situation angezogen?«
- »Was kann ich in mir verändern, um meine äußere Welt zu verändern?«
- »Warum verhält sich diese Person mir gegenüber so?«
- »Was kann ich in ihrem Herzen und in ihrer Seele sehen, das sie so handeln lässt?«
- »Wie kann ich mit ihr umgehen, sodass sie sich in meiner Gegenwart sicher fühlt und ich ihr Meister-Ich erhelle?«
- »Wie kann ich anderen am besten dienen?«

Wenn sich Ihre Chakras ausdehnen und fünfdimensional werden, gehen Menschen anders mit Ihnen um, und das werden Sie merken. Außerdem hellen Sie automatisch ihr Herzchakra und andere fünfdimensionale Chakras auf, damit sie auf ihrem Aufstiegsweg vorankommen.

Zu den Aufgaben eines erleuchteten Meisters gehört es, anderen ein Beispiel für fünfdimensionales Leben zu geben. Können Sie, während Sie in einem physischen Körper leben, die höheren Meistereigenschaften Gleichmut, Nichturteilen, absolute Wahrhaftigkeit, Freude, Vertrauen, Freundlichkeit, Zuversicht und eine erleuchtete Perspektive aufrechterhalten und sich gleichzeitig den Herausforderungen des Lebens stellen? Sie sind aufgefordert, mit voller Absicht wie ein Meister zu handeln.

In solchen Momenten ist es hilfreich, sich an einen der großen Erleuchteten zu wenden, die in diesem Buch erwähnt werden. Sie können sie bitten, Sie von oben zu erleuchten und mit den Qualitäten aufzuladen, die Sie brauchen und die bereits in Ihnen angelegt sind. Dies ist eine ebenso praktische wie inspirierende Art, sich selbst zu helfen.

Denken Sie daran, dass Sie, indem Sie diese Eigenschaften der Gnade entwickeln und in ihre Energiefelder integrieren, anderen automatisch den gleichen Dienst erweisen. Sie können Hunderten oder Tausenden von Seelen helfen, ohne sich dessen überhaupt bewusst zu sein.

Während wir uns dem neuen Goldenen Zeitalter des Wassermanns zuwenden, nehmen wir das Gesetz des Einen auf der Erde noch einmal an. Jeder, der nach diesem geistigen Gesetz lebt, ist automatisch ein Meister.

Das Gesetz des Einen hat sieben Facetten, die uns in die Lage versetzen, in Harmonie mit uns selbst, miteinander und allem, was ist, zu leben:

1. Gnade ergießt sich aus dem Herzen der Quelle. Sie löst alle niedrigeren Schwingungen auf. Die Energie der Gnade vergibt und vergisst sofort und ersetzt so das Alte durch reines Licht. Es befreit uns, und wir können es anderen anbieten.
2. Absicht ist Energie, die ganz auf eine Situation fokussiert ist, um das beste Ergebnis zu erzielen. Weil sie die Herzenergie einkapselt, ist sie unglaublich mächtig.
3. Manifestation ist das Ergebnis der Fähigkeit, die Kraft der eigenen Gedanken zu nutzen, um in einem alchemistischen Prozess Materie aus Licht herzustellen. Dies ist sehr hilfreich, wenn es zum Wohle aller aktiviert wird.
4. Karma ist eine Möglichkeit, Verantwortung für jeden Gedanken, jedes Wort und jede Tat zu übernehmen, weil dies alles im Spiegel des Lebens zu uns zurückkehrt.
5. Verantwortungsgefühl kennzeichnet einen Meister, der weiß, dass er für alles verantwortlich ist, was in seinem Leben passiert.
6. Bedingungslose Liebe ist eine erleuchtete Form des vorurteilsfreien Annehmens aller Wesen.

7. Das Gesetz des Einen ist das Wissen, dass du in mir bist und ich in dir bin. Dies gilt für alle Geschöpfe. Wir können keinem fühlenden Wesen schaden, ohne uns selbst zu schaden. Alle sind ein Teil der Quelle und voneinander.

Das Gesetz des Einen ist die Schablone für das fünfdimensionale Leben. Als dieses Gesetz im Goldenen Zeitalter von Atlantis eingeführt wurde, lebten alle harmonisch und zufrieden zusammen.

Der Blutmond vom 28. September 2015 ließ die Energien so stark ansteigen, dass Instantkarma für alle zur Erde zurückgekehrt ist. Die geistige Hierarchie beabsichtigt, es einzusetzen, um die irdischen Seelen zu wecken, die immer noch schlafen. Als ein Ergebnis davon und aufgrund des schnellen Anstiegs der Schwingungsfrequenz auf der Erde hat das Intergalaktische Konzil verfügt, dass auch das Gesetz der Gnade angewandt wird, damit die Menschheit sanfter aufsteigen kann, als viele Lichtarbeiter erwartet haben.

Alle Seelen, die in Atlantis gelebt haben, werden sich erinnern, wie man nach dem Gesetz des Einen lebt, denn es ist der einheitliche Schlüssel zu einem Leben in Einigkeit, Liebe und Seligkeit. Seelen, die sich als goldene Kinder verkörpern, verfügen bereits über die Fähigkeit, die höheren universellen Gesetze für sich anzunehmen. Sie kommen jetzt auf der Erde an, um anderen als Lehrer den Weg zu ebnen. Seit dem kosmischen Moment von 2012 haben diese jungen Erleuchteten die Möglichkeit, den Schleier der Maya abzuwerfen, wenn sie geboren werden. Viele von ihnen haben das getan. Sie erinnern sich, wer sie sind.

Das Leben hier wird sich in den nächsten fünf bis zehn Jahren sehr schnell ändern, um das neue Goldene Zeitalter vorzubereiten, das 2032 beginnt. Die Seelen, die schon wach sind, führen die Aufstiegsbewegung an und sind als engagierte Visionäre fest entschlossen, das neue Paradigma schnell einzuführen.

Die Anwendung des Gesetzes des Einen auf alle Bewohner der Erde bewirkt nach und nach eine schöne Veränderung für unseren Planeten, weil die Schüler der Erde jetzt Meister werden.

Dekret für ein Leben nach dem Gesetz des Einen

1. Bereiten Sie einen Platz vor, an dem Sie sich entspannen können und ungestört sind, auch im Freien, wenn Sie möchten.
2. Wenden Sie sich nach Osten und erklären Sie dem Universum gegenüber laut und deutlich:
   »Ich, [Name], lebender Meister des Lichts, erkläre hiermit im Namen der Quelle, dass ich mein Leben nach dem Gesetz des Einen führen werde.
   Ich beschließe, in der Schönheit der Gnade zu wandeln. Ich beschließe, bei meinen Absichten das höchste Wohl meiner Mitmenschen im Auge zu behalten. Ich beschließe, alles zu manifestieren, was ich brauche, und ein Leben in Meisterschaft zu führen. Ich beschließe, mein Leben mit liebevollem Karma zu segnen. Ich beschließe, Verantwortung für mich selbst und meinen wunderschönen Planeten zu übernehmen. Ich beschließe, mich selbst und andere bedingungslos zu lieben. Mit diesen Gesetzen nehme ich jetzt meine höchste Erleuchtung an!«
3. Wiederholen Sie diese Verfügung dreimal mit Kraft und Intention.
4. Erklären Sie am Ende einmal:
   »Wie innen, so außen. Wie oben, so unten.«

Schluss

Die herrliche goldene Zukunft als erleuchteter Meister

Die geistige Hierarchie rät uns ständig, eine herrliche Zukunft zu visualisieren, damit wir sie erschaffen können. Hier also eine Vision unserer herrlichen goldenen Zukunft als erleuchtete Meister:

- Im neuen Goldenen Zeitalter werden nur Unternehmen florieren, die zum Wohle aller kooperieren und der Menschheit, den Tieren und der Natur dienen.
- Wir werden uns an kreativer, befriedigender Arbeit erfreuen.
- Wir werden Kinder und Tiere als wunderschöne Seelen betrachten, die wir in unsere Obhut genommen haben.
- Wir werden die Natur und die Gewässer respektieren und in Ehren halten.
- Wir werden achtsam mit unserem physischen Körper umgehen.
- Wenn Geld nicht mehr relevant ist, wird die Zufriedenheit der Seele die treibende Kraft hinter allem sein, was wir tun.
- Wir werden mit Elementargeistern, Engeln, Drachen und Einhörnern kommunizieren und mit den Meistern, die uns vorausgegangen sind.

- Wir werden nur Worte der Liebe und Güte sprechen.
- Wir werden für alles dankbar sein, was uns gegeben wird.

Gehen Sie erhobenen Hauptes als erleuchteter Meister und nehmen Sie Einfluss auf Ihre Welt, um ein goldener Meister zu werden.

Verzeichnis der Übungen

Über die Autoren

Diana Cooper hatte während einer persönlichen Lebenskrise eine Engelerscheinung. Heute ist sie vor allem für ihre Werke über Engel, Orbs, Atlantis, die Einhörner, den Aufstieg und den Übergang ins neue Goldene Zeitalter bekannt. Über ihre Geistführer und Engel macht sie es Menschen möglich, ihre spirituellen Begabungen und ihr übersinnliches Potenzial zu nutzen. Außerdem hilft sie ihnen, in Kontakt mit ihren eigenen Engeln, Geistführern, Meistern und Einhörnern zu kommen.

Diana Cooper ist Gründerin der *Diana Cooper Foundation*, einer gemeinnützigen Organisation, die auf der ganzen Welt zertifizierte Kurse zu spirituellen Themen anbietet. Als Bestsellerautorin hat sie siebenundzwanzig Bücher geschrieben, die in siebenundzwanzig Sprachen übersetzt wurden.

Tim Whild ist Experte für die Themen Aufstieg und Lichtkörper und hat sich zeit seines Lebens sehr für die Entwicklung der Erde eingesetzt.

Tim Whild war Hohepriester in Atlantis und im alten Ägypten und nutzt seine kollektiven Erinnerungen, um der Menschheit die spirituellen Gaben und Informationen aus dieser Zeit nahezubringen. Seine aktuelle Arbeit mit den uralten atlantischen Technologien hilft bereits vielen Menschen auf der ganzen Welt, die sich auf dem spirituellen Weg befinden.

Tim Whild leitet Seminare, bietet Sitzungen über Skype an und schreibt regelmäßig einen Blog für Diana Cooper. Dies ist sein zweites Buch auf dem Gebiet der Esoterik.